KB066525

한국 사람의 멋을 알려면 먼저 한국 도깨비와 호랑이를 사귀어야 하고, 한반도의 신비를 깨달으려면 금강산과 백두산을 찾아야 하고, 동방군자 나라의 믿음을 살펴보려면 산신령님과 칠성님 곁으로 가야 하고, 한국 예술의 극치를 맛보려면 무당과 기생과 막걸리 술맛을 알아야 한다.

일러두기

- 이 책은 『우리 문화의 모태를 찾아서』(2001)를 다시 다듬고 새롭게 디자인한 책이다. 기존 편집 방향은 존중하되 새로운 서문을 추가하고 일부는 제외했다.
- 본문 중 다른 매체에 투고한 글에는 *을 붙였다.

신묘한 우리 멋

2001년 1월 29일 초판 발행 • 2021년 9월 24일 2판 1쇄 발행 • 2022년 7월 8일 2판 2쇄 발행
지은이 조자용 • **펴낸이** 안미르 안마노 • **크리에이티브 디렉터** 안마노 • **편집** 김현경 조경하 이연수(2판)
진행 도움 문지숙 • **디자인** 김민영 • **디자인 도움** 심규민 • **영업** 이선화 • **커뮤니케이션** 김세영
제작 세걸음 • **종이** 아르떼 UW 230g/m², 백상지 100g/m², 미색 모조 80g/m²,
매직터치 다홍색 180g/m² • **글꼴** AG 최정호체, Sabon

안그라픽스
주소 10881 경기도 파주시 회동길 125-15 • **전화** 031.955.7755 • **팩스** 031.955.7744
이메일 agbook@ag.co.kr • **웹사이트** www.agbook.co.kr • **등록번호** 제2-236(1975.7.7)

© 2001 조자용
이 책의 저작권은 지은이에게 있으며 무단 전재와 복제는 법으로 금지되어 있습니다.
정가는 뒤표지에 있습니다. 잘못된 책은 구입하신 곳에서 교환해드립니다.

ISBN 978.89.7059.519.1(03600)

신묘한 우리 멋

조자용

안그라픽스

풍류인생과 기층 문화 운동

호명을 받고 달려갔더니, 이게 무슨 풍경인가. 거구의 노인은 한 젊은이에게 뭔가 불만스러운 듯 역정을 내고 있었다. 술집이라 주변은 시끄러웠고 테이블마다 각각 화제의 꽃으로 가득했다. 나는 노인의 곁에서 한동안 서서 기다렸지만 그의 호령은 그치지 않았다. 분위기도 바꿀 겸 나는 "선생님, 저 왔습니다." 하고 끼어들었다. 그러자 노인은 "좀 기다려, 임마."하면서 빰을 때렸다. 그런데, 이게 웬일인가. 이가 툭 부러졌다. 아프지도 않았는데 참, 희한했다. 내가 부러진 치아를 손에 쥐니 분위기는 바뀌었다. 노인은 겸연쩍다는 듯 "술이나 한 잔 마셔."하면서 술을 가득 따라주었다.

1999년 어느 날 분당에서였다. 노인은 바로 대갈 조자용 박사. 그날 AK 백화점 전시장에서 <도깨비> 전시를 개막했고 문제의 자리는 가까운 친지들과의 뒤풀이였다. 취중 조 박사의 "왜 윤범모는 보이지 않나?"라는 지적에 윤열수 관장이 나에게 전화를 했고, 마침 귀가한 나는 같은 동네여서 달려갔던 밤이었다.

젊은 시절 나는 김포가도의 에밀레박물관 추억을 가지고 있다. 일반인은 관심조차 두지 않을 '허접한 물건들'의 창고 같았지만, 그 속에 뭔가 보석이 숨겨 있는 것 같았다. 나는 그때만 해도 우리 색깔 그림의 아름다움을 잘 몰랐었다. 게다가 민속 혹은 기층 문화의 매력은 더 몰랐을 때였다. 민학회 답사를 따라다니면서 나는 '우리 것'에 대하여 본격적으로 공부하기 시작했다. 서양 문화 중심의 교육 체계에서 신선한 자극제이기도 했다. 하버드 출신 건축가 조자용. 이런 후광 효과는 젊은 나에게 신기하기도 했다. 그가 강조하는 호랑이 그림

속의 꼭 그 호랑이 같다는 생각도 들었다. 조자용, 그는 도깨비 같았고, 산신령 같기도 했다. 말년의 흰 수염 휘날리던 모습은 꼭 신선 아니 산신령 그 자체였다. 속리산 법주사 입구에 차린 삼신사 철야모임에서 나는 커다란 감동을 받기도 했다.

조자용 어록 가운데 하나. "한국 사람의 멋을 알려면 먼저 한국 도깨비와 호랑이를 사귀어야 하고, 한반도의 신비를 깨달으려면 금강산과 백두산을 찾아야 하고, 동방군자 나라의 믿음을 살펴보려면 산신령님과 칠성님 곁으로 가야 하고, 한국 예술의 극치를 맛보려면 무당과 기생과 막걸리 술맛을 알아야 한다." 도깨비와 호랑이, 산신령과 칠성님, 무당과 막걸리. 이는 조자용 인생의 열쇠말과 같다. 무엇보다 조자용하면, 떠오르는 단어는 '풍류'다. 그의 인생은 바로 풍류 그 자체였다. 오늘날 풍류 인생은 보기 어려워 더욱 소중해진 말이다.

조자용 컬렉션은 미국 순회전 등 국위 선양에 활용되었다. 문제는 박물관도 접고 소장품이 흩어져, '에밀레'는 추억의 한 페이지로 남아 있다는 점이다. 여기서 '에밀레'라는 전설은 원래 신라 시대의 진통성을 가지고 있는 것이 아니라 일제 강점의 식민지 시절 이래 유행했다는 점을 간과할 수 없다.

민족의 정통성을 생각할 때, 에밀레라는 용어를 버려야 하듯, 이제 무명화수의 그림이라고 야나기 무네요시가 명명한 '민화'라는 명칭도 재고해야 할 것이다. 아무튼 오늘날 이른바 민화 인구는 수십만 명 수준이라고 말하듯 커다란 붐을 이루고 있다. 연구자의 숫자도 날로 증가하여 학회 활동도 활발한 편이다. 참으로 고무적이지 않을 수 없다.

조자용의 유업은 매우 크다. 그의 뜻을 기리는 활동은 매우 중요하다. 그래서 나는 조자용의 아들 노릇을 하고 있는 윤열수 가회민화박물관 관장에게 조자용기념사업회 조직을 추동했고, 여기에 안휘준, 김종규, 이호재 등 거목들이 동참했다. 사업회 사업의 하나로 매년 벽두 인사동 가나 인사아트센터에서 대갈문화 축제를 개최하고 있다. 대표 축제 하나 없는 서울에서 이 축제는 죽어가는 인사동 문화 부활에도 상징성이 매우 크다.

국립현대미술관 관장 일을 맡으면서 나는 취임 일성으로 '한국미술의 자존심 살리기'를 강조했다. 지나칠 정도로 서구문화 일변도의 한국 사회에서 우리 문화의 정체성 추스르기를 염두에 두지 않을 수 없었다. 그래서 한국미술의 전통을 염두에 두면서 개관 50년 만에 처음으로 서예전을 마련했다. 서화동체의 문화권에 있으면서 서예전을 한 번도 개최하지 않았다니, 실로 놀라운 일이었다.

그러나 이게 무슨 복병인가. 서예전 개막에 즈음하여 코로나 바이러스가 급습했다. 전시는 영상으로 공개해야 했고 '유튜브 전시'라는 새로운 전시 형태를 만들었다. 결국 서예전은 접속자 10만 명을 돌파했고, 해외에서도 관심을 가져 유치 의사를 밝히고 있다. 우리 문화의 정체성, 비록 볼품없다 해도 당당하게 서는 자세가 중요하다. 사실 '볼품'이라는 단어도 관점의 차이에 불과하지 않은가. 오늘의 한국문화는 국제사회에서 크게 주목 받고 있다. 이런 한류 현상의 기저에 '조자용 역할'이 있음을 재인식하게 된다. 우리 기층 문화의 재조명 프로젝트의 중요성을 재인식하게 한다.

조자용 박사는 2000년 대전 엑스포에서 전시를 준비하던 중 이승을 홀연히 떠났다. 그렇게 하여 우리의 민화, 민학, 민문화, 기층 문화 운동가는 한 시대를 접었다. 민화 부활의 거목이었던 조자용 '교주'는 이제 역사가 되기 시작했다. 민화와 채색 길상화의 위상은 날로 새로워지고 있어 그의 존재감 또한 커지고 있다. 이런 시점에서 안그라픽스에서 조자용 저서 『우리 문화의 모태를 찾아서』를 20년 만에 다시 손질하여 개정판을 출간하는 것, 매우 기쁘지 않을 수 없다. 우리 문화의 모태, 이 얼마나 아름다운 말인가. 이 책을 다시 만나 볼 수 있다니 경사가 아닐 수 없다.

2021년
윤범모 | 국립현대미술관 관장

윤범모-풍류인생과 기층 문화 운동

우리 문화의 멋을 찾아서

민족문화의 상징

우리 문화의 모태를 찾아서

우리 문화의 멋을 찾아서

우리 민중의 멋

과객의 멋

경북 청도군 풍각면에 용천사라는 절간이 있다. 이 절 뒤에 있는 바위굴 속에 새끼 용 두 마리가 살고 있다 하여 찾아갔다. 어느 날인가 깊은 밤, 굴에서 나와 맑은 물에서 노는 새끼 용 두 마리를 직접 보았다는 주지 스님 말씀을 들어보니 터무니없는 소리는 아닌 모양이다. 나 같은 속된 사람 눈에까지 쉽사리 새끼 용이 나타날 리 없겠기에 그 주지 스님의 목격담에 만족하고 내려와 풍각 고을 민가에 여장을 풀었다.

풍각쟁이를 연상시키는 고을 이름이 지나가는 술 나그네의 뱃속을 가만둘 리 없다. 내가 들어간 대폿집은 산골 술집치고는 근사하게 꾸며진 '높은 집'이란 이름의 주막이었다. 도깨비 국물이 온몸에 스며들면서 나의 본색을 드러내기 시작하였을 무렵 문밖에서 난데없이 거지의 장타령 가락이 터져 나왔다.

"애들아! 밖의 손님, 대포 한 잔 대접해서 보내드려라."
내 앞에 앉았던 마음씨 고운 주인아주머니의 이 한마디에서 순간적으로 조선 오백 년의 '멋'이 솟아올랐다. 거지는 태연하게 그 자리에 앉아 대포 한 잔을 유유히 다 마시고 일어나 사라졌다. 세상에 드문 보물이 잠깐 내 품속에 들어왔다 나간 기분이다. 구수한 장타령 가락은 말할 것도 없거니와, 그 거지의 여유 있는 거동이며 주인아주머니의 훈훈하고 넉넉한 대접이며 텁텁한 막걸리며 비틀어진 큼직한 막걸리 사발…….
멋이라는 우리말이 없다면 무엇으로 표현해야 그 느낌을 제대로 전달할 수 있을까?

얼마 전 텔레비전 프로그램에서 거지가 나와 장타령을

불렀다. 그랬더니 이튿날 그런 창피스러운 꼴을 외국 사람이 보면 어떻게 하냐고 항의하는 사람이 있었다고 한다. 외국 사람이 볼까 두려운 것은 장타령을 부른 거지가 아니라 그 장면을 항의한 거룩한 분이다.

우리나라에는 문둥이춤이나 곱사춤, 장타령 따위의 불구자를 모델로 한 민간 예술이 남아 있다. 그것은 성한 사람이 비웃고 놀리기 위한 예술이 아니라 거꾸로 곱사나 난쟁이, 문둥이가 불우한 운명을 초월한 경지에서 얼빠진 성한 사람들을 훈계하고 풍자하는 뜻에서 만들어졌다고 보아야 한다.

사람이 살아 움직이는 곳에는 율동과 춤이 있고, 언어를 가진 민족에게는 고유의 소리며 노래의 버릇이 있다. 오천 년 역사를 통하여 무르익은 한국의 멋은 과연 어디에서 찾아야 그 본연의 원액을 만날 수 있을까? 멋은 우리만의 독특한 문화를 훌륭하게 대변한다. 그러나 근세 역사의 격랑 속에서 사라지기도 하고 또 밖에서 스며든 문화 때문에 변질되기도 하는 등 온갖 고난을 겪었다. 그러나 어느 한 모퉁이에서 '누군가'는 그것을 지켜왔다. 그 누군가는 결코 높은 사람들이 아니다. 넥타이 신사들이 아니다. 한국의 멋은 절름발이 장타령 속에 건강하게 살아 숨 쉬고 있다.*

니나니 장타령과 원제이

민예의 세계에 심취되어 자란 이유는 어렸을 때 친했던 '니나니'라는 거지 덕분이다. 니나니는 40년 전인 1930년대 황해도 황주군 일대를 판도 삼아 돌아다니던 절름발이 거지였다. 비틀어진 헌 모자를 쓰고 누더기를 입은 니나니는 거지지만 언제든지 벙싯벙싯 웃으면서 살아가는 마음씨 착한 사람이었다. 뿐만 아니라 그는 장타령의 명수였고 어린이 웃기기를 잘하는 명배우이기도 했다.

니나니는 한 끼 얻어먹기 전에 언제나 대문 밖에서 멋들어진 장타령을 먼저 불러댔다. 옷만 갈아입히면 이탈리아 성악가 엔리카 카루소를 울렸을 정도로 그의 장타령 가락은 천하일품이었다. 아무리 보아도 내 눈에는 니나니가 밥을 얻어먹는다기보다 그의 명창을 들은 대가로 사람들이 그를 대접하는 것 같다. 차츰 니나니는 신격화되어 그가 나타나면 풍년이 든다는 말까지 돌게 되었다.

서민 예술의 정체를 파헤쳐 보려는 지금에 이르러 니나니의 옛 모습은 하나의 신상과 같이 나의 마음을 잡아 흔든다. 불우한 팔자에 대한 번뇌를 초월하고 그저 사람들을 즐겁게 해주면서 살다 간 니나니가 참다운 예술가로 보인다. 그의 장타령에는 박력과 달관, 해학과 풍자, 더불어 때로는 깜짝 놀라게 하는 창각도 있었다.

병신춤이나 장타령은 누가 시켜서 할 수도 없고, 쇼로 꾸며서 이루어질 성격의 예술도 아니다. 흥이 극치에 도달했을 때 아무런 두려움 없이 제멋대로의 경지에서 폭발하는 엑스터시의 가락인 것이다. 궁중 음악이나 춤이 여러 가지 규제를 받는 데 비하여 곱사춤이나 각설이 타령은 우주의 회전을 거꾸로 돌릴 만한 박력과 난폭성을 드러낸다. 니나니도 신바람이 날 때는 안하무인의 난폭한 왕자가 되어버리곤 했다.

니나니가 장타령을 부르면서 돌아다니던 때, 또 한 분의 잊지 못할 방랑 과객이 있었다. 붓을 갖고 다니던 그 진객의 이름은 '원제이'다. 그는 언제나 새로 만든 싱싱한 붓을 꺼내 꼭지를 혓바닥으로 빨면서 품질을 자랑했다. 몇 자루 팔면 어린아이같이 좋아하며 붓 보따리를 도로 싸던 모습이 눈에 선하다. 떠나기 전에 그는 흰 종이에다 글씨를 써주기도 하고 그림을 그려주기도 했다.

내가 천자문을 배우던 어느 해, 원제이는 내 글씨를 침이 마르도록 칭찬하면서 배낭 속에서 헌책을 한 권 꺼내주었다. 헌책의 뒤에는 자기가 쓴 귀거래사가 있었다. 오늘날까지 나는 그런 명필을 다시 보지 못했다. 그때부터 원제이는 니나니와 더불어 다정하고 늘 그리운 친구가 되었다.

원제이 같은 명필이 어째서 돌아다니며 붓을 팔고 천대를 받아야 하는가 하는 의문은 그때부터 지금까지 나를 괴롭혀 왔다. 그러한 의문이 자라서 나는 끝내 원제이 같은 사람들이 남긴 이름 없는 그림을 수집하고 그런 예술을 평가하는 미술관을 세웠다. 또한 니나니 예술을 되살리기 위하여 '니나니 하우스'를 세웠다. 니나니나 원제이 같은 사람의 살아 있는 모습을 머릿속에 되살려 가면서 일을 주진해 나갈 수 있는 것이 얼마나 행복한 일인지 모른다.

우리 민악이나 민화에 빠져들면서 나는 그 '니나니'류 예술의 박력과 난폭성에 도취되고 말았다. 가사를 지은 사람도 알 수 없고 그림을 누가 그렸는지 낙관도 없는 그런 민예의 세계. 그 끈질기고 억센 물결 속에 풍덩 빠져버리고 말았다.

아무런 간섭도 받지 않고 형식에 구애된 흔적도 없는, 그저 신바람 속에서 터져 나온 예술을 우리는 그저 못난이의 속기俗技로만 여겨왔다. 내가 보기에 못난이는 그들이 아니라 예술의 극치를 깨닫지 못하는 멀쩡한 사람들이다. 우리나라 서민 예술은 사회적으로 천대받은 서민이 부귀영화에 눈먼 거룩한 자들을 거꾸로 비웃는 것이 많다.

또한 우리 문화를 귀족 문화와 서민 문화로 갈라서 취급하는 것을 나는 아주 못마땅하게 생각한다. 한문화는 하나이지 둘이나 셋이 될 수 없다. 다만 표리의 차이가 있을 뿐이다. 표면 장식은 권위적이고 논리적이면서 때론 가식적일 수도 있다. 하지만 한문화의 모태는 겸손하고 본연적이고 놀랄 만큼 솔직하다. 그 때문에 우리 문화의 참모습은 표면에서보다 그 조용한 바탕을 파헤쳐야만 드러난다. 우리는 그 속에서 니나니나 원제이처럼 이름 없이 스러져간 예술가의 숨결을 느낄 수 있다.

니나니는 불편한 몸을 타고났고 원제이는 몸은 멀쩡했지만 장인이었던 탓에 사회적으로는 불구자였다. 우리 문화의 고유한 예맥은 그런 불구자에 의해 창조되고 지켜져 온 면면이 많다. 다시 말해서 우리 예술은, 예술가에게 상을 주는 풍토에서 자란 것이 아니라 쟁이라고 욕하고 놀려대는 풍토에서 자랐다. 천기 사상에 항거해 살면서 억울한 운명을 극복한 예술인 것이다.

상을 받으면서 자란 것이 참 예술이냐, 욕을 극복하며 뚫고 나온 것이 참 예술이냐는 깊이 생각할 문제라고 여겨진다. 니나니나 원제이에게는 분명 또 하나의 세계가 있었다. 세속적 부귀영화를 초월한 달관의 세계였는데, 내 생각엔 그것이 우리나라 서민 예술의 진정한 고향이라 믿어진다.

기생의 멋

→281-282

전통 사회에서 잔치나 술자리의 흥을 돋운 기생의 역사는 유구하다. 재치 있는 시를 지어 김삿갓을 손들게 한 문학 기생도 있고 머리카락에 대동강 물을 찍어 일필휘지를 남긴 명필 기생도 있었다. 그렇기에 기생이야말로 서민 예술사에 절대적인 존재이다. 공맹이 뭐라 하든지, 석가가 야단하든지 간에 흔들림 없이 우리 예술의 맥을 지켜온 것이 기생이다.

"불로초로 술 빚어 만년배萬年盃 가득 부어 비나이다……. 이 잔 드시고 만수무강하소서." 술좌석에서의 첫 가락인 권주가 속에는 술을 먹는 이념부터 뚜렷하게 나타나 있다.

시로 대화를 나누고 노래와 춤으로 주흥을 돋구고, 재치 있는 재담으로 오입쟁이를 간지럽히는가 하면 주흥이 극치에 올랐을 때 곱사춤이나 장타령으로 술손님의 간이 터지도록 웃음을 선사한다. 그러다가 손님이 일어서면 "인제 가면 언제 오나. 오난 날을 일러주오." 하고 이별가를 슬피 부르며 막을 내린다.

나는 진작부터 우리 전통 예술의 핵심을 논함에 있어 거지와 기생의 존재가 절대적이라고 믿어왔다. 그 믿음을 기회 있을 때마다 말로 떠들고 글로 써왔는데, 한 번 여러 사람 앞에서 실감 나게 입증할 기회가 마련되었다.

몇 해 전 왕립아시아학회Royal Asiatic Society 모임에서 한 강연을 진행했다. 대개 위에 적은 내용으로 우리나라 서민 예술에 대한 이야기를 한 뒤 강연 말미에 장타령과 회심곡을 레코드판으로 들려주었다. 그랬더니 이듬해 가을 그 학회에서는 장타령에 대한 본격적인 강연을 청해왔다. 놀랍기도 했고 한편으로는 웃음도 나왔지만 어찌되었든 내 기분은 매우 흐뭇하고 후련했다.

본격적인 강연을 위해서 각설이 타령 잘하고 곱사춤 잘 추는 기생을 찾으려고 온 서울 장안을 다 뒤졌다. 며칠을 돌아다니며 적잖게 술값도 썼건만 하나같이 미친놈 취급이었다. "어떤 기생이 외국 학자들 모인 데서 술도 안 취하고 곱사춤을 출 수 있단 말이냐. 흥이란 저절로 터져야 제멋이 나는 건데, 곱사춤을 어떻게 돈으로 산단 말이냐."라고 다시 되물었다. 물론 그 점은 나도 동감했다.

그러나 주어진 기회를 어찌 버릴 것인가. 내 뜻을 이해하는 몇몇 친구도 제 일처럼 애쓰며 돌아다녔는데 강연 바로 전날 반가운 전화가 왔다. 장타령 잘하는 진짜 거지를 찾았다는 소식이었다. 다음 날 점심때는 곱사춤 잘 추는 기생도 한 명 만나게 되어 아슬아슬하게 거지쇼 준비가 갖춰졌다.

거지는 마흔두 살이었는데 거지군 상좌인 대령이라고 했다. 그는 당당하고 또 도도했다. 거지는 곧 거지巨知가 이름이니 쓸데없는 체면이니 동정심 따위 갖지 말고 자기를 그냥 '거지'라고 불러달라고 했다. 안양 다리 밑에서 스승을 만나 삼 년간 수련한 끝에 장타령, 거지춤 가락을 익혔고, 아울러 거지의 삶이 정상적인 사람의 삶에 비해 결코 비굴하거나 떨어지지 않는다는 자신감도 다졌다.

거지는 무슨 말을 물어도 척척 받아넘겼다. 산에 가서 뱀을 잡아다 팔기도 하고 시골 장터를 돌며 병신춤을 팔아 돈을 버는데, 그렇게 번 돈을 모아 그들은 두 다리와 두 팔을 잃은 불우한 사람들을 도와준다고 했다. 그 이야기를 들은 관중과

선교사는 그 이야기를 듣고 모두 깜짝 놀라고 말았다.

병신춤을 추라고 했더니 서슴없이 무대가 부서져라 난폭한 춤을 추고 각설이 타령을 불러댔다. 세련되지는 못했으나 자신만만하고 도도하기 짝이 없는 자세와 박력 있고 난폭하게 느껴지는 움직임이 한 거지의 달관한 인생관을 너무나 뚜렷하게 보여주는 것이었다. 그는 세속을 초월한 경지에서 또 하나의 밝은 세상을 발견해 마음껏 누리고 있었다.

관중이 잔뜩 긴장해 있는 사이, 기생이 곱사 모습으로 등장했다. 거지춤을 볼 때는 조용했던 관중석이 술렁거리기 시작했다. 곱사 기생의 빈틈없는 춤가락이 흥을 돋구자 이윽고 관중석에서 터질 듯한 흥분과 웃음이 폭발했다. 제멋에 취한 곱사 기생이 지나치게 흥을 내다가 그만 치마끈이 풀어지는 사건이 생겼지만 뜨거운 열기에 휩싸인 강당을 가득 채운 것은 우레와 같은 박수갈채였다.

거지나 기생이나 우리 사회에서 천대 받는 존재가 틀림없다. 그런 만큼 그들은 체면이나 오르지 못할 욕망 때문에 사는 사람들은 아니다. 그런 것을 초월한 그들에게는 보다 자유롭고 큰 이상 세계가 있다. 보통 사람들은 상상 못할 굵고 묵직한 인생관이 있는데, 그런 인생관에서 태어난 것이 우리 서민 예술이라고 생각된다.

무당의 신바람

서민 예술의 형성에 있어서 또 하나의 중요한 존재는 무당이다. 무당굿은 적어도 오천 년 이상 우리 문화 저변에 뿌리를 내린 민간 신앙, 즉 종교적 표현이기 때문에 그것이 미신이든 비과학적이든 우리 문화의 모태를 찾는 데 빼놓을 수 없는 존재라고 할 수 있다.

당초 무당이란 임금과 같은 위치에서 백성을 다스리며 제사를 지내는 이들이었다. 우리 본연의 신앙에 근거하여 모든 종교 의식을 주관하는 거룩한 존재였다. 후세에 들어온 여러 가지 종교와는 대결하기도 하고 융합하기도 하면서 오늘에 이르렀다. 때로는 사회의 규탄을 받기도 했고 지금도 배척당하는 편이지만, 오랜 맥을 이어온 무당의 존재를 인정하지 않을 수 없다. 우리나라 고유의 음악이나 춤이 모두 옛날 무당굿에서 시발된 것이라고 주장하는 설이 생길 정도로 그 중요성이 부각되고 있다. 특히 민예 사상에서 무당이 차지하는 비중은 아주 크다.

무당이 쓰는 징, 꽹과리, 북, 장고 같은 이 악기는 풍물에서도 기본적으로 사용한다. 그렇기에 풍물을 들을 때 우리는 무당의 굿거리와 일맥상통하는 흥을 느끼게 된다. 다시 말해 우리가 느끼는 극치의 흥은 결국 모두 무당의 굿과 연결되는 것이다. 이 흥을 우리는 '신난다'라고 표현한다. 이는 우리 서민 예술의 바탕을 이루는 신기 사상이라 할 수 있다. 무당굿을 구경하는 사람들이 무당의 예술적 가치보다 신통력에 더 치중한다. 춤을 얼마나 잘 추느냐보다 신이 얼마나 올랐느냐가 중요한 것이다.

한국적인 멋의 핵심은 천대 받던 거지나 기생이나 환쟁이나 무당에 의해 구축되었다는 사실을 알 수 있다. 여기에 또 하나 대중의 참여를 간과해선 안 된다. 거지춤이나 무당춤이나 광대놀이나 기생 술판에는 결국 모든 사람이 같은 자격으로 참여하였으며 각각의 위치에서 주어진 역할을 수행한다. 모두가 여하히 조화롭게 소화해냈느냐로 예술성이 좌우되었던 것이다. 여기에 우리 민족, 민간 예술의 특징이 있는 것이라 하겠다.

옹기쟁이의 신기

→283

1971년 10월 중순경, 우리나라 옹기를 연구하겠다는 미국인 민속학자 두 사람이 찾아왔다. 한국인이라면 누구나 다 아는 게 장독이요 누구나 매일 쓰고 있는 것이 김치독일 터인데 '연구'라는 단어를 앞세우니 그들에게 해줄 말이 얼른 정리되지 않았다.

장독을 언제부터 써 왔는지, 누가 어디서 언제 만들기 시작했는지 한번도 생각해 본 적이 없기 때문이다. 이 기회에 우리 옹기에 대해 공부도 하고 배울 것이 있으면 배워놓자는 생각이 들어 그들의 현지답사를 도와주기로 했다. 열흘 정도 여정으로 여행을 떠나 여주에서 대전, 경주, 울산, 마산, 진주, 사천, 하동 등지의 옹기굴을 돌아다녔다. 덕분에 나는 옹기에 대해서도 상당한 지식을 얻게 되었다.

흐뭇할 정도로 많은 자료를 거두었지만 그래도 그들은 '슬래브 방식'이란 공법을 꼭 찾아보겠다고 억지를 썼다. 도대체 그게 무엇인지 생전 처음 듣는 말이라 짐작할 도리가 없었다. 이럭저럭 도공들과 이야기 해보니 전라남도 지방에 가야 그런 공법을 구경할 수 있다는 것을 알게 되었다.

지리산 밑에 있는 초라한 옹기굴을 찾아 들어갔을 때였다. 그들은 슬래브 방식을 찾자 어린애처럼 환성을 올렸다. 슬래브 방식이란 옹기장이 말로 '채빠꾸 타림'이란 것이었다. 혼자서 겨우 들 정도의 커다란 흙덩어리를 땅에 던지는 순간, 그 흙덩어리는 기합을 받는 것처럼 넓적하게 뻗었다. 그것을 묘한 솜씨로 두서너 번 재주넘기 시키니 더욱 쭉 뻗어서 널찍한 흙판이 되는 것이다. 이런 신기한 공법이 한국에 전래되고 있다는 소문은 들었지만 반신반의했는데 직접 보니 과연 놀라운 묘기라고 전문가들은 경탄했다.

슬래브 방식이란 서양 사람답게 형상 위주의 관념에서 붙인 이름이겠지만 채빠꾸 타림이란 이름은 아무리 생각해도 어원을 알 수 없어 신비롭기만 하다. 그 옹기장이는 40여 년 경험을 가진 노인이었는데 미국인 교수들을 어린애 대하듯 다루었다. 그는 기술자라기보다 신들린 무당 같았고 기법도 단순한 공법이라기보다 신기로 느껴졌다. 이런 신비스러운 재간을 우리는 '신통하다'고 표현하고 있으니 신기 사상의 오랜 전통을 또 한 번 느끼게 된다.

상식적으로 가장 뚜렷하게 신기를 나타내는 사람은 두말할 것 없이 무당이다. 그들은 가무를 통해서 신을 부른다. 정신적으로 신과 통하는 과정에서 가무 예술이 작용하는 것이니 이것이 우리나라의 대표적인 신기이다. 우리나라 무속음악 역시 이러한 무당의 신통가무에 연원한다는 것은 '신바람난다'는 일상용어를 통해서도 그 맥을 찾을 수 있다. 예술이 극치에 도달할 때면 무당이 신과 통하는 순간처럼 엑스터시의 경지에 들어선다는 말이다. 이런 신통한 말을 떡 먹듯 하는 게 한국 사람이다.

신라 시대의 토기, 고려 시대의 청자, 조선 시대의 백자는 세계적으로 인정을 받고 있다. 우리 장인을 움직인 것은 어느 시대, 어느 조건에서나 신기 사상이었다. 조물주만이 알고 있는 조화술을 도나 기도를 통하여 끄집어낸 것은 결코 단순한 손재주만이 아니었다.

주대화

→284

오랜만에 전라도 광주에 가서 몇몇 술친구와 어울려 춘원이라는 술집을 찾아갔다. 손님이 오면 으레 버선발로 뛰어나와 살갑게 맞이하기 마련인데 그날 저녁에는 아무도 맞아주는 사람이 없었다. 푸대접이었는데 돌아설 수도 없어 들어갔더니 기생들이 벽에 걸린 조그마한 그림 한 폭을 보면서 키득거리고 있었다.

한 늙은 어부가 그물이 있는 바닷가로 뛰어가는 그림이다. 바지의 허리띠가 풀어져 엉덩이가 반쯤 나와 있고 한 손으로는 나머지 반을 가리기 위해 흘러내리는 바짓가랑이를 움켜쥐고 있는 유머러스한 그림이었다. 며칠 전 어느 화가가 모자라는 술값 대신 그려준 즉흥화라고 했다. 술값을 대신하는 그림이니 이런 그림을 주대화酒代畵라 이름을 붙이면 어떨까. 나는 그때부터 우리나라 주대화에 대해서도 남다른 관심을 갖게 되었다.

관심을 가지면 그런 심리를 충족시켜주는 자료가 묘하게 모여들기 마련이다. 다음 자료는 전주의 행원이란 이름난 술집에서 얻었다. 이 술집 주인 남전은 묵화도 제법 칠 줄 아는 정도의 예술인인 동시에 수십 명의 장학생을 돌보고 있는 의인이었다.

남전의 주대화 수집은 놀라웠다. 술값을 위한 그림이 아니라 주대화를 얻기 위한 술대접이라고 함이 옳을 듯싶게, 그는 전주를 찾는 명사의 즉흥화를 수없이 모아 간직하고 있었다. 이런 멋진 자료가 하나씩 손에 잡히면서 나의 주대화 수집도 본격화되어 갔다.

그러다가 조선 말엽의 주대화 대가 한 분을 알게 되었다. 이름은 정암, 직업은 방랑승. 머리도 안 깎고 수염도 안 깎는 이 기묘한 승려는 19세기 말부터 20세기 초까지 경기도 일대를 방랑하던 필객승이었다. 이 산에서 저 산으로 산길만을 헤매는 정암은 저녁이 되면 언제나 대폿집에 머물렀다. 그에게 술값이 있을 리 없고 또 그에게 술값을 기대하는 술집도 없었다고 한다. 다만 그는 들린 술집마다 올빼미 한 마리를 문짝에 그려놓고 갔는데 그의 올빼미 그림을 얻은 집은 장사가 번창했다고 한다.

수원 용주사와 서울 화장사에 벽화로 남아 있는 담배 먹는 호랑이 그림과 올빼미 그림은 60년 전 정암의 솜씨라고 한다. 정암이 언제 어디서 태어났고 죽었는지 아는 이는 아무도 없다. 다만 전혀 세상에 알려지지 않은 주대화의 대가 한 분이 우연한 기회에 드러난 것이다.**

벙어리 멍석쟁이

→285

세상이 변하여 떠돌이 멍석쟁이는 옛말로서나 들을 수 있을 뿐이라고 생각했다. 그러던 1971년 가을 어느 날, 살아 있는 멍석쟁이 한 분을 우연히 만났으니 참으로 꿈같은 일이었다.

미국 스미스소니언미술관 손님들과 함께 옹기굴을 찾아

다니던 때였다. 전라북도 익산 근방에 있는 옹기 마을에 들렸을 때인데, 여기서도 그 수수께끼의 채빠꾸 타림 기법을 또 한번 만나게 되어 흥분했었다. 그때 그 집 마당 한구석에서 세상일에는 전혀 관심 없이 맷방석 엮기에만 심취해 있는 장인이 있었다.

마을 사람들 이야기를 들으니 그 멍석쟁이는 말을 하지 못 한다고 했다. 그래서 어디서 왔는지, 어디로 갈 것인지, 고향이 어디인지, 나이가 몇 살인지 아무도 알지 못했다. 다만 볏짚으로 맷방석을 잘 만들기에 동리 사람들이 잠자리도 마련해 주고, 밥도 먹여줄 뿐이었다. 구경꾼이 모여들어 시끄럽게 굴어도 그는 쳐다보지 않고 온갖 정성을 볏짚 한 가닥 한 가닥에 쏟았다.

자세히 들여다보니 그의 머리엔 이상한 띠가 둘러 있었고, 귀밑에 와서는 볏짚으로 만든 패물이 달려 있었다. 그것이 무엇이냐고 동리 사람에게 물어보았는데 아무도 아는 사람이 없었다. 단순한 장신구는 아닌 듯싶었다.

추측건대 그 볏짚 패물은 부적일 것 같았다. 그는 볏짚 하나로 인생을 살아간다. 볏짚이 있어 잠을 잘 수 있고 밥을 얻어먹을 수 있다. 그래서 온 정성을 있는 대로 볏짚에 쏟고 있다. 볏짚은 그의 삶의 수단이자 신앙이기에 부적을 만들어 머리에 늘어뜨리고 있을 것이다. 그의 볏짚 엮기도 내 눈에는 신기로 보였다.***

서양 나그네의 멋

맨발에 고무신 신고 양팔로 가야금을 안은 미국 학생 하나가 비좁은 서울 거리를 걸어가고 있었다. 때마침 반대편에서 한국 학생 하나가 기타를 들고 날렵하게 걸어왔다. 둘은 서로 스쳐 지나쳤는데 문득 한국 학생이 걸음을 멈추더니 고개를 돌려 미국 학생의 뒷모습을 보았다. 미국 학생도 무슨 생각이 들었는지 뒤를 보았다. 두 학생은 눈이 마주치자 묘한 미소를 주고받았다. 그리고는 각각 제 갈 길로 사라졌다.

얼마 전 미국평화봉사단Peace Corps 소속 학생인 앤 가버Anne Garber에게 들은 이야기다. 어느새 우리 생활 속 깊이 파고들어 온 고무신 바람의 젊은 미국 나그네는 우리들보다 더 텁텁한 모습으로 무엇을 찾는지 애를 쓰고 다닌다. 앤은 천진난만한 어린 학생이지만 끈덕지게 한국 탈춤 공부에 매진하고 있다. 앞으로 한국 농악까지 배운 뒤 돌아가서 뉴욕 맨해튼을 휘어잡아 보겠단다.

단원 바바라 시글Barbara Siegle은 제주대학에서 영문학을 강의하면서 조지훈의 시를 번역하는가 하면 한국 고대 문학까지 파고들고 있다. 가끔 한복 차림으로 나타나는데 그도 시간 나는 대로 봉산 탈춤을 배우고 있다. 한국 땅을 밟은 지 여섯 달밖에 안 된 활동이 이렇다 하니 놀라지 않을 수 없다.

전라북도 익산시 함열읍이란 시골에서 초가집 셋방살이를 하고 있는 스트롬 부부와도 친해졌는데 만나자마자 도깨비 이야기와 함열에 있는 장수바위 전설을 털어놓는 바람에 도깨비 할아버지로 통하는 나도 그만 두 손을 들고 말았다. 한번은 인사동 골동품 가게에서 그들을 우연히 만났는데 나를 만나러 온 것이라며 시골서 올라오자마자 만난 것을 산신령님 뜻이라며 좋아한다. 나는 이런 묘한 미국 나그네들 때문에 환장할 지경이 되었다.

첫인상부터 별종이라 할만큼 색다른 미국 친구들은 1년도 안 되어 우리나라 말을 곧잘 하고 한글도 제법 읽으면서 가끔 한국의 멋이 무엇이냐는 등 우리 삶의 핵심을 물어오기도 한다. 10년이 지나도록 한국에 살면서 쉬운 인사말 하나 배우려 들지 않던 지난날의 미국 군인이나 공무원과는 달라도 한참 다른 사람들이다.

얼마 전 부산으로 무당굿 구경하러 갔다가 그곳에 모인 미국평화봉사단 학생들의 열광적인 모습에 감동한 적이 있었다. 그들은 벌써 구경꾼이 아니었다. 굿판에 앉아 어깨를 들썩들썩 신바람을 날리면서 4시간 동안 꼼짝 안 하고 있었으니 말이다. 단원 중 한 사람이 나더러 무당과 불교의 관계를 말해 달라기에 저녁을 먹고 나서 회심곡 레코드판 하나를 사서 호젓한 살롱으로 들어갔다. 일요일이라 손님이 없는 틈을 타서 회심곡 감상을 시작했다.

이 세상에 나온 사람
뉘 덕으로 생겼는가
하나님의 은덕으로
아버님 전 뼈를 타고
어머님 전 살을 타고
칠성님께 명을 타고
제석님께 복을 타고
석가여래 제도하여
인생 일생 탄생하니…

한국 꽹과리 가락도 알고 북 가락도 아는지라 삼십 분 동안 꼼짝 않고 귀를 기울여주는 것까지는 고마웠으나 내가 지루해서 죽을 지경이었다.

미국 사람들이 단순한 호기심으로 우리나라 민속 예술을 구경하는 때는 이미 지났다. 한국의 고유 종교를 샤머니즘이니 미신이니 하면서 전망대에서 내려다보던 시기도 얼마 안 가서 지나가리라고 생각한다. 나는 가까이 지내고 가끔 대폿집에 가서 막걸릿잔을 나누는 친구들을 외국 손님이라기보다 신이 올라서 무당이 될 수 있는 '문화 특공대원'이라고 부르고 싶다.

우리는 미국으로부터 받아들이기만 하는 일방 통행식 배움만 생각한 나머지 우리가 미국 사람에게 줄 수 있는 배움이 있다는 것은 잊어버린 듯하다. 뿐만 아니라 이미 우리 것을 배우러 온 사람들이 들끓고 있다는 사실마저 무관심하게 여기고 있다. 과연 우리는 우리 멋을 찾으러 온 손님들에게 무엇을 내놓을 수 있는가. 또한 가르칠 준비는 되어 있는가. 준비는커녕 우리 자신이 선대로부터 이어받은 멋을 현대적 감각으로 느끼고 소화하는 것조차 손님한테 뒤지고 있는 것 아닌가 염려된다.

한국의 가락이나 신바람이나 멋은 벌써 우리의 전유물이 아니다. 나그네들이 머잖아 우리를 앞지를 것이다. 이대로라면 우리는 조상이 남겨준 멋의 원형 그대로 넘겨줄까 염려된다. 그 원료가 미국으로 건너가 하나의 문화 상품이 되어 거꾸로 수입되는 날, 그게 우리 것인지도 모르고 어깨를 들썩거리게 될지도 모른다.****

참여 예술의 시발 →286

키가 육 척이나 되는 금발의 미국평화봉사단원 학생이 시골 장을 나섰다. 자전거를 타고 가던 촌사람이 외국인 구경에 정신이 빠져 목을 돌린 채 페달을 밟다 그만 길 한쪽에 매여 있던 황소를 받아버렸다. 순한 사람이 화를 내면 큰일 나는 법이다. 점잖은 한국 황소가 놀라 화를 내니 장마당은 순식간에 수라장이 되어버렸다.

하루는 외국 학생들과 둘러앉은 자리에서 '한국 사람 구경 버릇'이 화제에 올랐다. 이들이 솔직하게 털어놓는 관찰담에 나는 배꼽이 빠지도록 웃어야만 했다.

이런저런 이야기에 폭소가 계속 터졌는데 흉을 보는 것인지 그저 흥이 나서 떠드는 것인지 따져볼 생각도 없이 나도 한몫 끼어서 실컷 웃었다. 다 한마디씩 하고 난 뒤 무전여행 중인 영국 학생이 정리를 했다. 그는 자전거 한 대로 오십여 나라를 돌아다녔는데 한국 산골에 갔을 때처럼 자기를 구경하러 많은 사람이 모여든 나라가 없었다는 것이다. 좀 부끄러운 생각이 들기는 했지만 우리에게 그런 기질이 있다는 것을 부인할 수는 없지 않는가.

구경거리라면 우 몰려가는 우리나라 사람을 우리 스스로 쑥스럽게 여긴다. 전형적인 촌놈 습성 같기도 하고, 교양 없어 보일 수도 있기 때문일 것이다. 확실히 구경거리가 생겼을 때 지나치게 호기심을 나타내는 사람은 촌놈처럼 보이거나 얼빠진 놈으로 취급받는다. 그래서 어느 나라에서나 그런 꼴을 보이지 않도록 어릴 때에 교육시키는 듯싶다.

한국 사람이 세계에서 가장 구경을 좋아한다는 평을 받

은 이상, 이 문제를 그냥 넘어가지 말고 우리의 구경 심리를 탁 털어놓고 심판을 받아보자. 솔직하게 말하면 나 자신부터 거리를 걸어가다 싸움 구경하기 좋아하고, 충청도 계룡산 근처에서 못을 푸고 용을 잡는다고 떠들석할 적에 2주일 동안 그 거사에 참여한 바도 있었다. 또 도봉산 속 호랑이와 이야기가 통하는 할머니가 살아 있다니 시간만 나면 꼭 가서 구경할 셈이다. 누가 신사답지 못하다고 하든 말든 내가 좋아하는 구경거리를 어찌 놓쳐버릴 것인가. 길거리에 앉아 신나게 장기를 두고 있는 친구를 보고 어찌 무심하게 지나칠 것인가. 찌는 듯한 여름 거리를 코트 바람으로 유유히 걸어가는 멋진 도사를 어떻게 쳐다보지 말란 말인가. 기왕에 구경꾼으로 이름난 바에야 실컷 구경이나 하고 볼 것이지 쓸데없이 가면 쓰고 점잖은 척 한들 무엇하겠는가.

우리가 좋아하는 구경거리를 한번 꼽아보자. '구경'하면 정월 보름달 구경이 으뜸이고, 7월 7석 별 구경도 볼 만하다. 가을 하늘 기러기 구경은 처량하고, 봄날 꽃구경은 신선하고 향기롭다. 이런 식의 대자연 구경부터 시작하여 동리의 굿 구경, 잔치 구경, 씨름 구경, 놀이 구경 등 조상으로부터 이어받은 구경거리가 한둘이 아니다. 그러나 돈을 내라는 구경은 별로 없으니 한국의 구경이란 공짜라야 진짜 구경이 되는 셈이다. 아니, 구경에 그치는 게 아니라 떡도 얻어먹고 술도 얻어먹고 돌아와야 구경 한번 제대로 하는 것이다. 옛말에 한국 호랑이는 굿 구경을 좋아한다는데 그 역시 굿이 끝나면 돼지머리 하나쯤 얻어먹고 돌아갈 수 있었기 때문 아닐까.

시골 사람들은 굿 구경 좋아한다. 굿은 우리 시골에 있는 일종의 이동식 민족 극장이다. 이 극장에는 무대와 관람석이 분리되어 있지 않다. 오로지 무대만 있는 극장이다. 따라서 여기 모여드는 구경꾼은 관람객이 아니라 무당패와 같이 어울려 놀이에 참여하는 예술인이다. 꼭두각시놀음도 그렇다. 놀음패와 구경꾼이 한마당에 앉아 분위기를 조성하는데 신이 나면 날수록 누가 놀음패인지, 누가 구경꾼인지 모를 정도로 하나가 되어버린다. 우리나라는 술좌석 또한 극장이다. 신이 나면 누구나 한가락 부르는 명창이 돼버린다. 식탁 위 숟가락이고 젓가락이고 쟁반이고 간에 소리 나는 물건은 다 두드려 악기로 사용한다.

구경을 즐기는 우리의 타고난 습성을 쑥스러운 일이라 여기며 이마를 찌푸려야 할까. 제사나 구경 좋아하는 습성은 동양 예절과 서양 에티켓에서도 군자답지 못하고 신사답지도 않다. 그러나 한쪽 시각에서 하나의 잣대로만 재고 판단하는 것 또한 얼빠진 짓이다. 한 면만 보면 이면에 숨어 있는 진리를 놓치고 만다.

구경 좋아하는 우리 습성을 참여 예술이라는 원칙에서 접근해 보자. 시각을 바꾸어 보면 내면에 있는 예리한 호기심과 감상력, 더불어 참여력의 발로이다. 그런 이유에서 지금까지 쑥스럽다고 생각해 오던 구경 심리를 '센스 오브 구경'이라 부르기로 한다. 살피며 들어가면 이 센스야말로 '참여 예술의 시발'이라는 믿음이 생긴다.

타고난 우리네 센스 오브 구경은 한 걸음 나아가 누구에게나 '가락'을 배우게 하고, '멋'을 표현하게 하며, 그것이 극치에 도달하였을 때 '신바람 예술'을 창조해 온 게 아닌가 싶다.

우리 민예미술의 멋

예술 속의 웃음

연설에 만담이 생기고, 연극에 희극이 등장하고, 문학에 해학이 담기면서 그림에도 만화가 세상을 휩쓸었다. 모두 웃음거리를 전문적으로 다루는 예술이다. 자세히 살펴보면 하나같이 웃음거리를 골라 모았을 뿐만 아니라 그 표현 자체가 또한 웃음을 나타낸다. 웃음을 다루는 만담가, 희극 배우, 해학 문학가, 만화가 등을 전문가로 인정하게 된 것이다.

웃음의 예술이 전문화되고 국제화되어감에 따라서 웃음의 개념이 논의의 대상이 되더니 어느새 웃음의 학문까지 생겨났다. 현대의 웃음거리 이론은 유머Humour라는 영어를 주체로 하여, 웃음Laughter, 농담Joke, 익살맞은Funniness, 우스꽝스러움Playfulness, 희극Comic, 재치Wit, 아이러니Irony, 풍자Satire 등 어의적 계보를 만들어 웃음거리의 이론체계로 삼고 있다.

동양에서는 해학諧謔을 주체로 모셔놓고, 골계滑稽, 풍자諷刺, 기지機智, 희학戲謔, 농기弄氣 등으로 웃음을 분류한다. 우리는 우리말에서 멋, 웃음거리, 웃음감, 꾀, 익살, 장난기로 표현한다. 나는 한자의 해학이나 유머보다는 '멋'이라고 표현하고자 한다.

한가락의 멋

엄격하게 말해서 우리나라 예술사의 주체는 소수의 전문가가 아니라 민중이다. 다시 말해 예술은 예술만을 위한 예술가의 역사가 아닌 민중의 광범위한 참여로 키워온 예술의 역사다. 음악이나 춤이나 노래나 글이나 그림을 지금은 예술이라고 부르지만 우리 조상은 그것을 '가락'이라고 불렀다.

가락이란 사람의 일거일동을 예술적으로 재어보는 척도다. 무슨 일이든 멋있게 느껴졌을 적에 우리는 '가락을 안다' '한가락 한다' 등의 말로 표현한다. 가락은 움직임의 멜로디며 리듬이다. 기침을 멋지게 해도 가락이 있다 하고, 웃음을 멋지게 웃어도 가락이 좋다 한다. 또 농담을 멋지게 해도 가락이요, 노래를 잘 불러도 가락이요, 춤을 잘 추어도 가락이다. 우리가 가락을 통하여 찾는 것은 무엇이었을까? 그것은 다름 아닌 '한국인의 멋'이었다.

서양의 분석적인 이론을 따르는 미학 대신에 우리 조상은 가락을 통한 '멋'의 표현을 민간 미학의 기준으로 삼아왔다. '멋이 있다'는 것이 '예술성이 높다'는 표현으로 직결될 만큼 모든 움직임의 예술성을 '멋대가리 없다' '멋있다' '멋들어졌다' 등으로 표현한 것이다. 따라서 예술의 유머나 해학을 말할 적에는, 우리는 마땅히 멋을 척도로 측정해야 한다. 어떠한 예술적 요소가 멋을 구성하는지 풀이해 보자.

시원한 멋　찌는 듯한 무더위 속에 뜨거운 해장국을 우리 술꾼들은 '시원-하다'면서 한가락 들이킨다. 이 때의 시원하다는 표현을 영어로 번역하자면 Unity, Openness, Fluency, Simplicity 등을 종합해 접근할 수 있다. 무엇이든지 멋이 있으려면 시원하게 생기고 시원하게 움직여야 한다. 말을 해도 시원하게 해야 하고, 욕을 해도 시원하게 해야 멋이 있다는 찬사를 받는다. 노래를 불러도 시원하게 부르고 춤을 추어도 시원하게 추고 그림을 그려도 시원하게 그려야 멋이 나는 것이다.

어울리는 멋　백발의 할아버지가 찌그러진 탈을 쓰고 꽹과리를 치면서 젊은이 대열 속에 끼어 춤추는 모습을 보고 다들 멋이 있다고 야단이다. 잘 어울리기 때문이다. '어울린다'는 표현을 영어에서 찾으면 Harmony, Contrast, Match 같은 단어를 뽑아보게 된다. 남녀가 잘 어울리고, 늙은이와 젊은이가 잘 어울리고 농부와 황소가 잘 어울리는 데서 멋을 찾을 수 있다. 음악이나 그림이 멋있으려면 소리나 색깔과 잘 어울려야 하는 것이다.

텁텁한 멋　화려한 칵테일 파티에나 잘 어울릴 줄 알았던 높은 양반이 시골 모내기 판에서 농부들 사이에 끼어 막걸리 사발을 기울이는 모습을 볼 때 우리들은 '텁텁하다'라고 말하면서 멋을 느낀다. 꾸밈새 없는 아름다움의 표현이며 멋의 절대적 구성요소가 바로 텁텁함이다. 억지로 영역해 본다면 Unpretentious, Natural, No make-up, Humbleness 등을 떠올릴 수 있다.

웃음의 멋　점잖다고만 생각했던 어른이 술판에서 방석을 등에 집어넣고 곱사춤을 출 단계에 이르면 술판은 신바람의 폭풍 속에 휘말린다. 멋의 극치는 역시 웃음에 있는 것이니 영역한다면 Humour, Comic, Funniness, Laughter 정도로 때울 수 있을지 모르겠다.

싱싱한 멋　캠프파이어의 불꽃이 싱싱하게 타오른다. '늙은 젊은이'는 벌써 방 안에 들어가 환자가 되어버렸지만 '젊은 늙은이'는 새벽까지 버티고 앉아 몇 남지 않은 싱싱한 벗과 술 다툼을 한다. 멋은 싱싱한데서 솟아오르지 축 늘어지고 헬렐레한 꼴에서는 찾을 수 없다. 음악, 춤, 예술도 싱싱해야 멋이 난다. 이 역시 영역해 본다면 Vitality, Freshness 같은 단어하고나 맞출까. 꼭 들어맞는 말은 없어 보인다.

구수한 멋　한국 호랑이는 구수한 팥죽을 좋아하다가 큰 변을 당한다. 그래서인지 민화에 등장하는 호랑이 모습을 찬찬히 보면 구수한 멋을 듬뿍 품고 있다. 바보스러우면서도 여유 있는 멋을 느끼게 되는 것이다. Ampleness, Humbleness, Generosity, Roundness 등이 맞을 것 같은데 구수함 역시 멋의 요소로서 중요한 자리를 차지한다.

이런 식으로 멋을 풀이해 가면 즉흥적인 멋, 독창적인 멋, 부드러운 멋, 취한 멋, 미친 멋, 신나는 멋 같은 평범한 표현 속에서 민중 예술의 미학을 발견하게 된다. 그러한 토속적인 표현은 다른 나라 말로 번역할 수 없는 특이한 것이며, 바로 그런 느낌에서 동서고금에 유례없는 한국 서민 예술의 멋이 태어났다고 믿어진다.

장난기와 웃음의 멋

멋을 빚어내는 여러 가지 예술적 요소 중 가장 두드러지고 쉽게 느낄 수 있는 요소는 아무래도 '웃음의 멋' 같다. 그래서 여기서는 다양한 민중 미학에서 웃음의 멋 부분을 보다 구체적으로 살펴보기로 한다. 다만 민중 예술은 민중 미술로 그 범위를 축소시켜 병행하기로 한다.

한국 사람이 가진 웃음의 멋은 일상생활 속 이야깃거리에서부터 발견된다. 농담가락이 그것이다. 말 잘하는 연사치고 농담기 없는 사람이 없다. 이 농담기는 말로서만 전해지는 게 아니라 노래나 춤, 글이나 그림에서도 나타나며 웃음이 멋을 빚어내는 주역이다.

이 중 문학의 해학성은 이른 시기부터 관심을 받았다. 1970년 국제PEN대회 때는 해학을 대회 주제로 삼기도 했다. 근래 들어 우리나라 민속놀이나 춤이 세계에 널리 소개됨에 따라서 한국 가면극의 해학성이나 풍자성이 부각되었다. 내용은 몰라도 가면의 찌그러진 모습이 유머러스하고 놀음이나 춤의 움직임이 그냥 보기만 해도 웃기기 때문이었다.

문학의 해학성에 비해 그림의 해학성이나 조각의 웃음기는 아직 뚜렷하게 거론되지 못하고 있다. 한국의 옛 조각작품에 웃음이 많이 나타난다지만 이것은 부드러운 미소를 말하는 것이지 웃음을 일으키지는 않는다. 관세음보살이 미소를 짓고 있다하여 사람을 웃기지는 않는다.

이와 다르게 신라 시대 기와 도깨비나 조선 시대 민화, 석각石角에 나오는 호랑이 중에는 아주 바보같이 생겨서 보는 사람으로 하여금 폭소를 터뜨리게 하는 경우가 종종 있다. 무시무시한 대상이 가진 해학성은 보는 이로 하여금 웃게 한다. 이런 것이 바로 미술 속에 담긴 웃음의 멋이다.

그림이나 조각에 담긴 웃음의 멋은 '장난기'이다. 어린아이가 흙반죽을 가지고 장난할 때면 참으로 웃기는 물건을 많이 만들어낸다. 어른도 다를 게 없다는 걸 토우 같은 유물을 보면 알 수 있다.

토우에서 알 수 있는 것은 유머의 원천이 벌거벗는 데 있다는 점이다. 그래서 아이뿐만 아니라 어른도 흙 반죽으로 장난을 치다보면 자기도 모르는 사이 벌거벗은 사람을 만들곤 한다. 특별히 국부를 멋지게 노출시키기도 한다. 그렇기 때문에 토우야말로 조각 해학성의 연원을 가르쳐주는 위대한 유물이다.

음양 미술의 멋

→287-288

예술의 해학성을 말하는 그 시발점을 인간 음양 관계로 귀결시킬 수 있다. 그것이 자연스러울 수밖에 없는 것이 옛사람은 모든 창조의 근원을 음양의 결합에 두었고, 따라서 남녀의 성기를 신성하게 여겼다. 가장 거룩한 것이 가장 즐겁고 우스운 것이었다는 사실은 선사 시대 암각 미술로도 입증되고 있다. 이것은 세계 인류 문화사에서 공통된 점이기도 하다. 결론적으로 가장 오래된 예술의 해학성은 미술 분야가 그 자료를 제공하고 있는 셈이다. 따라서 한국 예술의 해학성에 대한 논고도 미술 자료를 중심으로 시작되어야 그 체계가 확립될 수 있을 것이다.

우리나라 미술사에서 가장 웃기는 작품이 무엇이냐고 물으면 선뜻 대답하기 어려울 것이다. 자세히 보면 유머러스한 선사 시대 미술 자료가 많이 발견되어 있다. 울산광역시 울주 대곡리 반구대 암각화에서도 그런 예를 엿볼 수 있지만 가장 유머러스한 작품은 아무래도 토우 같다. 국립중앙박물관이 소장하고 있는 이 신라 시대 주형토기에 벌거벗은 뱃사공이 눈에 띈다. 그 뱃사공의 남근은 큰 베개만하다. 찬찬히 뜯어보면 뱃사공의 바보 같은 얼굴 표정이나 코끼리만한 큰 귀 같은 모습은 보는 사람으로 하여금 폭소를 터뜨리게 한다. 이 주형토기의 토우는 훌륭한 고대 미술 해학의 예이다.

다음으로는 여근형의 고대 작품이다. 이것은 모체를 신성시하는 민간 신앙에서 태어난 것이다. 여근형 작품으로 가장 규모가 크고 역사가 깊은 것은 경주 여근곡이라 할 수 있다. 최근 답사에 따르면 이것도 자연반 인공반 여근인데 이에 대한 민간 신앙이 최근까지 그 마을에 남아 있다. 몇 해 전에 동리 아이들이 여근곡 샘물을 막대기로 장난했었는데 그때 온 동리 여자들이 모조리 바람이 났었다는 이야기가 최근까지 전해지기 때문이다.

여근곡에 관한 유머러스한 옛말이 『삼국유사』에도 기록되어 있다. 선덕여왕이 여근곡 근처에서 백제의 복병을 습격하기에 앞서 "남근은 여근 속에 들어오면 죽는 법이다."라고 신하들과 농담을 나누었다 하니 신라 사람의 유머 감각을 알 수 있다.

남근, 여근의 모양이 아니더라도 아예 음양을 결합시킨 예도 있다. 약방에서 쓰는 손절구를 음양 결합으로 생각하여 그 방망이를 남근형으로 만든 유머러스한 경우다. 전통 공예에 있어 물건을 만들 때 음양의 이치에 따라 '암놈' '숫놈'으로 부르는 것은 상식이었던 것 같다. 지붕의 기왓장도 위를 보고 눕는 형은 암기와라 하고 위에서 타고 누르는 형은 숫기와라고 불렀다. 목조물의 짜임에서도 구멍에 긴 것을 맞추는 공법을 아주 속된 말로 암놈과 숫놈의 결합으로 표현하는 버릇이 남아 있다.

이렇듯 음양 결합을 우주의 신성한 일로 믿으면서 한편 예술로는 매우 유머러스하게 표현한 우리네 전통을 볼 수 있다. 중국의 공예품에 남녀 교합을 노골적으로 나타낸 작품이 많은데 비해 한국의 음양 미술은 은근하게 표현된 점도 특징이라 할 수 있다.

호랑이계 미술의 웃음

→289-292

음양 미술이 보편적으로 해학의 대상이 되고 있음은 쉽게 짐작할 수 있다. 그러나 한국 미술을 중심으로 무엇이 민족적 해학 대상이냐고 묻는다면 선뜻 대답하기 어려울 것이다.

1970년 나는 처음으로 한국 문화 관련되는 미술도서를 냈는데 그것은 영문으로 쓴 『Humour of the Korean Tiger 한국 호랑이의 해학』이라는 작은 책자였다. 때마침 조선호텔에서 '해학'을 주제로 국제PEN대회가 열렸는데 집행부의 권유로 대회장 배집에서 세계 문인을 상대로 첫선을 보이게 되어 마음이 조마조마했다.

한구석에 앉아 과연 누가 내 책을 사 가는가 지켜보았다. 드디어 한 마리 큰 놈이 걸렸다. 중국 사람이었다. 첫 장을 넘기자마자 그는 옆에 서 있는 친구에게 '호랑이 담배 먹는 그림'을 보여주며 웃어댔다. 한민족의 특이한 민족적 웃음거리를 보자마자 중국식 웃음을 터뜨린 것이다.

호랑이가 한국인에게 내제된 웃음의 원천이라는 점은 이러한 경험을 통해서 확고부동하게 인식되었다. 어떻게 그 무서운 호랑이가 한민족의 해학을 빚어냈단 말인가? 이것이 내겐 심상치 않은 문제였고 보다 조심스럽게 추궁해 볼 필요가 있다고 느껴졌기 때문에 오랜 세월 찾아다녔다.

여러 호랑이 미술 중에는 매우 에로틱한 면을 노골적으로 나타낸 것도 많다. 그중 긴 꼬랑이를 뒷다리 사이로 밀어올려 남근의 발기상을 뜻하는 작품을 가장 흔하게 볼 수 있다.

이러한 솜씨는 사자형 고대鼓台에서 특히 유머러스하게 처리되어 있다. 첫째, 사자의 국부가 상세하게 조각되어 있고 둘째, 사자 전신이 또한 거대한 남근형으로 만들어져 있다. 지금 남아 있는 몇몇 조각을 볼 때 이러한 처리법이 고대에는 공통된 수법이었음을 알 수 있으니 이것이 곧 일반적인 양식이었던 것 같다.

이러한 멋의 체득을 통해 우리는 무서워해야만 할 벽사수 조각에서 부드러움을 느낄 뿐 아니라 한 걸음 더 나아가 무한한 웃음거리의 멋을 느꼈으니 이것이 조형 미술로 표현되는 한국인의 전통적 해학이었던 것이다.

도깨비계 미술의 웃음

→293-294

우리에게 웃음을 주는 또 하나의 원천은 도깨비다. 이 경우도 바로 작품으로 직행하지 말고 설화의 세계를 거쳐 가야 이해가 쉽다. 도깨비는 평범한 옛말을 통해서 한없이 웃음의 멋을 창조한다.

그래서 한국인이 모여 앉아 도깨비 이야기를 시작하면 밤을 새워가며 떠들게 된다. 도깨비 설화는 형체 없는 미술이요 도깨비 미술은 소리 없는 설화라는 것이 오랫동안 도깨비 미술을 찾아다닌 끝에 얻은 나의 결론이다.

우리나라 설화 속 숨 쉬는 도깨비 성격을 하나씩 들어보자. 첫째로, 도깨비는 무서운 힘을 가지고 신통한 재주를 부린다. 대동강을 단숨에 휙 건너뛰기도 하고, 난데없이 도깨비불을 붙이기도 한다. 또 금방망이 은방망이를 두드리면서 무엇이든 생각나는 대로 만들어 내기도 한다. 신화 속 도깨비는 한술 더 떠 우렛소리도 내고, 번개도 일으키고, 바람을 불어내면서 비를 쏟게 하는 신통술을 가졌다. 그중 도깨비 방망이는 우리 해학을 두드러지게 하는 데 가장 큰 역할을 한다.

둘째로, 도깨비는 술과 노래와 춤을 즐긴다. 언제나 부슬비가 나리는 으스스한 밤중에 헌집에 모여 술 마시고 춤을 춘다. 그래서 한국의 도깨비적 해학성은 술과 노래와 춤에서 나온다고 말하기도 한다.

셋째로, 도깨비는 장난을 좋아한다. 사람과 어울려서 같이 춤을 추기도 하고, 밤중에 지붕 꼭대기에 올라가 기왓장을 뒤집기 일쑤다. 고기잡이하는 김서방을 골려주려고 고기 대신 말똥을 한 보따리 잡아주기도 한다. 이러한 장난기는 곧 해학의 원동력인데, 이러한 사실은 한국인이 창작한 모든 예술작품 속에 현저하게 드러난다.

넷째로, 도깨비는 큰 허점을 가지고 있다. 씨름을 좋아하여 밤새도록 씨름 시합을 하자고 조르지만 왼쪽 다리만 걸면 꼼짝 못하고 넘어진다. 남의 돈을 꾸어온 일은 절대로 잊지 않지만 자기가 돈을 갚은 사실은 곧잘 잊어버린다. 이러한 허점은 폭넓은 유머의 터전을 마련해 준다.

다섯째로, 도깨비는 의리가 깊고 감동적인 일을 당하면

눈물을 흘리기도 한다. 무섭게 생긴 도깨비가 눈물을 흘린다니까 이게 또 유머러스하게 느껴진다. 도깨비 눈물 방울은 결국 한국인 해학의 감로수가 된다.

이 정도로 요약해도 우리는 한국 도깨비의 해학성이 어떠한 것인가 맛볼 수 있다. 설화 속에서 찾은 이러한 해학을 도깨비계 미술에서 찾아보자. 지금은 그 자료가 매우 귀해졌지만 옛날에는 동리마다 장승이 있었으니 민중에 가장 가까운 도깨비 미술은 장승이었다. 나무 장승을 세울 때는 큰 나무를 잘라 거꾸로 심어 뿌리를 머리털로 만들었으니 우선 이것이 해학감이다. 다음은 표정이 재미있다. 한결같이 힘이 있는데다 동시에 부드러움도 느끼게 한다. 설화에서처럼 무서운 힘과 인자한 눈물을 겸한 얼굴인 것이다.

나무 장승은 자주 갈아세우는 과정에서 차차 본연의 부드러운 모습이나 익살궂은 표정을 잃고 흉칙한 몰골로 타락해 버렸지만 돌 장승은 아직 웃음기 짙은 옛 모습을 확실하게 보여준다. 특히 코가 떨어진 장승은 웃음거리다. 장승의 코를 갉아먹으면 아들을 낳는다거나 이와는 정반대로 아기를 뗀다는 등의 미신에서 이루어진 괴상한 미술품으로 탈바꿈된 것이다. 머리 모양을 남근형으로 만든 아주 해학적인 장승 조각이 유물에서 발견된 적도 있다.

인신귀면으로 나타내는 것을 도깨비 형체의 표준으로 삼고 있어 장승이 그러한 유형에 속한다는 점은 쉽게 이해된다. 그러나 신체 없이 얼굴뿐인 도깨비 귀면도 있다. 문짝 밑에 그려지기도 하고 혼백 가마에도 그려져 있다. 이 귀면은 매우 웃기는 작품이 많다. 심지어 도깨비가 큰 아가리에 물고기를 물고 있는 괴상한 자료도 있다. 이는 이같이 물어 죽인다는 어린이 같은 장난기로 그린 것이다.

호랑이 민화의 경우와 달리 도깨비 기와 무늬는 직접적으로 웃음의 멋을 느끼게 할 만한 자료는 되지 않는다. 다만 여기 소개하는 자료는 도깨비계 미술의 하나로서 사람의 얼굴에 가까운 벽사무늬 와당이나 귀룡자에서 웃음의 멋을 나타내는 경우를 발견할 수 있다.

수복 미술의 웃음

지금까지 가장 신성하거나 무서운 상징이 가장 웃기는 예술로 표현되고 있는 실태를 살펴보았다. 결국 한국 전통미술의 해학성을 찾는 일은, 민간 신앙과 연결되는 작품 속에서 웃음거리를 찾는 일로 전환된 셈이다.

웃음거리로 정해진 예술에서 해학성을 찾는 것에 지나지 않겠지만, 우리가 찾는 것은 웃음거리의 멋이므로 이는 보다 높은 차원의 예술성을 뜻한다. 만담가의 만담을 들으면서 처음부터 끝까지 웃는 것과 대통령의 연설을 듣다 가끔씩 웃는 것은 상당한 차이가 있다. 그래서 도깨비나 호랑이처럼 일부러 신성하다거나 무섭다거나 점잖다고 정의된 대상을 골라 반대로 사람을 웃기는 예술성을 끄집어낸 것이다.

이제 우리네 웃음거리의 멋을 찾을 수 있는 영역을 정리해 볼 필요가 있다. 다시 말해서 민간 신앙, 민교民敎 문제 자체를 냉정하게 살펴볼 필요가 생긴 것이다.

민간 신앙이라면 흔히 원시 종교와 결부시켜 취급하면서 유교나 도교, 불교 따위 문명교와는 별개의 것으로 생각하기 쉽다. 그렇다면 원시 종교 신앙의 핵심은 무엇이고 문명교 신앙의 핵심은 무엇인가? 살펴보면 인간의 신앙이란 별것이 아니다. 생명을 원하는 기명 신앙, 말라 타서 죽게 되었을 때 비를 구하는 기우 신앙, 한 목숨 오래 살겠다는 장생 신앙, 보다 잘 살겠다는 기복 신앙, 그리고 이러한 욕구를 방해하는 마귀들과 투쟁하는 벽사 신앙으로 요약된다. 이것이 곧 인간의 울트라 신앙이다.

어느 종교나 철학을 절대시하는 권위적인 면이 있고 한편에서는 얌전하게 기도하는 신앙적인 면이 있다. 그리고 모든 종교는 철학에서는 차이를 보이지만 기도의 경우, 대상이 다르고 형식에 차이가 있을 뿐이다. 민간 신앙도 독립적인 것이 아니라 모든 종교에 마땅히 포함된다. 또 여러 종교를 민교의 관점에서 보면 불교에는 민불교, 도교에는 민도교, 유교에는 민유교, 신교에는 민신교가 엄연히 담겨 있으며, 이 모두는 울트라 신앙을 공통분모로 삼고 있다.

종교 미술은 어느 분자에서 태어나는 것일까? 그것은 학문 쪽이 아니라 민교 쪽이란 점을 쉽게 깨달을 수 있다. 호환을 막기 위해서 호압사를 창건했다든가 호랑이의 명복을 비는 뜻에서 호원사를 세우는 일은 모두 민교적인 행위이지 학문적인 행위는 아닌 것이다.

산신령님께 빌든, 칠성님께 빌든, 부처님께 빌든, 독성님께 빌든, 미륵님께 빌든, 옥황상제에게 빌든, 비는 데는 대상이 있어야 한다. 그것을 충족시키는 것이 산신 탱화요, 칠성 탱화요, 삼불 탱화요, 노군 탱화인 것이다. 귀신을 쫓기 위해 민신교가 만든 것이 호랑이 부적이라면, 아기 눈병 막는다고 민도교가 만든 것이 종규 부적이요, 아기를 준다고 민불교가 만든 것이 송자관음이다. 또 죽은 조상을 지킨다고 민유교가 만든 것이 시묘석이다.

이렇게 정리하면서 따져 들어가면 앞서 거론한 음양 미술이 곧 기명의 조형적 표현이요, 호랑이나 도깨비 미술이 벽사 신앙적 민교 미술이었음을 더욱 확실히 알게 된다. 해학적인 미술 자료를 좀 더 살펴보자.

장생의 권위는 민도교가 차지하고 있다. 그중 대표적 역할을 하는 「수성노인도壽星老人圖」를 감상해 보자. 수성 노인은 사람의 수명을 관할하는 남극성인데 그림이나 조각 공예 등 조형물로 동양 전역에서 유행하였다. 그런데 이 거룩한 남극성도 도깨비 나라로 이민 와서는 한낱 웃음거리가 되고 말았다. 머리를 몸집보다 더 길게 그리거나 심한 경우에는 남근형으로 만들어버렸으니 말이다.

복을 상징하는 대표적인 것으로는 「약리도躍鯉圖」를 들고 싶다. 어변성룡도는 잉어가 뛰어올라 용이 된다 하여 아들 꿈을 뜻하기도 하고 입신출세의 등용관을 뜻하는 민화의 화제다. 약리는 그림뿐 아니라 연적, 자물쇠 같은 공예품에도 흔히 쓰여지는 유행물이다.

그런데 약리도 중에는 그야말로 사람을 죽도록 웃기는 걸작이 가끔 나타난다. 폭포 밑에서 수십 마리의 잉어가 저마다 용이 되겠다고 뛰어오르는 약리 올림픽 그림이 그것이다. 출세에 미친 잉어들이 저마다 상반신을 물 위로 쳐 올리고 있는데 한결같이 아랫배를 보이고 있다. 다시 말하면 죽은 물고기인 것이다. 한쪽에서는 올림픽에 나갈 생각이 없는 막고기

두 마리가 얼빠진 놈들을 비웃고 있다. 자세히 보면 또 한번 아차 하고 놀라게 된다. 뛰어오르는 잉어 머리가 모조리 남근형으로 그려진 것 아닌가.

이번엔 용 미술을 잠시 들여다보자. 용은 우신이자 수신이며 사신과 사령의 하나이다. 또한 하늘의 상징으로 동양 민속에서 가장 높은 자리를 차지하고 있다. 그래서 용은 그림, 조각, 자수, 판화, 각종 공예에서 매우 중요한 자리를 차지하고 있다. 한때 중국 황제가 황제만이 다섯 발가락의 용 그림을 가질 수 있다는 괴상한 규정을 내린 적이 있었다. 이웃 나라는 모두 그 법을 지켜 세 개 아니면 네 개의 발가락만을 그렸다. 그런데 우리 민화 속에서는 다섯 발가락의 용 그림은 물론이고 때로는 일곱 발가락의 용까지 나타난다. 우리의 용 미술은 서민의 거침없는 기백과 해학이 담겨 있는 위대한 민중 예술의 일품인 것이다.

용과 한 쌍이 되는 영물로 봉이 있다. 봉도 사령의 하나다. 백조의 왕 같은 존재이며 길상의 상징이다. 그런 만큼 미술에 나타나는 봉의 모습을 두고 웃음거리의 대상으로 삼기는 다소 힘들다. 그런데 우리는 봉이 김신달이 잘생긴 수탉을 봉으로 팔아먹는 이야기를 알고 있다. 그렇다면 수탉으로 하여금 봉 노릇하게 하는 데서 해학이 생겨나는 모양이니 수탉 그림을 찾아다닐 수밖에. 한동안 골동품상 거리를 돌아다니며 '봉같이 생긴 수탉 그림'을 구하러 다녔고 가설은 적중했다. 주문 내용을 잘 이해하지 못해 수탉 그림도 많았으나 봉 같은 수탉 그림도 상당수 모아졌다.

생각해보면 수탉은 시계조라는 중대한 사명을 띠고 태

어난 영조로 새벽이면 게으른 인간을 깨워주고 귀신을 쫓는 일까지 한다. 봉은 관념상의 영조이며 그림 속의 새에 지나지 않는다. 그렇게 생각해보면 우리 조상들이 수탉을 천계로 여겨 그것을 봉과 같이 그린 것은 너무나 지당한 일이어서 놀라울 뿐이다. 잉어를 용으로 여기고 닭을 봉으로 여긴다면 용봉각을 세워 계리숭배鷄鯉崇拜의 신당으로 삼을 만도 한 일이다.

궁극적인 신앙을 바탕으로 태어난 소박한 우리 서민 미술을 살펴본 결과를 종합하면, 가장 신성한 대상이 가장 흉측한 대상과 일치되고, 가장 무서운 존재가 가장 멍청한 존재와 일치되는 반역과 모순 속에서 한국인 특유의 웃음의 멋이 창조된 것으로 느껴진다.*

우리 건축미술의 멋

일주문의 신기

→295

목조 건물 중에서 구조 역학상으로 충격적인 인상을 준 작품이 부산 범어사 일주문이다. 일주문이란 기둥을 한 줄로 세운 문인데 줄타기하는 원리로 그 구조의 안전성을 풀이할 수밖에 없다. 나는 선진 미국에서 구조 공학을 전공했음에도 이런 식으로 집을 세울 자신이 없다.

범어사의 일주문은 전연 보주補柱를 쓰지 않고 돌기둥 위에 목조 구조체를 살짝 올려놓았다. 아무리 보아도 귀신의 장난으로밖에 보이지 않는다. 네 개의 돌기둥을 한 줄로 배열하고, 흔들거릴 수 있는 기와지붕과 목조물을 마치 신들린 무당이 창끝에 돼지 세우듯 올려놓았으니 말이다. 그것도 바람 억세기로 소문난 금정산 중턱에 자리 잡고 있는 모습에 놀라지 않을 수 없다.

한동안 전국의 일주문만을 찾아다녔다. 대구 용연사, 동화사, 구례 화엄사, 양산 통도사 등의 일주문은 지붕 구조에 전연 보를 쓰지 않고 완전 포작包作으로 이루어져 조립식 돔 구조 같은 인상을 준다. 합천 해인사, 김천 직지사, 순천 송광사, 보은 법주사, 서울 용천사, 서울 봉은사 등은 비교적 가구 양식이 단순하고 겁에 질려서 지주까지 세워져 있다.

일주문은 가람 배치에 있어서 첫 문의 자리를 차지하고 있으며, 대개의 경우 두 기둥으로 하나의 지붕을 받들고 있다. 이것이 순수한 불교 문화의 창작물이냐 의심을 갖다 보면, 그 속에 무엇인가 옛날부터 내려오는 사상적 요소가 숨어있을 것만 같은 생각이 든다. 이 줄타기 구조는 기술적으로는 프리캐스트 Y-T 시스템의 T-Post로 응용되었고 다른 한편으로는 우리나라 불교 미술을 근본적으로 재검토하는 데 좋은 길잡이가 되었다.

다보탑의 조립구조

→296-298

우리나라 옛 구조물 중에서 또 하나 반한 작품은 불국사의 다보탑이다. 미국을 떠나기 전 하버드대학 옌칭도서관燕京圖書館 지하실에서 몇 권의 자료를 들추다가 다보탑의 구조가 상세하게 사진으로 실려 있는 일본 책을 찾았다. 그것을 트레이싱하여 다보탑 설계도까지 만들어보았으니 실물을 보기 전에 설계부터 해본 셈이다. 책에서만 보고 그리워하던 다보탑 실물이 눈앞에 나타나는 순간 느꼈던 첫인상은 영원히 잊을 수 없는 강렬한 것이었다.

핵심은 다보탑의 석재조립식 구조의 천재성에 있다. 나는 봄에도 여름에도 가을에도 겨울에도 잊지 않고 찾아가며 몇 해 동안 짝사랑을 계속했다. 석재를 다듬어서 그 정도의 복잡한 구조를 조립시켰다면 콘크리트를 발명한 현대인이야 무엇인들 못만들랴.

1963년 9월 22일 Y-T 두 부재로 구성된 '콘크리트 프리패브 하우스Concrete Pre-fab House'는 2주일 동안의 공사를 거쳐 성공적으로 마감했다. 소식을 들은 한국토지주택공사가 날아와 서울 수유리에 건설 중인 조립식 주택 모델 하나를 시범적으로 해달라는 긴급 청탁을 전했다.

즉시 김두식 씨 팀을 이끌고 서울로 올라와 화계사 앞 한 여관에 본부를 정했다. 프리캐스트 임시 공장은 오정섭 사장의 호의로 답십리 동방강건 공장부지에 차렸다. 설계팀은 대구에서 올라온 임종순 씨가 맡아주었다.

집 크기는 15평짜리였지만 기초, 기둥 T-보, Y-보 지붕관, H-벽판, 난방 파이프가 들은 T-슬래브 부재 등 모든 부재를 새로 고안해서 제작 조립하는 완전 콘크리트 프리 패브를 시도했으니 그 구상은 다보탑 조립구조에서 얻은 것이다.

기초에서 도배까지 꼬박 일주일간, 시간 공정표에 따라 공사는 무사히 끝났다. 큰 관심을 쏟으면서 매일같이 현장을 찾아주던 육군장성들이 "중대 병력을 동원해 맞서도 못 당하겠다."고 감탄한 것이 유일한 보수였다. 집 짓는 일은 일주일 만에 해치웠는데 공사비 받는 데는 한 달 이상 걸렸다.

서양 원숭이란 탈을 벗고 이런 독창적인 구조물을 만들어낸 정신적 원동력은 무엇이었을까? 다름 아닌 조상의 건축 전통이었다는 점을 고백해 두겠다. 부산 유엔한국재건단 UNKRA에 근무할 때부터 시간만 나면 옛 건축물을 찾아다녔으니 전통을 현대화시키자는 탁상공론이 실천에 옮겨지기까지 7년간의 고적 답사가 계속되었던 셈이다.

춤추는 백제탑

→299-302

옛것을 찾아다니는 마당에서 나는 언제나 다보탑이 첫사랑이라고 말하는 버릇이 생겼다. 그러나 엄밀히 말하면 정림사지 오층석탑이 더 먼저다. 중학생 시절 수학여행으로 부여에 간 적이 있었다. 그때 본 정림사지 오층석탑은 어린 마음에 너무나 강한 인상을 주었다. 단순히 다보탑보다 먼저 보았다고 좋아한 일은 아니었다.

왜 그렇게 정림사지 오층석탑이 좋았는지는 알 수 없다.

그저 좋았다. 자연스럽게 다보탑도 좋아하게 되었는지 모른다. 철이 들고 나서 다시 찾은 것은 두말할 것도 없다. 한번은 술에 만취되어 허둥지둥 탑을 찾아가 그 앞에서 꼬박 밤을 새우기도 했다. 싸늘한 날씨여서 하마터면 동상에 걸릴 뻔했지만 잠시나마 백제 시대에 젖어본 꿈같은 시간이었다.

1960년대 초반 백제식 석탑을 모조리 돌아볼 계획을 세웠었다. 부여 장하리 삼층석탑, 익산 왕궁리 오층석탑, 익산 미륵사지 석탑, 김제 귀신사 삼층석탑, 계룡산 남매탑, 서천 성북리 오층석탑 등은 건축 연대야 어찌되었든 백제식 석탑 양식으로 한데 묶을 수 있다. 한눈에 보아도 돌덩어리를 쪼아 올려놓은 신라식 석탑과는 달리 조립식 석탑이란 점이 깨끗하게 드러난다.

계룡산 납매탑을 찾은 것은 1962년 정월로 온 천지가 흰 눈에 푹 덮인 날이었다. 계룡산 동학사 근처의 여관에 여장을 풀었다. 동행했던 이들이 모두 이름난 술꾼이라 그날 밤이 무사했을 리 없다. 떠나기 전 남매탑 글을 읽었던 덕으로 탑에 얽힌 전설을 재미나게 이야기하며 실컷 들이마셨다.

그날 밤에 꿈을 꾸었는데 웬 여인이 살그머니 문을 열고 내 방으로 들어섰다. 남매탑 전설이 실현되는 판국이다. 전설 속의 수도승은 호랑이가 물어다 준 여인을 간호해 주고 나서 서로 남매를 맺고 마침내 성도했다는 줄거리다. 이 꿈에서 깨 새벽에 일어나니 산길을 오를 기력이 남아있지 않았다.

길도 없는 눈 속에서 헤매다가 산속 깊이 들어가서 우리는 그만 방향까지 잃어버리고 말았다. 남매탑은 고사하고 바윗덩어리 하나 눈에 띄지 않았다. 작전을 세워야 했다. 각각 다른 방향으로 헤어져 올라갔다. 몇 시간이 흘렀을까. 탑이 보인다는 소리가 산을 울렸다. 남매탑은 이토록 고생 끝에 찾았기 때문에 시간이 흘러도 잊을 수가 없다. 평탄한 자리에서 쉽게 찾아 사진이나 찍어온 탑은 별다른 기억이 남지 않는다.

몇 개 안 되는 백제식 석탑인데도 그것을 돌아보는 일은 쉬운 일이 아니었다. 어쨌든 다 보고 나서야 정림사지 오층석탑의 예술적 지위를 더욱 깊이 깨닫게 되었다. 참으로 그 작품은 백제식 석탑으로서 극치의 작품이며 춤추는 갈매기같이 경쾌하고도 우아했다. 익산 미륵사지 석탑이 크다지만 복원해 보았자 전탑 같은 육중한 모습이지 세련미는 없을 것이다. 다른 작품도 조립 양식은 백제식 석탑 양식이지만 예술성에 있어서 미완성 작품에 지나지 않는 것으로 보인다.

정림사지 오층석탑의 경쾌한 지붕 선은 새로 지은 동산병원 간호사 기숙사 현관으로 옮겨졌다. 일반적으로 전통과 현대의 만남은 외형적 복제로 인식되게 마련이지만 보다 뜻깊은 현대화 작업은 석재조립을 기본 공법으로 삼은 백제의 현대화였다. 나의 1960년대는 이렇게 조립식 콘크리트 건축 발명에 몰두하던 시기로 세 가지 구조 시스템 특허를 받았다. 반면, 기존의 셀 구조나 프리스트레스트 콘크리트는 내 자신이 파괴해 버렸다.

신라삼일탑

→303

대구에서 일할 때 동화사와 송림사를 자주 찾았다. 건축물을 주목하면서 다닐 때라 석탑을 자주 대하니 전문 지식은 없어도 전체적인 양식을 상식화할 수 있었다. 백제식 석탑과 달리 신라식 석탑은 조각적인 건축이며 건축적인 조각으로서 그 양식을 완성하고 있었다. 여러 층으로 구성된 작품이 많이 남아 있는데 신라탑을 대표하는 것으로는 경주 불국사 삼층석탑, 석가탑을 꼽을 수 있다.

신라식 석탑은 크지도 작지도 않고 아담한 것이 특징이다. 불국사 석가탑도 삼층탑으로는 큰 편이다. 남매탑의 경우는 백제식 탑과 신라식 탑이 한 쌍으로 배치된 유일한 작품인데 오층 백제 탑과 삼층 신라 탑으로 구성되었으면 더욱 균형이 잡혔을 것이다.

대량 생산되면서 형식화된 신라식 삼층석탑이건만 그래도 어디선가 멋진 신작神作을 만날 듯 싶어 계속 찾아다녔다. 1961년 봄 구례 화엄사에서 드디어 그런 작품을 보게 되었다. 구례 화엄사 사사자 삼층석탑이 바로 그것이다. 신라식 석탑을 제대로 모신 기념비 같은 석탑이었다.

삼층으로 일탑을 구성한 신라 탑을 보면서 생각하게 되는 것은 숫자 삼이다. 대개 삼존불三尊佛 하면 중앙에 주불主佛이 자리잡고 양측에 두 보살이 배치되는 삼불일체三佛一體를 의미한다. 신라탑에서도 전형적인 양식은 삼층일신탑으로 대표되고 있어 마음가는 대로 신라삼일탑이라 불러본다.

석굴암의 조립식 돔 구조

→304

1954년 여름 문경으로 출장 가는 길에 어머니가 해 뜰 때의 석굴암을 보신다고 새벽에 그 험한 길을 올라갔다 오셨다. 석굴암 방문은 이렇게 돌부처님 뵙는 것이 초점이었다.

얼마 후 혼자 석굴암을 찾아갔다. 미술사학도나 조각가

를 통해 석굴암 속의 본존불이 세계적 명작이라는 말은 들어 알고 있었다. 그런데 아리랑 고개를 허덕허덕 기어 올라 석굴암 안에 들어서서 그 천장 구조를 쳐다보는 순간 나는 그만 정신이 아찔해지고 말았다.

석굴암 돔 구조는 석탑의 경우와 달리 본격적으로 응력을 받는 큰 규모였다. 돔 위의 무거운 흙과 기와지붕의 하중까지 받게 되어 있다. 무엇보다 토압을 역이용하여 불안전한 조립식 돔 구조를 안정시킨 것은 놀라운 기술이었다.

돔 구조가 신라 시대에 조립식 석조 구조로 완성된 사실을 내 눈으로 확인했으니 놀라지 않을 수 없다. 역학적인 구조 계산까지야 못 했겠지만 돔 구조의 에센스를 해독한 사실은 명백하게 드러난다. 과연 이것도 인도나 중국에서 들여온 것일까. 나는 내 상식에 반문해 보지 않을 수 없었다.

와열

→305-307

다보탑, 석굴암, 정림사지 오층석탑, 석가탑, 일주문, 부석사 조사당, 성덕대왕신종. 신작은 대할수록 애착이 커지더니 급기야 소유하고 싶은 욕심이 생긴다. 어렵게 현지를 찾지 않고서도 늘 보고 싶은 것이다. 성덕대왕신종을 본 사람은 누구나 그 표면에 새겨진 비천상에서 눈을 뗄 줄 모른다. 그러나 종을 등에 업고 올 수는 없으니 비천상 탁본을 떠다 방 안에 모시는 게 고작이다. 아예 집 안에 끌어 들여 내 것으로 만들어 버릴 수는 없을까.

어느 날 경주 시내 한 다방에 있는, 벽에 시멘트로 박아 놓은 비천상 무늬 암막새 파편이 눈에 들어왔다. 벽을 뜯어 팔라고는 할 수 없는 일이기에 드나들며 군침만 삼켰다. 며칠 그러고 있는데 묘한 생각이 떠올랐다. 기왓장을 수집하면 어떨까? 그렇다! 그것이 바로 신라 예술을 집 안으로 끌어들일 수 있는 길이 아닌가.

1961년 섣달 그믐날 경주로 성덕대왕신종을 치러 갔다. 이날 밤, 종을 울리면서 축원을 올리면 소원 성취한다기에 정성을 다해 종을 울렸다. 그 자리에서 나는 앞으로 나의 모든 정열을 기와 수집에 바칠 것을 맹세했다.

기와 수집은 1968년까지 7년 동안 계속했다. 고적 답사 칠 년에 이은 두 번째 7년 사업이었다. 문제의 비천상 막새기와도 드디어 내 품 안에 들어왔다. 그 즐거움은 도저히 말로 표현할 수 없어 그저 와열瓦悅이라고 했다.

서라벌에 얼마나 기와집이 많았었는지 기와 수집을 통해 실감했다. 불교 미술이 어느 정도 그 사회를 지배했었는지 또한 생생하게 눈앞에 드러났다.

공우탑

어느 해 정월 하순경이었다. 별안간 날씨가 확 풀리면서 때아닌 비가 쏟아지고 얼었던 땅이 녹아버리니 꼭 여름 장마철 같은 날씨였다.

해남 대흥사를 예방하고 두륜산 봉우리 북암까지 올라갔다가 돌아가는 길에 부여에 들렀다. 오랜만에 홍사준 선생을 뵙고 도깨비 이야기와 단군 이야기를 나누다가 놀라운 정보를 들었다. 백마강 건너 장정이란 산골의 강씨 댁에 『규원사화揆園史話』가 세 권 전해져 있다는 뉴스다. 그 수수께끼의 책에 대하여 큰 호기심을 가지고 있던 차라 당장 가보고 싶어졌다. 해가 다 기울어 갈 때 부여의 질퍽질퍽한 시골길로 차를 몰았다.

위험한 고비를 여러 번 넘으면서 장정이란 낯선 마을을 찾았을 때는 캄캄한 밤중이었다. 도착하자마자 책을 찾으니 고생한 보람도 없게 문제의 책을 누가 서울로 가져갔다고 한다. 우리는 기진맥진해지고 말았다. 기가 죽은 데다 돌아오는 길은 언덕이라 더욱 아슬아슬했다. 끝내 우리가 믿었던 자동차는 시골 감탕길 깊숙이 빠지고 말았다. 가속페달을 아무리 밟아도 차바퀴는 휭휭 그 자리에서 맴돌 뿐 앞으로 나아가지 못했다. 어느새 모여든 동네 어린이들이 힘껏 밀어주었으나 어림도 없었다. 기온이 사정없이 얼어붙기 시작하니 꼼짝 못하고 얼어 죽게 생겼었다.

절망의 어둠 속에서 우리에게 다가온 묘한 소리가 있었다. 워낭 소리였다. 어렸을 때 늘 듣던, 그러나 지금은 잊어버린 소리이자 한 마음씨 착한 노인이 황소를 몰고 우리를 구원하러 오는 천사의 소리였다. 우리는 순박한 노인에게 몇 번이고 절을 하면서도 마음 한구석에서는 과연 황소가 우리 차를 끌어낼 수 있을까 염려했다. 물에 빠졌을 때 지푸라기라도 잡는 심정으로 과학의 결정체를 황소에게 매어주었다.

“끼랴!” 노인의 날카로운 호령이 떨어지자 황소는 어깨에 힘을 주었다. 순간 시커먼 자동차가 쑤욱 빠져나오는 것 아닌가. 너무나 감개무량한 순간이었다. 나는 한국 황소가 자랑스럽다 못해 할아버지처럼 모시고 싶어졌다.

“황소 할아버지. 정말 고맙습니다. 위대한 황소 할아버지

은덕을 몰라본 이 미련한 녀석을 용서하여 주십시오."

이튿날 고속도로를 경쾌하게 달리는 몸이 되었으나 머릿속은 간밤에 우리를 살려준 황소 생각으로 가득했다. 대전을 지날 무렵 계룡산 갑사에서 본 듯한 우탑이 생각난다. 그러나 무슨 우탑이었는지 기억에 없다. 궁금증이 풀리지 않자 차 머리를 계룡산 쪽으로 돌렸다. 갑사에 들러 탑을 다시 본 순간 공우탑功牛塔 세 글자가 눈에 크게 들어왔다. 벼락 같은 충격이 온몸을 휘감았다. 강렬한 것을 깨달았을 때 오는 신비스러운 느낌이였다. 석탑이란 불사리를 봉안하는 불교의 상징적인 건축물인데 소를 모시다니…….

장정에서 돌아올 때 황소의 구원을 받지 못했다면 지금 어떻게 되었을까. 그 황소 생각을 하지 않았다면 차를 돌려 이 탑을 찾아왔겠는가. 그리고 보니 나도 이제 모든 것을 멋으로 돌려 볼 수 있는 여유가 생긴 것 같다. 감탕 속에 빠진 자동차를 쑤욱 빼주던 황소의 멋도 멋이지만 불사리 대신 용감무쌍하게도 황소의 공을 모실 수 있었던 이름 모를 스님의 멋에 두 어깨가 질로 들씩거려진나.*

미인폭포의 처녀 귀신

→308-309

1962년 9월 22일 군인들을 따라 황지선 공사 시찰을 나섰을 때의 일이다. 강원도 삼척의 통리는 우리나라에서 가장 높은 자리 동리라던가. 아직도 그때 일을 기억하는 것은 미인폭포에서 혼이 났기 때문이다.

그날 시찰을 마치고 그 폭포에 찾아가서 술판을 벌렸다. 여느 술자리처럼 소란스러웠는데 동리 사람이 다가와서 조심하라고 충고했다. 옛날 이 폭포 속에 빠져 죽은 처녀 귀신이 그 한을 풀기 위해 매해 젊은 사나이 하나씩을 죽인다는 터무니 없는 전설을 이야기 하는 것이다. 귀신에게 잡혀갈 수 있다고 매우 심각한 표정을 짓는데 우리가 그따위 소리를 믿을쏘냐, 더 신나게 떠들었다.

술자리를 마치고 일행은 고개를 넘어서 길을 떠나고, 나 혼자 남아서 폭포를 바라보며 사진을 찍는 찰나 무엇이 위장을 쏘았다. 쇠 집게로 집어 비트는 듯한데 고통을 참을 수가 없었다. 이마에서 땀이 소낙비같이 쏟아지고 머리는 휭휭 돌고 카메라는 벼랑 밑으로 덱데굴 떨어져 버렸다. 벼랑 밑의 파란 풀밭이 낙원같이 보이며 떨어지고만 싶어졌다. 아이구 귀신이 정말 있었구나. 잘못했다고 싹싹 빌었다.

무슨 생각을 했는지 귀신은 한참 조이다가 살그머니 풀어주었다. 벌벌 기어 올라가기는 했지만 일행을 만나는 순간 그만 쓰러지고 말았다. 후에 살아나서 알게 된 일이지만 그 산속에는 의사라고는 수의사 한 사람밖에 없었다고 한다.

괜찮아진 뒤 일행과 헤어져 혼자 택시를 타고 오랫동안 생각만 하던 부석사로 달렸다. 봉황산 부석사. 우리나라에서 오래된 목조 건물 중의 하나인 무량수전을 조심조심 돌아보고 조사당으로 갔다. 작은 집이 어쩌면 그토록 큰 충격을 주는 것일까. 이유 없이 첫눈에 반해버렸다.

젊은 중 혼자 이 절을 지키고 있었다. 만나자마자 마음이 통해서 잊기 어려운 인상이 남았다.

“하룻밤 주무시고 가시지요. 그리고 이 옷을 한 번 입어 보시지요.”

"무슨 뜻인지 짐작이 갑니다. 그러나 저는 저 구질구질한 돼지 우리 속으로 돌아가야만 합니다. 내가 해야 할 구질구질한 일이 아직도 많이 쌓여있으니까요. 한 30년 더 일하고 다시 돌아오리다."

그리고 거의 30년이 흘렀다. 약속한 대로 1988년 다시 부석사를 찾아갔다. 이번에는 부석사를 찾은 것이 아니라 조사당을 통째로 모셔오기 위해서 갔다. 고적을 답사할 때 나는 자막대기를 대 본 적이 없는데 이번에는 먹줄 두께를 다루면서 철저하게 재보았다.

두 달 동안 청주 수복당 여관에서 삼신사 치목 도본을 그렸다. 부재 하나하나를 심혈을 기울여 실물 크기로 그려서 넘겨주었다. 그렇게 충실하게 복제하고 온갖 정성을 다 쏟았건만 새로 지은 집은 옛날 첫눈에 반했던 조사당같이 아름답지 않다. 참 묘한 일이다.

작은 집 속에 큰 뜻을 담고 있는 삼신할머니 사당을 세우고 나서야 그때 처녀 귀신이 어째서 나를 살려 주었는지 깨닫고 말았다.

서양이 반한 우리의 멋

호랑이사절단

1975년 11월 에밀레박물관은 비문화재라는 낙인이 찍힌 평범한 민화 서른두 점을 가지고 해외 순회 전시의 고달픈 길에 올랐다. 같이 신청했던 「청룡백호도」나 「십장생도 병풍」 같은 것은 문화재 가치가 있다 하여 반출이 허가되지 않았다. 처음에는 이 처사를 섭섭하게 여겼지만 지나고 보니 도리어 잘된 일이었다. 붙을 데가 없어 민화 집안에 붙어 있던 그 대작들은, 까다롭게 따지면 도화사가 그린 궁화다. 정통 화단에서 배척당하여 갈 데 없어진 궁화를 넓은 개념의 민화로써 안아준 것은 좋았으나 민화 혹은 민문화재의 개념으로는 납득이 안 되는 작품이었다.

비교적 순수한 민화 자료만으로 전시 품목이 선정되었는데, 그것도 기존의 민화 개념을 깨뜨렸다는 평을 받을 정도로 탁월한 작품이 많았다고 해외 전시는 판정했다. 7년간의 끈질긴 전시로 세계 속에 한민화의 위치를 심게 되었는데, 서른두 점의 민화 보따리는 '호랑이사절단'이라는 거룩한 이름으로 불리게 되었다.

작품 수송비가 없어서 그림 하나하나 병풍이나 족자에서 떼어 가지고 30×180cm의 양철 깡통에 넣어 둘러메고 다녔다. 이것이 호랑이사절단의 가엾은 꼴이었다.

금강산에서 온 보물

첫 전시는 1976년 구정을 중심으로 2주일간 하와이주립대학University of Hawaii at Manoa에서 열었다. 동서센터East-West Center 박물관 워크숍을 위해 와 있던 아홉 명의 박물관인이 준비 위원이 되어 표구하는 일까지 힘을 합해서 완성시켰다. 전시장에는 간소한 산신각이 마련되었고 거기 커다란 산신령 탱화를 모셨다.

전시 제목을 놓고 옥신각신하다 <금강산에서 온 보물들 Treasures from Diamond Mountain>로 정했다. 하와이에 유명한 다이아몬드헤드라는 산이 있어서 잘 어울린다고들 만족해했다.

산신각 앞에 시루떡을 놓고 민화 전시에 어울리게 고사를 드렸다. 제관으로 도서관학을 전공한 윤영 선생을 모셨다. 돼지머리는 냄새가 날 것 같다고 꺼리길래 그만두었다. 이것이 우리 호랑이사절단이 미국에서 올린 첫 오프닝 고사였다.

전시는 일반에까지 공개되었지만 하와이주립대학 학생 위주로 마련된 것이어서 결국 학술적인 전시로 일관되었고 그것이 바람직하기도 했다. 미술 대학에서는 10회에 걸친 특강을 요청해 왔고, 사상 처음 한국 민화를 교재 삼아 중간 시험도 쳤고 화평 숙제도 나왔다. 그 바람에 가지고 갔던 『금강산도金剛山圖』책이 다 팔려나갔다. 그때 가장 열성적으로 도와주신 분은 존 코벨John Covell 교수였는데, 그해 여름 한국을 방문했다가 온 가족이 몽땅 한국으로 이사 오고 말았으니 과연 호랑이의 위력은 강력했다.

코벨 교수 밑에서 미술사를 공부하는 학생들은 모두 자기가 좋아하는 민화를 하나씩 골라 화평을 쓰는 숙제를 열심히 해 가지고 제출했는데, 채점이 끝난 후 그 화평을 기념품으로 싸 가지고 왔다. 본국에서는 생각지도 못했던 민화 강의를 밖에서는 이렇게 쉽게 성공한 것이다.

동양계 2세, 3세 미국 학생들의 솔직한 화평은 그동안

고독했던 나에게 크나큰 활력소가 되었다. 그 학생들 화평 중에서 몇 편을 골라 여기 옮겨본다.

> 이 전시회의 그림은 누구나 함께 즐길 수 있는 그림들이다. 인간의 삶, 욕구, 공포, 유머 등을 솔직하게 표현하고 있는 이 그림들의 공통적인 성격에서 오는 친밀감이다. 이 그림들에 대한 특강을 듣고 나서는 보다 뜻있게, 보다 깊이 있게 한국의 민화를 이해하게 되고 민간 미술의 바탕을 알게 되었다. 그리고 동시에 우리들 인간의 본연의 자세를 깨달은 것 같다.

> 이 그림은 전적으로 중국 그림이나 일본 그림과 판이하다. 또한 테크닉보다 그림의 뜻을 강조하고 있어, 그림 자체가 하나의 설화라고 느껴진다. 나는 한국인 3세로서 이번 전시를 통하여 나의 조상의 문화유산에 대하여 직접적으로 큰 자부심을 갖게 되었다.

> 민화 전시로 이 정도 규모의 행사는 미국에 있어서는 처음일 것 같다. 그림 하나하나가 다 한국 고유의 신화나 샤머니즘과 연관성을 지니고 있다. 중국과 일본의 중간 지점을 점유한 한국은 문화적 다리로써의 성격을 가졌던 것은 사실이다. 그러나 깊이 캐보면 한국은 한국 고유의 특징 있는 예술과 문화를 창조했었다는 점을 알게 된다. 이 민화 전시는 아직도 한국에 그러한 고유성을 지닌 문화재가 많이 남아 있다는 것을 실증해 준다. 이 민화들

은 미술을 위해서 만들어진 것이 아니라 일상생활의 한 부분으로서 어떤 마력을 지닌 상징으로 큰 역할을 한다.

이 전시는 소위 '정통 미술'의 쇼가 아니다. 그러나 내가 보건대 이 민화는 어느 정통 미술과도 맞설 수 있는 가치를 지닌 중요한 미술이라고 느껴졌다. 민간 신앙이나 살림의 모습이 깃든 이 민화들은 금관 이상의 문화적 가치가 있다고 믿어진다.

나의 조상은 옛날 한국에서 이민 온 노동자였다. 그래서 더욱 한국의 서민 예술은 나의 관심을 끌었다. 나는 이 예술품들이 진심으로 내 조상의 것이라고 느끼게 되었다. 그리고 정말로 놀랐다. 한국의 서민 예술이 어쩌면 그렇게 세련되었단 말인가.

캘리포니아 기우제

→310-311

한국 민화를 들고 세계 순회전시를 떠난 것은 1975년 11월이었다. 하와이섬에서 첫선을 보였는데, 심장병이 도져 본토 상륙을 중단하고 일단 집으로 돌아왔다. 가지고 간 그림은 모두 하와이섬에 두었다.

1년 동안 준비를 더 해서 이번에는 패서디나Pasadena에서 전시할 계획으로 다시 미국으로 건너갔다. 나를 기다리는 호랑이, 용, 산신령 그림에게 돌아간 것이다. 그들을 되찾기 위해서 하와이섬에 들렀다.

처음처럼 이 그림은 길이가 여섯 자쯤 되는 양철통에 보관되어 있었다. 그래서 큼직한 자동차 한 대와 호위용 차 한 대를 끌고 아침 일찍 하와이 은행으로 갔다. 과연 그것들이 무사할까 하고 조마조마했는데 그 괴상한 양철통은 '걱정도 팔자'라는 듯 멀쩡한 모습으로 금고 속에서 나왔다.

짐은 호텔 방으로 무사히 옮겨졌는데 이번에는 양철통 안의 그림들이 무사한지 다시 가슴이 조마조마해진다. 드디어 철통 속에서 그리웠던 그림들이 1년만에 해방되었다. 「김희갑이 호랑이」도 무사했고 「문둥이 호랑이」도 여전히 웃고 있었고 「토끼」도 다 잘 있었다. 정말 이렇게 반가울 수가 없다. 어느덧 그들은 종이에 그려진 그림이 아니라 나의 한 식구이자 친구이고 애인이었다.

그런데 한참 있다 생각해보니 용 그림 하나가 보이지 않는다. 기우제 때 쓰던 그 용 그림은 작품이 뛰어나서 민보로 모셔야 할만큼 귀중한 유물이었다. 초조한 마음으로 뒤지고 또 뒤져도 나타나지 않으니 누구의 장난이란 말인가.

이럴 때일수록 침착해야 한다는 것을 배웠기에 가만히 앉아 곰곰이 생각하니 철통 속에 누런 종이로 이중 장치를 했던 기억이 떠올랐다. 다시 통 속을 들여다보니 과연 누런 종이가 붙어 있었다. 살살 떼는데 그 속에서 잃어버렸던 용이 천천히 기어나왔다. 춤추듯 기뻐한다는 말은 이럴 때 쓰는 것임을 실감했다.

1년 동안 하와이섬에서 신음하던 내 가족을 시원하게 해방시키고 함께 미국 본토로 떠나게 되었다. 사실 그들을 데리고 다닌다는 것이 그렇게 쉬운 일은 아니었다. 즐거워야 할 일이지만 반면에 무거운 책임감이 매 순간 뒤따르기 때문이였다. LA 공항에서도 나의 짐은 맨 마지막에서야 나타나 또 한 번 마음을 졸이게 했다.

그림을 전시장인 박물관에 맡기고 나서야 한숨 놓게 되었다. 이렇게 하여 작년에 이루지 못한 패서디나 민화전이 드디어 실현되었다. 이번에도 한국에서 보낸 액자가 도착하지 않아 서른두 점의 그림을 하나씩 표구해 나갈 수 밖에 없었다. 개막을 5월 6일로 잡았기에 시간은 여유가 있어 천천히 재미있게 일해나가기로 했다.

박물관 관리부 소속의 짐이란 노련한 기술자와 뜻 있는 교포들이 찾아와서 풀도 쑤어주고 종이도 발라주었다. 전시 준비 자체가 이러한 흐뭇한 분위기 속에서 뜻깊은 행사가 되었다. 하루는 짐이 그 커다란 용 그림을 보고 어떠한 때에 사용하는 그림인가 묻기에 기우제 때 달아매는 화룡이라고 가르쳐주었다.

"그거참 잘 왔군. 캘리포니아에 비가 안 와서 금년에는 식당에서 물 한 모금 얻어 마시기도 힘드는데……."

짐은 미국식 농담으로 그렇게 중얼거렸다. 순간 번개 같은 아이디어 하나가 반짝 머리를 스쳤다. 그래. 바로 그거다. 전시 개막식 때 기우제를 지내자. 저 화룡을 가운데 걸어놓고 캘리포니아의 유명한 포도주를 쏟으면서 기우제를 지내자. 이 고장 형제를 위하여 비를 내려주십사고 용왕님께 빌자.

한국 민화는 이론으로만 이해하는 시시한 그림이 아니다. 하나님께 기도하고 신령님께 비는 순결한 마음에서 우러난 그림이다. 그 때문에 순수한 경지에 도달한 사람만이 이해할 수 있는 뜻깊은 그림이다.

"누가 민이냐?"는 질문을 이번 전시 때도 받을 것이다. 그러면 "용신을 믿고 기우제를 드릴 수 있는 순수한 인간이 바로 민이다"라고 대답할 궁리도 세웠다.

기우제 때 화룡을 걸었다는 기록은 보았지만, 그 실물을 찾을 때까지는 상당한 시간이 걸렸다. 그래서 여기 소개하는 이 「운룡도雲龍圖」를 얻었을 때 참으로 감개무량했었다. 이 그림은 현대화를 능가하여 추상성이나 환상성을 들어낸 작품이다. 돋보이는 점은 그것이 분석을 통하여 조작된 것이 아니라 용신과 신통한 세계에서 이루어진 신묘한 작품이라는 느낌이다. 사람이 즐거울 때 춤을 추게 되는 것 같이 그림도 극치에 도달하면 춤기가 감돌게 마련이다.

「운룡도」의 경우는 그 외형 자체가 춤이며 특히 여기 소개된 화룡은 위대한 천지개벽의 춤을 눈으로 볼 수 있도록 멋지게 나타낸 그림이다. 이 그림을 걸고 용신에게 빌면 정말 비가 쏟아져 내릴 것 같은 느낌이 드는 것이다.

패서디나의 한국 민화전이 우리 기우제로서 개막된다는 소문이 사방에 퍼졌다. 박물관 당국은 성날 기발한 아이디어라고 좋아서 날뛰는데, 내 친구들은 기대를 하는 한편 슬그머니 걱정도 한다. "정말 비가 오게 할 수 있는가. 그렇게만 된다면 캘리포니아 한인들은 천사 대접을 받게 될 텐데……." "꼭 비가 내릴 것이다. 저 춤추는 화룡이 비를 만들어 캘리포니아 농민들에게 샤워를 시켜줄 것이다." 전시 개막을 열흘인가 남긴 날, 그 맑고 건조한 LA 하늘이 흐리기 시작했다. 나는 꼭 비가 내릴 것을 믿고 기우제 준비를 꼼꼼히 체크했다.

전시 준비가 계속되는 동안 이상하게도 때아닌 구름이

모여들었다. 계절상으로는 캘리포니아에 비가 올 때는 아니었다. 그런데 웬일인가. 열심히 전시 준비를 하는 사람들에게 묘한 느낌이 감돌기 시작했다. 한국 사람뿐 아니라 미국 사람들도 어느새 그렇게 감화되고 있었다.

개막일 하루 전인 5일, 그림을 다 걸지 못하여 다음날 아침으로 미루고 숙소로 돌아왔다. 하늘을 보니 잔뜩 흐려 있었다. 1977년 5월 6일, 미국 본토에서 처음 갖는 한국 민화전 개막날이 되었다. 에밀레박물관으로서는 이날이 앞으로의 큰 꿈을 점쳐보는 굿거리이기도 했다.

전시장은 오전 중 준비가 끝나 한가운데 용 그림을 모시고 그 앞에 기우제 상을 마련하였다. 리셉션을 위하여 영사관에서 약식을 한 수레 보내주어서 그것으로 기우제상을 장식하였고 캘리포니아 포도주 한 병을 사다 놓았다. 원래 시루떡을 올릴 예정이었으나 시간이 없어서 약식으로 진행했다.

기우제 시간은 저녁 8시로 정했다. 집을 지을 때는 상량식이 제일 기분 나는 잔치지만 전시회는 개막식이 제일 흥겨운 잔치이기 마련이다. 어느새 전시장에는 미국 사람과 한국 사람이 삼삼오오 모여들어 제법 큰 잔치 분위기가 조성되었다. 30년 만에 만나는 친구도 끼어 있었다.

드디어 우리들은 기우제를 올렸다. 포도주를 따라놓고 용신에게 절을 하였는데 아무도 비웃는 것 같지 않았다. 가뭄 때문에 심히 불안을 느끼던 때였기 때문일 것이다. 이삼일 내로 비가 올 것이라고 선언했다.

흥분된 개막식을 끝내고 하늘을 보니 지금까지 끼어있던 구름이 떠나가기 시작했다. 기우제가 역효과를 나타내서 하늘이 오히려 맑아진다? 결국 하나의 웃음거리로 끝나고 만단 말인가.

불안해서 죽을 지경이었다. 비가 안 와도 그만이라고들 하였지만 그래도 그렇지 않았다. 비가 꼭 와야 한다. 잠이 오지 않아서 자리에서 일어났다. 사람은 아무도 없는 데서는 순수해질 수 있는 모양이다. 빌고 또 비는 마음으로 단정히 앉아서 커다란 부적을 한 장 썼다. 비가 오길 바라는 부적이니 기우부라고 불러둘까.

자는 둥 마는 둥 하는 동안 날이 밝았다. 창문을 열어보니 패서디나의 하늘은 맑기만 했다. 비가 올 기색은 손톱만치도 안 보였다. 그 절망적인 순간에 LA에서 흥분된 전화가 걸려왔다. “지금 LA에 제법 비가 쏟아지고 있습니다. 정말 신기한 일이군요.” 반갑다고 하기보다 신비스러운 일이었다. ‘나는 이번 전시에서 이 이상을 바라지 않겠다. 분수에 넘는 큰 보답을 받았다.’ 수화기를 놓으며 나는 그렇게 속으로 외쳤다.

텔레비전을 봐도 일기예보만 찾고, 신문에서도 비오는 이야기만 찾은 것은 아마 그때가 처음일 것이다. 때아닌 비가 왔다고 하지만 가뭄을 해결하기에는 까마득하다고 미국 신문들은 전했다.

이틀 뒤인 5월 8일 오후 2시 반, 전시회 개막 앙코르 리셉션을 가졌다. 시루떡을 올리지 않아 비를 시원하게 안 뿌리시는 모양이란 생각이 들었다. 그래서 이번에는 LA의 친구가 정성껏 마련해 준 시루떡을 제단에 놓았다. 술도 우리나라 술을 갖다주어 우리 식으로 격식을 갖추었다. 거기에 이 지방 명산물인 오렌지 등 과일을 잘 차려놓았다. 운룡도 민화 한 폭을 중심으로 한 기우제 제단은 누가 보아도 훌륭했다.

예보에도 없던, 기다리던 비가 쏟아지기 시작했다. 비가 너무 와서 앙코르 리셉션에 올 사람 태반이 못 올 정도였다. 우리는 쾌재를 불렀다. 사람들이 못 와도 좋으니 비만 더 쏟아지라고 했다. 비를 내려주셔서 감사하다고 절하고 기왕이면 좀 더 많은 비를 달라고 빌었다. 술은 뜰에다 여기저기 뿌려드렸다. 부적도 전번 것보다 더 크게 만들었다.

"토네이도 캘리포니아를 휩쓸다." "100년 만에 처음 오는 폭우…" "고산 지대는 폭설로 덮였다."

이튿날 모든 신문들은 흥분할 대로 흥분했다. 온통 물난리에 관한 기사였는데, 기우제 드린 한국 사람들은 그렇게 흐뭇할 수 없었다. 신문에 사진도 났다. "코리언 레인메이커" "목요일 밤에는 그 터무니없는 기우제란 행사를 비웃었는데… 토요일 비가 내리기 시작하면서부터는…" 미국 신문들이 이렇게 반응을 나오니 한국 신문은 아예 용오름을 보았다고 추켜올렸다.

꽤 오랫동안 우리 기우제는 이 지방의 큰 화제였고 한국 민화전은 신비성을 내포한 마력 짙은 전시로 변모하게 되었다. «엘에이타임스LA TIMES»의 저명한 미술 평론가 윌슨은 몰래 와서 구석구석 살피고 간 뒤 대단한 논평을 발표했다. "…민화라는 개념에서 본다면 너무나 뛰어난 그림들이다. 이것은 다른 나라의 명작들과 맞먹는 걸작이다. 한국 사람은 이런 명작을 귀신 쫓기 위하여 대문에 걸고 살았다. …"

비로소 지난 10여 년 동안 마음으로 바라왔던 화평다운 화평을 받은 것이다. 이렇게 되어 한국 민화전은 개막 리셉션부터 전시기간 내내 축제 분위기가 사라지지 않았다. 전시 안내를 위한 자원봉사자도 십여 명 나타나서 속성 훈련 후 안내에 열을 올렸다.

"동양문화를 오천 년으로 본다면 공자나 석가나, 노자가 태어나기 이천오백 년 전의 문화가 아니겠는가. 그 원래 문화는 누구를 중심으로 발생한 것인가?" "이 전시는 불교나 유교나 도교를 중심으로 꾸며진 과거의 문화관을 떠나서 오천 년 전부터 지금까지 한국 문화사 저변을 흐르고 있는 샤머니즘을 중심으로 삼은 전시다." "여기 산신령 탱화가 있다. 단군으로부터 내려오는 인자하신 할아버지와 호랑이와 소나무로 꾸며진 무속화라는 것으로 한국 특유의 그림이다." "여기에 용 그림, 이 용이 바로 이번 폭우를 몰아온 거룩한 용이다." "여기에 바위 그림이 있다. 순수한 마음으로 이 그림을 들여다보고 있노라면 이 바위가 호랑이로 변한다." "여기에 금강산 병풍이 있다. 일만이천 봉이 다 춤추는 사람들이나 기도 드리는 어머니의 모습을 지니고 있다. 이것은 애니미즘의 뚜렷한 반영이다." "한국 민화는 단순한 그림이 아니다. 그 속의 호랑이나 용이나 토끼나 닭이나 꿩이나 거북이가 다 우리들과 같이 춤출 수 있는 친구로 그린 그림이다. 필요할 때는 비도 오게 하고 귀신도 쫓아주고 복도 갖다주는 영물이다. 그 속의 나무나 바위나 물이나 구름까지도 다 신령이 깃든 대상이다."

한 노인이 책거리 병풍 속 공작 꼬리를 보고 흥분한다. 그는 위대한 것을 발견했다. "이것은 공작 꼬리가 아니라 춤추는 천사 아니냐."

확실히 우리 민화 속에는 멋진 춤바람이 감돌고 있다.*

시애틀의 백두산 산신제 →312

1979년 11월 23일부터 12월 4일까지 일본 도쿄 오다큐小田急 전시실에서 대규모 한국 민화전이 열렸다. 국제문화협회에서 주관했기 때문에 우리는 자료만 빌려주고 도록의 글만 써주는 것으로 맡은 일을 끝냈다. 잠시 도쿄에 들려 현장을 돌아보고 그대로 시애틀로 날아갔다. 우리 박물관 단독으로 이끄는 민화전이 그곳에서 기다리고 있었기 때문이다.

워싱턴주립역사박물관Washington State History Museum은 워싱턴주립대학Washington State University 안에 있었다. 도착하자마자 현장으로 달려가 보니 정문 앞에 거대한 호랑이 게시판이 우뚝 서 있다. 호덕이를 이 정도로 높이 모신 것은 처음이었다. 전시장도 전문적인 솜씨로 화려하게 장식되어 있었고 그 입구에는 <Spirit of the Tiger호랑이의 영혼>라고 쓴 큰 간판이 걸려있었다. 미국 내 수장가들로부터 빌려온 목기들을 보조 전시하여 한국적 분위기를 조성하는 데 도움을 주고 있었다. 12월 5일부터 전시가 시작되는데 나는 4일에야 도착했나. 선에 하와이나 패서니나에서 고생한 데 비하면 앉아서 받는 상이었다.

이 전시같이 공들여 준비된 적은 없었다. 전시가 있기까지에는 게리 윙어트Gary Wingert 학예관과 그의 부인 바바라 영Barbara Young 여사의 헌신적인 노고가 숨어있었다. 바바라는 여러 해 동안 한국에 머물면서 우리 무속을 연구한 인류학자였고, 게리는 화가로 한국 대학에서 미술을 가르치기도 했다. 이 두 분이 처음부터 끝까지 이 전시를 기획하고 준비하고 집행했던 것이다. 말쑥한 카탈로그, 안내서, 강의 스케줄 등

빈틈없이 전시 준비가 끝났기 때문에 나는 할 일이 없었다.

다만 오프닝 행사 계획만 남아 있었다. 이번에는 돼지머리를 놓고 제대로 고사를 지내야지 하고 제안했더니 모두 다 쌍수 들고 대환영이다. 드디어 돼지머리가 미국 내에서 제자리를 만난 것이다. 한국 학생회장에게 부탁했더니 별문제 없이 인물 좋은 돼지머리를 구해왔다. 그런데 그걸 누가 어떻게 삶느냐는 큰 문제가 생겼다. 할 수 없이 학생회장의 헌 차를 같이 타고 교포들이 경영하는 식품 가게를 찾아다니며 요리법을 물었다. 한 노인은 하루 밤새도록 삶아야 한다고 일러주는데 또 한 분은 3시간 정도 삶으면 넉넉하다고 했다. 소금과 생강과 마늘을 넣어야 된다는 점에는 이견이 없었다.

박물관 지하실 부엌에서 알루미늄 통에 물을 채운 후 그 속에 돼지머리를 넣고 끓이기 시작했다. 마늘, 생강, 소금을 넉넉하게 쏟아넣고 계속 삶는데 그 구수한 냄새가 온 박물관에 가득 찬지라 구경꾼들이 몰려들었다. 몇 시간 뒤 국 맛도 알맞고, 고기도 잘 익은 것 같아 건져다 제단에 올렸다. 큼직한 산신령 탱화 밑에 시루떡도 놓였고 과일도 놓여서 제법 제사상이 차려졌다.

오프닝 행사에는 700명 정도 참석했다. 영사관에서 한 코너에 푸짐한 칵테일상을 준비해 주었다. "돼지머리에 절하는 것이 아닙니다. 그 위에 모셔진 산신령님께 절하는 겁니다." 한인회 회장, 학생회장 등이 서슴지 않고 나서서 먼저 절을 했다. 뒤따라 이 전시를 위해 수고한 게리, 바바라 부부가 진지한 자세로 절하니 여러 미국 사람도 뒤따랐다.

"여러분! 시애틀에서 하늘 높이 쳐다보이는 저 거룩한 레니어산은 항상 머리가 하얗지요. 우리 한민족도 저런 산의 정기로 태어났다고 해서 그 영산을 백두산이라고 부르며 숭상하고 있습니다. 여러분도 저 산을 단순히 경치 좋은 자연으로만 느끼지는 않으실 겁니다."

다 수긍하는 눈치였다. 음복에 관한 이야기도 해주었더니 그 돼지머리 고기 한 점씩 얻으려고 장사진을 쳤다. 살을 다 갉아서 돼지머리는 뼈만 남았다. 일이 제대로 되려니까 그때 마침 국악을 전공하는 정유진 씨가 살풀이 춤판까지 벌려주었다. 정말로 민화전에 알맞은 멋진 오프닝 굿으로 막을 열게 되었다.

시애틀 민화전은 1979년 12월 5일부터 1980년 3월 28일까지 짜임새 있게 진행되었다. 마침 그때 시애틀아트뮤지엄Seattle Art Museum에서 <한국미술 5,000년>전을 열고 있었다. 두 가지 대조적인 한국 미술전이 기획이나 한 것처럼 동시에 선을 보였다. 분위기가 분위기인지라 좀 더 열심히 봉사해야겠다는 생각이 들어 사 개월 동안 시애틀에 머물기로 했다.

같은 자료를 가지고 전시를 해도 장소에 따라 특성을 달리한다는 점을 인식하게 되었다. 하와이주립대학 전시 때는 대학생들의 열광적인 반응이 인상적이었던 반면에 매스컴은 반응을 보이지 않았었다. 패서디나 전시는 기우제가 히트였으나 학생들은 나타나지 않았다. 다만 교포 친구들이 많았던 탓으로 그곳 공보관, 영사관 직원들, 한국 매스컴, 교포 단체 등이 적극적으로 참여해주었다.

시애틀 전시 또한 특성 있는 전시가 되었다. 이곳에서는 대학이나 학생 대신 매스컴이 선두에서 이끌었다. 대학 신문은 물론 «아르고스미디어ARGUS MEDIA», «시애틀타임스The Seattle Times» 등이 앞을 다투어 대서특필을 아끼지 않았다. 따라서 이곳 전시는 시애틀 일반 시민 참여가 주축이 되어 사 개월 동안 매일 오후에 1시간씩 강의를 계속 진행했다.

개인적으로는 시애틀 사 개월 동안 눈에 띄게 건강이 회복된 것을 느꼈다. 3년 이상 끊었던 술을 다시 시작하여 조심조심 맥주를 마시게 되었으니 나에겐 그것이 무엇보다 큰 선물이었다.

빈털터리 박물관의 민화전

→313

이번에는 캘리포니아 라호이아La Jolla에 있는 민예관에서 전시를 청해왔다. 그곳 관장이 문화원 전시를 구경왔던 모양이다. 6월 28일부터 10월 25일까지라 하니 이번에도 시간 여유는 없었다. 휴양지로서 이름 높은 곳이라, 팔자에 없는 휴양을 할 수 있으리라 큰 기대를 가지고 떠났다.

라호이아는 LA와 샌디에이고San Diego 중간에 자리 잡은 작은 도시인데 부자들이 여유 있는 생활을 즐기는 아름다운 고장이다. 좀 떨어진 언덕 위에 유명 백화점들이 한데 모여 새로운 쇼핑센터를 조성하고 있는데 민예관은 그 끝에 자리하고 있었다. 무엇보다 먼저 민예관 간판이 눈길을 끌었다. '국제민예박물관MINGEI International Museum of World Folk Art'은 야나기 무네요시가 주장한 민예MINGEI 그대로 박물관 이름에 붙였다. 일본 민예운동과 민예학이 얼마나 세계적인 위치를 차지하고 있는지 한눈에 볼 수 있어 놀라웠다.

이 민예관은 가난한 시골 박물관의 표본이었다. 이름만

민예관이지 소장품 한 점 없는 100평짜리 전시장에 지나지 않았다. 이 박물관은 지역 사회의 기부로서 운영되고, 그때그때 타 기관이나 개인의 수장품을 빌려다 전시 프로그램을 계획하고 집행했다. 이런 기관을 박물관이라 할 수 있도록 법적 조치가 마련되어 있는 나라가 또한 미국이었다. 그 덕으로 미국은 수천 개의 박물관을 가지고 있는 것이다. 나에겐 이러한 '빈집' 박물관이 어떻게 박물관다운 문화 행사를 꾸려나가는가 눈여겨볼 좋은 기회라는 생각이 들었다.

무슨 일이든 주동자의 의욕과 노력이 그 일의 원동력이 된다. 이 전시의 원동력은 관장 롱게네커Martha Longenecker인데 그는 도예가이자 대학교수였다. 한국 도자기에 깊은 관심을 가지고 있으며 일본 민예운동을 찬양하고 있었다. 우리 민화 자료의 출품 승낙을 받음으로써 그가 구상하는 민예전의 뼈대를 확보한 것이다.

전시회 이름을 <호랑이의 눈The Eye of Tiger_Folk Arts of Korea>이라 지은 것도 그분이었다. 다시 말하면 롱게네커는 호랑이 민화를 중심으로 한 한국 민예전을 구상한 것이다.

한국의 골동품이 미국 내에 많다는 사실은 이 전시에 출품된 자료만 보아도 짐작이 갔다. 삼백여 점의 한국 민예품이 단기간에 모여 단 한 점 수장품도 없는 빈집이 순식간에 '한국 민예관'으로 탈바꿈되었다. 이 임시 민예관은 1980년 6월 29일 개관하여 10월 5일까지 운영되었다.

1980년 6월 28일 저녁 6시, <호랑이의 눈> 전시가 막을 열었다. 7월 1일자 «미주동아»는 그때 2,000여 명이 참석한 것으로 보도했으니, 빈집 박물관이 사상 최대의 오프닝 행사를 치른 셈이었다.

채희아 무당춤에다 최희란 가야금, 그리고 흥풀이 프로그램까지 구경으로 준비되었으니 큰 잔치가 될 수밖에 없었다. 한인회에는 주로 기독교 신자가 많아 돼지머리와 고사는 생략했다. 그래도 산신령 탱화를 걸고 시루떡만이라도 바침으로써 굿판 분위기를 최소한 살려보았다. 살풀이춤을 출 때 벽돌 위에 놓였던 시루떡 접시가 공중에 떴다가 뒤집어졌는데 그 원인은 지금까지도 수수께끼로 남아 있다.

우리나라 가락 가무에 젖어 그날 밤 한국 교포는 무척 흥분했다. 젊은이들은 무대에 올라와 서슴지 않고 춤추고 흉내도 내면서 마음껏 즐겼다. 그 모습을 보니 춤도 배워서 추나라는 말이 가슴에 와 닿았다. 그날 밤 나는 앞으로는 박물관이 앞장서 흥풀이를 활성화시켜야겠다고 굳게 다짐했다.

저명한 미술 평론가도 착실한 평을 발표해 주었다. 지방 소도시답게 이 전시도 일반 시민을 상대로 이끌어야 했고 때때로 단체가 들이닥칠 때는 강의를 도와주었다. 한 가지 즐거운 것은 LA 전시장에선 입장료를 받지 않았다. 무료 전시인 만큼 언제든지 누구나 구경할 수 있도록 했다. 그런데 매일 같이 찾아오는 미국인들은 문간에 설치된 유리함 속에 자기 형편대로 기부금을 던지고 갔다. 1달러, 5달러, 10달러들이 쌓이는 모습이 보였다. 사설이든 공설이든 간에 박물관은 공익을 위한 기관이고, 모든 사람이 주인 의식을 갖도록 사회 교육이 되어 있다는 사실을 눈으로 볼 수 있었다.

1980년도 당시에는 한국 사회가 그 정도 문화 수준에 오르자면 까마득해 보였다. 공짜 구경 공짜 강의를 당연한 것으로 알고 박물관 책자까지 공짜로 집어 가는 사람까지 있었으니 말이다.

라호이아의 빈집 박물관에서 받은 교훈은 그 후 여러 면에서 도움이 되었다. 1984년부터 시작된 개천절 행사 때 성금 제도를 만들었다. 그러한 성금을 세 차례 치른 뒤 재정적으로 독립할 수 있게 되었다.

라호이아의 자연은 마치 낙원 같은 인상을 주었다. 이런 좋은 환경 속에서 팔자에 없는 휴양을 하게 되었으니 건강이 좋아질 수밖에 없다. 아쉽게도 일복을 타고난 사람에게 이런 한가한 삶이 오래갈 리 없다. 얼마 안 가서 일본 출판사 고단샤로부터 책을 써달라는 청탁이 왔다. 석 달 동안 꼼짝 못 하고 『한민화개론韓民畵槪論』을 썼다. 원고를 마칠 무렵 라호이아 전시는 끝났다.

무당의 미주 상륙

1982년은 한미수교 100주년의 뜻깊은 해였다. 미국 순회 한국 민화진을 마무리 짓고 돌아와 쉬고 있는 호랑이사절단에게 한미수교 100주년 기념 문화행사로 미국을 순회해 달라는 정부의 요청이 왔다. 마다할 이유가 없었다. <행복의 수호신Guardians of Happiness>이란 주제로 전시를 준비했다. 전시의 모든 비용을 정부 기관에서 뒷받침해 주니 홀가분하게 떠날 수 있었다.

당초에는 민화 전시와 무당굿을 병행시킬 생각도 하였으나 장기 체류에 따르는 비용 등이 문제가 되어 그때그때 민화 전시와 연결되도록 하였다. 자연히 민속놀이도 워싱턴 프로그램에 국한하지 않고 가급적 여러 지방을 순회 공연하도록 방침을 세웠다.

5월 18일 LA 민예관 전시에 앞서 14일 무당패가 도착했다. 그들은 다음 날 오후 예정대로 핸콕 공원 공연장에서 미국 사상 처음으로 한국 굿판을 벌였다. 무당패의 김금화 무당이 작두 위에 올라섰다. 의기양양한 모습이었다. 많은 교포와 미국인이 운집한 가운데 우리 놀이꾼들은 잘 놀아주었다.

마지막은 두말할 것 없이 흥풀이로 마무리되었다. 전에 만들었던 흥풀이 깃발까지 들고 나왔던 덕분으로, 이제 흥풀이는 정식으로 문화 행사에서 제자리를 차지하게 되었다. 우렁찬 풍물소리에 따라서 흥이 오르고 교포들이 뛰어들어 막춤을 추자 미국 사람들도 거리낌 없이 휘말리고 말았다. 이 흥풀이를 통해 우리 전통 풍물놀이가 너절한 것이 아니라 자랑스러운 것이라는 자신감을 교포들에게 심어줄 수 있었다.

다만 아쉬운 점은 모든 이에게 풍물 하나씩 주지 못한 것이다. 흥풀이가 우리 전통 마을 축제답게 만인이 신바람을 체험할 수 있으려면 간소한 분장과 한 사람이 하나씩 들 수 있는 풍물이 있어야 한다는 사실을 새삼 깨닫게 되었다.

그레이트 스모키 산의 산신제

다음날 밤늦게 녹스빌Knoxville로 날아갔다. 녹스빌에서 열린 세계 박람회에서는 한국관도 규모 있게 마련되었다. 우리 무용단은 벌써 와서 여러 차례 공연을 통해 인기를 독차지하고 있었다. 그런 흐뭇한 분위기 속에 한국의 시골 사람들이 한패로 들어섰는데 자정이 지난 때였고, 날이 밝으면 공연을 해야 하니 문제가 적지 않았다. 노는 꼴이나 옷차림을 보아 틀림없이 '나라 망신시킬 사람'들이라는 게 그곳 관계자들의 짐작이었다. 이유 없는 천대를 받게 되었다. 참으로 서럽고 늦게 와서 미안하기도 했지만 어찌할 것인가.

속리산에서 처음 만나 인사하고, LA에서 한판 벌인 경험밖에 없어 온몸이 얼어붙은 시골 사람들을 5,000석의 대공연장 무대 위에 올려서 어쩌자는 말인가. 밤새 정부 측 행사대표인 최준영 씨와 작전을 세우고 또 세운 결과 무당패를 중심으로 전원이 협조해서 최선을 다해 움직이자는 합의 외에 뾰족한 수가 없었다.

"자신을 가집시다. 문제없어요!" 큰소리는 쳤지만 무대 복판으로 나가는 두 다리는 후들후들 떨렸다. 눈부신 조명을 온몸에 뒤집어쓴 한복 차림의 한국인은 이윽고 오프닝 멘트를 시작했다.

"여러분! 저는 35년 전에 이곳으로 공부하러 왔었습니다. 오랜만에 정든 고향으로 돌아온 것 같아 감개무량할 따름입니다." 그 말에 약간 호감을 보이는 표정들이어서 우선은 도움이 되었다. "이곳에서 우리나라 민속 무용 단원들이 공연하는 현장을 보고 무척 흐뭇함을 느꼈습니다. 그런데 그보다, 여러분이 그토록 심취한 자세로 우리 무용단의 춤을 구경하는 모습에 저는 그만 만취가 되어 버렸습니다."

별소리도 아닌데 박수가 터져 나왔다. 테네시 출신의 한국놈이라고 좋게 봐주는 모양이었다. 슬쩍 돌아보니 무대 뒤에서 내다보는 우리 패의 표정이 밝아져 있었다.

"조금 전 기사님이 오셔서 조명 관계를 의논하셨습니다.

우린 있는 그대로를 원했습니다. 우리 단원들은 무대 위에 올라본 적도 없고, 조명이라면 달빛과 모닥불밖에 모릅니다. 시골에서 농사지으면서 부르던 농민의 노래, 추수가 끝나고 고사 지낼 적에 울리던 두들이악과 춤. 그러나 수천 년의 전통을 지닌 소박한 한국 농민의 가락을 그대로 들려드리고 보여드리려고 왔을 뿐입니다. 이런 '오리지널'을 워싱턴 국립미술관이 요청해 왔기에 그곳으로 가는 도중에 잠시 이곳에 들른 것입니다. 이 중에는 여러분이 호기심을 가진 무당패도 끼어 있습니다. 신이 들리면 작두 위에 올라서서 춤을 추는데 그런 구경은 한국에서도 흔히 할 수 없는 것입니다. 다행히 오늘 밤 이 자리에서 여러분께 보여드릴 것입니다."

관람객의 눈망울이 점점 초롱초롱해졌다.

"이분들의 가락은 결코 흥행을 위한 것이 아닙니다. 산신령님께 고사 올리고 온 동리 사람이 고루 복을 받도록 축원하는 데서 이루어지는 것입니다. 그 본래의 의미를 살려 오늘은 여러뷰의 행복을 위해 그레이트 스모키 산 산신령님께 고사 드리고 무당 굿판을 벌이기로 했습니다."

양주 산대놀이패가 길놀이를 실감나게 이끌었고, 이어 무당패들이 신바람 나게 두드리기 시작했다. 굿판은 제대로 풀려나갔다. 지루하지 않게, 화끈하게. 이것만이 요령이었다. 마침내 김금화 만신이 작두에 올라 신나게 춤을 추자 5,000명의 대관중은 흥분의 도가니 속으로 말려들었다.

"여러분, 굿판에는 구경꾼이 없는 법입니다. 다 나오셔서 복술을 마시고, 같이 어울려 실컷 춤을 추어야 산신께서 기뻐하시고 여러분도 큰 복을 받습니다."

말쑥한 미국인이 힘차게 무대 위로 뛰어 올라왔다. 하나씩, 둘씩 올라오고, 또 올라와서 무대는 금세 대만원이 되었다. 꽹과리, 징, 북, 장고를 깨져라 두드리며 돌다보니 열기는 고조되었다. 얼마 지나지 않아 녹스빌의 흥풀이는 드디어 세계를 향하여 폭발하고 말았다.

시각장애인에게 보여주는 민화전

→314-315

두 달에 걸친 LA 민화전은 15,000여 명의 구경꾼을 보살피고 1982년 7월 18일 막을 내렸다. 폐막 전날 젊은 학예관 제네트에게서 묘한 전화가 걸려왔다. 마지막 날 시각장애인 단체가 올 터이니 강연을 해달라는 부탁이었다. '시각장애인에게 그림 전시를 보여준다?' 제네트가 자연스럽게 부탁하는 바람에 나도 태연하게 오케이 해 버렸다. 제네트는 미국에서 흔히 해오던 일이겠지만 나는 이런 경험을 한번도 해본 적이 없었다.

이럭저럭 다양한 사람을 많이 상대해 왔기 때문에 누가 찾아오든 흔들리지 않고 감당할 수 있게 되었지만 이번만은 앞이 캄캄해졌다. 약속한 11시가 다 되었는데도 묘안이 떠오르지 않았다. 마지막 순간이 되어서야, 눈뜬 사람을 대할 때와 똑같이 대하자고 마음을 정했다.

아홉 명의 시각장애인들. 그들은 약속 시간보다 일찍 현장에 도착하여 엄숙한 자세로 나를 기다리고 있었다. 다양한 나이대와 성별, 인종이 다 있어 실제보다 훨씬 많아 보였다.

작심한 대로 거리낌 없이 늘 하던 이야기를 재미나게 들려주었다. 담배 먹는 호랑이 이야기, 잉어가 뛰어올라 용이 되는 이야기, 산신령님과 호랑이 같은 이야기를 들려주니, 흥미

있다는 반응을 보이기도 하고 폭소를 터뜨리기도 했다.

차차 신바람이 나서 1977년 패서디나에서 용 그림을 걸고 기우제 드리던 이야기까지 끄집어냈다. "여기 증인이 있습니다." 취재차 그 자리에 와 있던 «코리아타임스THE KOREA TIMES» 임갑손 여사가 적절한 때 맞장구쳐주는 바람에 분위기는 더욱 화끈해졌다.

"여러분, 여기에 포도 그림이 전시되어 있습니다. 이 그림은 옛날 우리 조상들이 포도즙으로 그린 특이한 그림입니다. 그때는 그림의 냄새까지 따지던 시절입니다."

강연을 마치자 안경 쓴 할머니가 다가와서 "어째서 기우제 때 비가 왔는지 아느냐?"고 물었다. 내가 우물쭈물하니 "당신이 하도 여러 신을 잘 모셨기 때문에 그 신들이 다 합쳐서 당신을 도운 것일 거요."하며 그 이유를 오히려 나에게 일러주었다. 한쪽에서는 포도 그림 앞에 코를 바싹대고 냄새를 맡으려 애쓰고 있었다.

그날의 일은 쉽게 잊을 수 없는 경험이었다. 되새겨보면 그들같이 진지하고 흥분된 자세로 우리 전시를 구성해준 단체가 없었다. 민화는 눈으로만 보는 그림이 아니라 마음으로 보는 그림이란 뜻을 실감했다. 그들 중에는 조는 사람도 없었고, 지루해하는 사람도 없었다. 진짜 보지 못하는 사람은 멀쩡하게 두 눈을 뜬 사람 중에 있다는 느낌이 들었다.

워싱턴 에밀레박물관

10월 11일 밤비행기로 워싱턴에 갔다. 지루한 데다 몸도 고달펐으나 준비가 완벽하여 마음은 여유가 있었다. 10월 12일은 대망의 워싱턴 전시 개막일이었다. 아침 일찍 현장으로 달려갔다. 링컨 기념관 설계로 이름난 건축가 존 러셀 포프John Russell Pope가 설계한 석조전 전체를 우리 전시가 차지하고 있었다. 적어도 한 달 동안 워싱턴에 에밀레박물관 분관이 생긴 셈이다. 손가락 하나 대지 않고 이런 훌륭한 전시가 마련되었으니 고생한 대가를 톡톡히 받는 셈이다.

이곳에서도 「호덕이 호랑이」가 인기를 독차지하였다. 시골 호랑이가 자수성가하여 세계정상의 위치를 굳힌 것 같이 느껴졌다. 12일 저녁 6시 반의 오프닝 리셉션. 드디어 우리 까치호랑이들에게 영광이 내렸다. 워싱턴의 하이 소사이어티 손님들로 가득한 전시장 안에서 호랑이를 둘러싸고 두 나라는 100주년 수교를 서로 축하했다. 이후 워싱턴에서의 한 달은 눈코 뜰 새 없는 스케줄 덕분에 시간 가는 줄 모르게 치러버릴 수 있었다.

«워싱턴포스트The Washington Post» «노스웨스트커런트The NorthWest Current» «조지타우너The Georgetowner» «업타운시티즌The Uptown Citizen» 그리고 미주판 한국 신문들이 한결같이 대서특필로 보도해 주었다. 케이블뉴스Cable News에서는 전국 동시방영의 텔레비전 방송도 제작했다. 주미한국대사관이 총력을 기울여 후원을 아끼지 않았다. 워싱턴의 여러 문화 단체가 호응했고, 스미스소니언미술관은 공동후원까지 해주었다. 레이건 대통령의 문화고문인 테러 대사까지 전시장을 찾아줄 정도로 영광스러운 일이 계속 이어졌다.

워싱턴 전시는 11월 9일 감사제를 끝으로 흥분의 절정에서 막을 내렸다. 감사하게도 워싱턴 지역 한국미술가협회가 파티를 마련해 주었는데, 에밀레답게 돼지머리 받쳐놓고 산신령님께 감사를 드린 다음 생각지도 않았던 농악판이 벌어졌다. 마침 그때 워싱턴을 지나던 김덕수 사물 놀이패가 합세한 것이다. 그 젊은 천재들은 정말로 큰 국위선양을 했다.

워싱턴 전시는 생각할수록 운이 좋았다. 첫째 메리디안 하우스가 우리 민화전으로 100주년 기념사업 결정타를 치겠다고 전력을 다했기에 행운이 열렸다. 둘째 한국대사관 공보관실의 아낌없는 지원, 셋째 스미스소니언국립박물관 후원, 넷째 재미 교포 단체의 협조, 다섯째 워싱턴 근방에 에밀레 옛 친구들이 많이 살고 있었던 점, 마지막으로 한미수교 100주년 기념사업위원회를 대표할 수 있었던 점 등이 이번 행사를 큰 성공으로 이끈 점이다. 모두에게 감사하지 않을 수 없다.

에밀레박물관 호랑이사절단은 전원 무사하게 12월 초 고국으로 돌아왔다. 이것이 나의 인생극 제1막의 끝이었다.

우리 문화 지킴이, 조자용 선생

벌써 25년. 내가 조자용 선생을 처음 뵌 건 인사동 허름한 식당에서였다. 훤칠한 키, 소탈한 성품이 사람을 끄는 힘이 있었다. 민학회 망년회 뒤풀이였으니까 모두들 얼큰히 취해 우린 그날 밤 늦게까지 떠들어댔다.

그 후 가끔 민학회 답사 때 선생을 더러 뵙다가 삼신사를 만드시는 일로 바쁘셔서 자주 보기 어려웠다. 그때마다 선생의 구수한 인품이 그리울 때가 많았다. 그러던 어느 해 속리산에서 강연 요청이 있었다. 옳거니 이번 기회에 삼신사 구경도 하고 선생님도 뵐 수 있겠구나. 난 쫓기는 일정에도 쾌히 승낙, 다른 강연을 마치고 삼신사에 들렀다. 솔직히 놀랐다. 이상한 깃발이 나부끼는 음산한 분위기를 예상하고 갔는데, 정성스레 다듬은 초가집들이 마치 고향에 온 듯 푸근한 느낌을 주었다. 정말이지 삼신할매 품에 안긴 듯 편안한 기분이었다. 난 그 분위기에 완전히 반했다.

혼자 즐기기엔 너무 아깝다는 생각에, 그해 가을 우리 병원 전 직원을 데리고 다시 찾았다. 선생님께 청해 들은 강연은 나와 직원에게 깊은 감명을 주었다. 외래 문화에 겉멋만 든 젊은 세대에게 우리의 얼, 우리의 뿌리 찾기에 대한 선생의 집념은 커다란 충격을 주었다.

그리고 저녁 후 벌어지는 농악 마당, 직원들은 저마다 악대 의상을 갖춰 입고 여러 가지 악기들을 들고 나타났다. 헌데 소리가 난장판이었다. 보기가 안타깝기도 하고 민망스럽기도 했다. 그러나 옆에서 함께 지켜보던 선생은 언제나처럼 여유만만이었다. "조금만 지켜보십시오. 저러다 언젠가는 멋진 화음이 됩니다." 저 난장판이? 난 믿기지 않았다. 한데 이게 웬일인가. 차츰 소리가 제법 나기 시작했다.

"핏줄은 못 속인다니까." 선생의 이 말은 지금도 내 귓전을 울리고 있다. 차츰 화음이 되어 가는 게 신기한지 직원들은 신이 났다. 하긴 나도 덩달아 흥이 났다. 꽹과리를 얻어 악대를 선도했다.

어릴 적 어른 흉내를 내며 치던 실력이 지금에야 빛을 발할 줄이야. 지신도 밟고 월령가 선창으로 직원들의 흥이 최고조에 달했다. 그나마 부를 줄 아는 사람이 나밖에 없었다. 시간이 지나자 얌전히 구경만 하던 직원들도 모두가 한데 어울려 덩실덩실 춤을 추었다. 참으로 신나는 한마당이 어우러진 것이다. 처음 들어본 가락에 직원들은 마치 신들린 듯 황홀감에 도취된 것이다.

한마당 신명 풀이가 끝나자 선생은 나를 당신 처소로 불렀다. 술상을 앞에 놓고 처음으로 둘이 앉았다. "이 선생은 고향이 동쪽이군요. 동해 바다 용왕님요, 황해물을 당기소. 이건 동쪽 사람이지요. 서쪽 사람은 반대이지요. 황해 바다 용왕님요, 동해물을 당기소."

선생은 그 소란 속에서도 내가 선창한 대목을 유심히 듣고 계셨던 것이다. 참으로 자상하고 세심한 산신령이셨다. 젊은 직원들도 처음으로 해보는 신비로운 체험이라 두고두고 이야깃거리로 삼았다. 한국의 얼, 한국의 핏줄. 그리고 우리가 어떻게 태어나 어디로 가고 있는가를 일깨워준 참으로 잊을 수 없는 소중한 기억이었다.

이듬해 여름 정신과 하계 학회를 이곳에서 열었다. 특히 정신과를 전공하는 선생들에게 꼭 시켜드리고 싶은 삼신사의 체험이었기 때문이다. 가족과 함께 찾은 회원 모두에게 참으로 좋은 체험학습의 장이 됐다. 삼신사, 역시 정겨운 곳이었다. 선생의 너털웃음을 뒤로하고 떠나온 지도 한참은 됐다.

아, 하지만 그게 선생과 나와의 마지막 작별이 될 줄이야. 민학회 회장직을 맡으면서 민속의 대부로서 멋진 여생을 마치신 선생께 삼신할매의 가호를 빕니다.

2000년
이시형 | 동남신경정신과 의사

우리 문화의 뿌리를 찾아서

전통을 찾아서

양부모 문화와 생부모 문화 →316

신라 냄새가 물신 풍기는 서라벌 한 구석에 초가집 한 채를 사서 살 만하게 꾸려놓았다. 대지가 70평밖에 안 되는 초라한 집이었지만 그래도 서라벌에 집 한 채 생겼다는 사실이 그렇게 흐뭇할 수 없었다. 하수도를 내느라 뜰을 파 보았더니 옛 장대석이 쫙 깔리고 토기 조각들이 수없이 나온다. 서라벌 땅 전체가 기와 조각이나 토기 조각으로 깔려 있는 것이다.

계림 곁에 300평 가량 되는 땅 한 필지도 마련했다. 장차 조그마한 기와 박물관이나 하나 세워볼까 하는 꿈이 생겼기 때문이다. 그렇게 되면 계림이 박물관 뜰이 되고, 그 뜰 안에 첨성대까지 모셔진 격이 된다. 그럴듯한 구상 아닌가.

나는 이토록 서라벌에 홀려 있었다. 이와 함께 불국이 저절로 느껴지는 신라의 환경 속에서 불교 미술 극치를 맛보게 되었다. 그토록 마음으로 사랑하게 된 다보탑, 석굴암, 정림사지 오층석탑, 석가탑, 일주문, 성덕대왕신종, 조사당 이 모두가 하나도 예외 없이 불교 미술였다. 끝내 집 안에까지 끌어들이게 된 수많은 막새기와의 문양 역시 그 태반이 불교를 상징하는 것이었다.

우선 '양키' 소리나 면할 수 있도록 노력한 결과는 나타났다. 주변에서 '전통을 찾고 사랑하는 젊은이'라고 인정받았기 때문이다. 신라에 도취할 수 있었고, 불교 미술 유물 속에서 마치 애인과 같이 사랑할 수 있는 옛 작품을 만났고, 게다가 신라 냄새 물씬 풍기는 기와의 실물은 몇천 장 소유하기까지 되었으니 성적이 좋은 정도를 넘어 행운아인 셈이었다.

확실히 신라 문화는 찬란했다. 성덕대왕신종 하나만 보

더라도 추측하기 어렵지 않다. 서라벌 땅에서 수없이 출토되는 기와 조각이나 토기 조각만 보아도 알 수 있고, 경주 남산 전체가 불교 조각으로 덮인 조각산이란 사실에서도 느낄 수 있었다. 그런데 신라 문화가 찬란했다는 사실은 불교문화 덕분에 찬란했다는 뜻이니 그것은 양부모 문화에 지나지 않는다는 서러움이 뒤따른다. 결국 우리는 문화적 고아나 다름없지 않은가.

그러면 불교문화 이전의 우리 생부모 문화는 어떤 것이었고, 어디로 사라졌을까. 생각할수록 내 속은 타들어 갔다. 우리 문화의 모태를 찾아야겠다는 마음의 격동이 내 안에서 일어났다.

이 격동은 참다운 우리 것을 찾는 뚜렷한 전환점이 되었다. 자연스레 이때부터 문화 유적을 보는 눈이 달라졌다. 보는 시각, 생각하는 관점이 달라졌고, 문화재 수집 방향도 이전과는 달라졌다.

다시 절간을 찾았을 때는 대웅전을 우회하여 뒤쪽에 조용히 앉아있는 산신각이나 칠성각을 찾게 되었다. 연화문 기왓장 대신에 도깨비 기와 수집에 정열을 쏟게 되었고, 석탑 대신 돌 거북 쪽으로 발길을 돌렸다. 1969년부터는 단군 유적을 찾아다니면서 단군학 공부도 열심히 했다. 종교적 사대주의를 쳐부숴 버려야겠다고 생각하면서 무당도 찾아다녔다. 문화적 권위주의를 초월해야겠다는 신념을 다지면서 민족민예의 세계로 들어갔다.

새로운 눈으로 보니 경주의 남산은 불교 조각으로 덮인 것이 아니라 '비나이다, 비나이다'의 알바위로 덮여 있는 사실이 환하게 드러났다. 불상에 홀리면 알바위 같은 게 바로 앞에 있어도 보이지 않는 법이다. 다음에는 까치호랑이를 비롯한 민화 수집에 열을 올렸다. 민예의 세계에서 한예의 예맥을 끄집어내려고 대들게 된 것이다.

차차 잃어버린 생부모 문화 모습이 희미하게나마 눈에 보이기 시작했다.

안방 문화와 사랑방 문화

제대로 꾸며진 우리나라 전통가옥에는 안방과 사랑방이 있다. 안방의 주인을 '안주인'이라 하고, 사랑방 주인을 '바깥주인'이라고 부른다. 사랑방에는 귀한 손님이 드나든다. 돈 많은 사람, 권력 있는 사람, 학식 높은 사람 등 위세 당당한 위인들이 드나든다. 그러나 그들이 제아무리 잘났어도 그 집 안에서는 사랑방 나그네일 뿐이며, 아무리 초라해도 안주인은 당당한 안주인이다. 그러니까 알짜 집주인은 어머니인 셈이다.

불당을 하나의 문화적 집안으로 생각해 보자. 첫 대문인 일주문에는 반드시 'OO山 OO寺'라는 현패가 달려있다. 집주인은 산이요, 절간은 사랑방이란 뜻을 나타내고 있는 것이다. 그렇다면 안주인은 산신이요 부처님은 어디까지나 사랑방 나그네에 지나지 않는 것이 된다.

이런 논리를 확대해 한국이라는 집안, 또는 한문화라는 집안에서 살펴보면, 산신을 뼈대로 삼는 신교 문화가 곧 안주인에 해당한다. 불교문화는 인도 옷을 입고, 인도식 집을 짓고 한국 땅에 민들레 모양으로 토착한 것이 아니라 신교에 귀화하여 한옥 속에 살고 있을 뿐이다.

더 구체적으로 따져보자. 그토록 젊은이가 반한 다보탑, 석굴암, 정림사지 오층석탑, 석가탑, 일주문, 성덕대왕신종 등 한문화의 대표적 문화재는 그것이 불교 문화재이기 때문에 반했던 것인가? 아니다. 한국 문화재이기 때문에 반했다고 보아야 옳다.

일주문 기와집이 인도의 건축을 본뜬 것인가? 아니다. 한옥 건축 본연의 모습이다. 불교 건축이 한국에 와서 한옥 건축의 영향을 받아 탈바꿈한 것이다. 건축 양식으로 볼 때 주체는 한국이지 불교가 아닌 것이다.

그러면 석굴암의 돔 구조가 불교 건축에서 왔던가? 인도의 석굴은 돌산 천장에서부터 깨어 바닥에 이르거나 앞에서 파고들어간 인공 석굴에 지나지 않는다. 석굴암은 그런 원시적 불교 석굴 건축이 한국의 조립식 석조 건축의 영향을 받아서 이루어졌다고 판단해야 옳다. 정림사지 오층석탑이나 다보탑 같은 불탑 건축에도 같은 이론이 적용된다. 또 우리나라의 종은 동양에서도 신라 종, 고려 종, 조선 종이라고 불릴 정도로 특색 있는 고유 전통성을 지니고 있다. 성덕대왕신종에는 연화문이나 비천상이 새겨져 있으니 그것이 바로 신라 종의 불교적 적용이 아니겠는가.

결론적으로 불교 미술에 있어서 양식이나 기능이 인도에서 전해진 불경에 기초하지만, 미술적 표현엔 한민족의 예술적 전통이 불교적 조형에 적용되었음을 알 수 있다. 한문화가 안방 문화라는 확고부동한 사실을 알고 난 뒤에 생각한다면 '한국의 불교문화'는 한문화에서 불교적 특색을 지닌 사랑방 문화임을 느낄 수 있을 것이다.

 →317

신라 시대에 왜구의 침략은 큰 골칫거리였다. 얼마나 못살게 굴었으면 문무왕이 용이 되어 나라를 지키겠다고 바닷속에 무덤을 만들었을까. 왜적은 무엇 때문에 끊임없이 침공해 왔을까. 일설에 의하면 첫째는 좋은 쌀을 약탈해 가는 일이요, 또 하나는 절간의 종을 훔쳐 가기 위해서였다고 한다.

지금 우리나라에 있는 신라 시대 종은 파편까지 합해서 서너 개뿐인데 일본에는 십여 개가 멀쩡하게 건너가 있으니 꾸며낸 이야기는 아닌 것 같다. 황룡사 대종만이라도 무사했더라면 세계적인 보물이 되었을 것인데 왜구들이 훔쳐 가지고 가다 대한해협에 빠뜨리고 말았다.

천만다행으로 성덕대왕신종은 남아 있다. 정림사지 오층석탑이 백제 탑의 정수라면 성덕대왕신종은 신라 종의 정수다. 종소리의 장엄함은 말할 것도 없으려니와 과학, 기술, 공예, 조각, 문양, 형태 등 모든 미술 분야에 기술까지 종합된 인류사의 신작임에 틀림없다.

섣달 그믐밤이면 이 거룩한 종소리를 들었을 서라벌 사람은 얼마나 행복했을까. 기록에 의하면 신라의 송년 타종은 108번 치는 것이 오랜 관습이었다. 그런데 국립경주박물관에 박일훈 관장이 취임하면서 3타만 하도록 제도가 고쳐졌다. 보물을 보호하기 위해서라고 했다. 모인 사람은 100명이 넘는데 3타만 하기로 되었으니 누가 칠 것이냐가 큰 문제였다. 한참 왈가왈부 끝에 막걸리 사 온 사람이 치기로 낙찰되었다. 나는 전혀 예상하지 못했던 행운에 의해 송년 타종을 독점해 보았다. 에밀레박물관은 7년 후에 지었지만 에밀레박물관장

취임 파티는 그날 타종으로 미리 치른 셈이다.

거창한 박물관이 새로 생기면서 성덕대왕신종도 낡고 비좁은 한옥 종각을 벗어나 크고 널찍한 콘크리트 건물로 옮겨졌다. 안타깝게도 옛 멋은 사라져버리고 말았다.

까치부처님

→318

부처님 사랑은 불심의 미술적 표현으로 전해진다. 그래서 불교 미술은 자비로운 부처님 모습을 만들고자 가진 애를 써왔다. 콧구멍 속을 사람이 들어가서 닦아드려야 할 정도의 거대한 불상도 만들었고, 온몸을 금으로 조성해 모시기도 하였다. 과연 그런 호화로운 불상에도 불심이 담기는 것일까?

세상의 영화를 넘치도록 누리고 남았을 젊은 석가모니가 한밤중에 왕궁을 탈출한다. 그는 산속에 들어가 고행을 시작하고, 자신이 찾는 큰 즐거움이 다가옴을 느끼면서 법열에 빠지게 된다. 머리 위에 까치가 둥지를 틀고 알을 까고, 새끼를 치는 것도 모르는 채 도취되어 버린다. 그만큼 큰 법열에 젖었던 것이다. 그때의 석가모니 모습은 일편 몹시 초라하면서도 한편 인간이 표현할 수 없는 극치의 만족감을 나타낸 얼굴이 아니었을까.

후세에 석가모니 부처님을 따르는 사람들이 보다 완벽한 불상을 만들기 위해 초라했던 부처님을 장엄화했다. 이러한 불상은 인도에서 발상되어 중국적인 조형미로 변모되고, 한국적으로 새로이 조성되어 오늘날 한국 문화의 국보급 문화재로 지정됐다. 그러한 국보관에 따라 몇 해 동안 명품 불상을 찾아다녔다. 일본으로 건너가 그들이 자랑하는 명작도 보고 산봉우리만큼이나 커 보이는 거작도 살펴보았다.

그런데 어찌 된 일인지 머리 위에 까치가 앉아있는 부처님 모습이 사라질 줄 모르고 자나 깨나 내 마음을 사로잡는다. 기회 있을 때마다 까치부처님 탱화를 찾아보기도 했지만 좀처럼 나타나지 않았다. 그때 미국인 칼 스트롬이 누구보다 까치부처님 그림에 큰 관심을 갖고 있었다. 그는 전국 사찰에 있는 탱화를 촬영하겠다고 중장비를 갖추고 찾아왔다. 그는 1년 6개월 동안 돌아다니면서 20,000장이란 방대한 탱화 촬영에 성공했다.

그 끈질긴 작업에 한창 열을 올리던 어느 날 밤, 흥분한 스트롬이 달려와서 깜짝 놀랄 것을 보여준다며 술 한잔 사라고 했다. 환등기까지 들고 우리들은 조계사 뒷골목에 있는 단골집으로 달려갔다. 술이 얼큰하게 취할 때까지 애를 먹이던 스트롬은 슬라이드 한 장을 환등기로 벽에다 비추었다. 그 순간 나는 온몸에 전율을 느꼈다. 「까치부처님」이 드디어 나타나셨다. 내 감회는 이루 말할 수 없었다. 그것도 오랫동안 머릿속에 상상해 오던 「까치부처님」 모습 드러내 보였으니 기적이 따로 없었다. 그 때의 즐거움을 어떤 말로 표현하면 흡족할까. 몇 해 후 『석가 팔상도』라는 책을 펴내면서 표지에 모셨다.

돌덩어리의 불심

→319

여러 해 전 한 친구가 영주 부석사 석조석가여래좌상 사진을 한 장 보내주었다. 화강석 같은데 살아있는 살결처럼 몽실몽실하게 느껴지는 명작이었다. 그러나 부처님의 눈알이 팬, 심하게 손상된 유물이었다. 몰지각한 사람들의 장난일 것이라고 생각하자 그곳을 찾아가고 싶은 생각이 나지 않았다.

그 몇 해 후 경상남도 산청의 한 동리를 찾아가는데 벌판에 방치된 좌불석상 하나가 눈에 들어왔다. 이 대동사지석조여래좌상은 눈도 코도 입도 없는 데다 몸집도 몹시 상해 불상 전체가 하나의 돌덩어리에 지나지 않는 것이었다.

심상치 않은 생각이 들어 동리 사람에게 연유를 물어본 결과 천하에 괴이한 이야기를 듣게 되었다. 눈병 난 사람은 부처님 눈알을 갉아다 물에 타 마셨고 콧병 난 사람은 부처님 코를, 입병 생긴 사람은 부처님 입술을 갉아다 먹었다는 이야기였다. 이렇게 해서 부처님 몸에 성한 자리가 없고 마침내 하나의 돌덩어리로 변했다는 것이다.

아차, 싶으면서 동시에 '바로 이거다'라는 생각이 들었다. 완벽한 불상만을 훌륭한 작품으로 여겨온 내가 부끄러웠다. 그 순간부터 나의 불상 감상법은 그 기준이 달라졌다.

북미륵암 마애여래좌상

→320

해남 대흥사에 옛날 서산 대사가 갖고 있던 십자가 목걸이가 보관되어 있다는 믿기 어려운 소문을 들어 정월 연휴에 김천배 목사와 함께 그곳을 찾아갔다. 달은 정월인데 날씨가 웬일로 확 풀리더니 때아닌 폭우가 쏟아지고 바람이 억세었다. 밤중에 도착했기 때문에 우선 절 앞에 있는 여관에 들어 여독을 풀기로 했다.

"내일 아침에야 날이 개겠지." "꼭 개일 겁니다. 지난 10여 년 동안 절간에 들어서기만 하면 기적적으로 날이 개곤 했으니까 이번에도 틀림없을 겁니다." 이런 소리 저런 소리 중얼거리다가 잠이 들어버렸다. 이 밤이 새면 문제의 십자가를 볼 수 있다는 꿈을 안고서. 그런데 이튿날 새벽잠을 깨워준 것은 뜻밖에도 억센 폭풍우 소리였다.

"이게 웬일인가. 도저히 믿을 수 없군. 이럴 수가 있단 말인가?" "십자가하고 폭풍우하고 무슨 상관이 있다고 그럽니까. 어서 준비하고 가서 주지 스님을 만나봅시다."

일찍 조반을 먹고 우리는 절간으로 들어갔다. 오래전부터 와 보고 싶었던 대흥사라 길가에 있는 부도나 비석에도 눈이 가고 처음 보는 한국의 노송나무도 신기했다. 그러나 그런 것은 나중에 자세히 보기로 하고 먼저 십자가를 찾기로 했다. 대웅전 앞에서 한 젊은 스님을 만나 찾아온 뜻을 말하고 주지 스님을 뵙고자 청했다.

"주지 스님께선 어제 밤늦게까지 복잡한 회의에 시달려 지금 주무십니다. 내일 다시 오시는 것이 좋을 듯합니다."

웬일인지 일이 순조롭게 풀리지 않는 것 같아 불안한 생각이 들더니 이젠 글렀다 싶어진다. 절간이나 한 바퀴 돌아보고 여관으로 돌아왔다. 포기하고 갈까 하니 미련이 남는다. 기어코 목적했던 십자가를 보고 가겠다는 오기가 생기자 하루 더 묵기로 했다.

"두륜산 마애여래좌상이나 구경하시지 그래요. 경치도 좋고 불상도 볼 만하고 또 그 옆에 장수바위도 있다구요." 따분해 보이는 우리에게 여관 아주머니가 권하는데 귀가 번쩍 뜨인다. "장수바위요?" 장수바위 자료를 모으고 있었기에 경치나 불상이야 어떻든 그 한마디에 구미를 돋군 것이다. 점심을 먹고 나서 또 하나 미지의 세계를 향해 산길을 떠난다.

우리는 미끄러운 산길을 거북이걸음으로 기어오르기 시작했다. 코트가 무거운 데다 억센 비바람과 싸우면서 우산에도 매달려야 하니 이런 강행군은 처음이다. 도대체 두륜산이 얼마나 높은지 구름에 쌓여서 전연 알 수 없고, 얼마나 가야 북미르암이 모습을 나타낼 것인지도 짐작할 수 없었다.

"저것 봐요, 구름이 비가 된다는 게 정말이군요."

중턱에서 쉬면서 우리는 눈 아래 천지를 덮은 구름이 비가 되어 쏟아지는 신비스러운 장관을 내려다보았다. 신선 세계에 도취되어 자기를 잊는 순간이기도 했다.

"어쩐지 산신령님이 가까이 계신 것만 같은데요."

"허허 이 사람. 십자가 찾으러 부처님한테 간다기에 따라왔더니 이번엔 산신령 앞으로 끌고 갈 셈인가."

"십자가나 부처님은 책에서 배운 것이죠. 이런 데서 산신령님을 느끼는 건 타고난 느낌이니 다르지 않습니까."

"이제까지 올라온 것은 계산에 넣지 말고, 지금 새로 떠난 셈치고 올라가세."

엉금엉금 기어 올라가는데 휙 하고 우산이 바람에 뒤집어진다. 에라이 귀찮은 우산 차라리 잘됐다 하고 그때부터는 비를 맞으면서 올라갔다. 어느덧 그 억센 비바람을 받아낼 수 있는 경지에 이른 것만 같았다. 그런데도 북미르암은 좀처럼 나타나지 않았다. 구름과 우거진 나무 때문에 멀리 내다 볼 수도 없었다.

오르다 쉬고 또 올라갔다. 그러다가 탄성을 질렀다. "으아! 용궁이다!" 구름 속에서 홀연히 나타난 바위 벼랑 위에 기와집 하나가 보인다. 절간이라기보다 용궁으로 보일 정도로 신비로웠다. 한 시간 반 만에 찾아낸 것이다. 힘든 것도 사라졌고 숨찬 것도 진정되었다. 온몸이 쫄딱 젖은 것도 잊었다. 다만 말할 수 없는 즐거움이 솟아날 뿐이었다.

"아이구. 이 비바람 속에 어떻게 여기까지 오셨소."

키 큰 주지 스님이 반가이 맞아준다.

"방에 들어가 몸을 녹이게 하고 싶지만, 그렇게 하면 내려가시기 더 힘들 터이니 그대로 절간으로 모시겠소이다."

무자비한 자비의 말씀이다. 스님을 따라 용궁 같은 절간 문을 들어선 우리는 또 한 번 입을 쫙 벌리고 말았다. 거대한 돌부처와 비천상 조각, 그 작품에 넋을 잃은 것이다. 우리는 그만 바닥에 엎드려 완전히 자기 자신을 맡기는 자세로 절을 했다. 그리고 일어나서 또 쳐다보았다.

"작년에 영국 사람들이 와서 보구 석굴암 조각보다 더 훌륭하다고 합디다."

한참 동안 스님으로부터 마애여래좌상에 대한 신비스러운 이야기를 듣고 나서 밖으로 나왔다. 목표로 삼은 장수바위도 보았지만 별다른 느낌 없이 조사만 하고 곧 하산을 시작했다. 그 고행길을 우리는 웃으면서 내려갔다. 산은 내려가는 맛에 오른다는 말이 새삼스러웠다.

"목사님께서 부처님께 절을 하셨으니 참으로 놀라운 일이었습니다."

"글쎄, 나도 모르게 그 작품에 고만 머리가 수그러졌네."

"예수님이나 부처님이나 모두 다 고행수도를 하신 모양인데……."

"그게 우리가 상상하는 쓰라린 것은 아닐 게야. 즐거우니까 고행을 할 수 있었겠지. 그 조각도 말이야. 석굴암 것보다 잘된 것은 아닌데 고행 끝에 보니까 잘나 보인 게 아닐까."

"그래요. 석굴암 조각도 요새는 자동차 타고 편하게 가서 보니 옛날 힘들게 볼 때보다 좋아 보이지 않더라구요."

내리막길은 편했고 여유도 즐길 수 있었다. 산밑까지 거진 내려왔을 때 날이 개이더니 두륜산 꼭대기가 보였다.

"저것 좀 보세요. 우리가 올라갔던 곳이 저 하늘 높이 솟아오른 바위구만요."

"허허. 오르기 전에 그걸 쳐다보았더라면 올라갈 엄두도 못냈을 거야. 우둔한 놈 호랑이 잡는다고, 몰랐으니까 오를 수 있었군 그래."

이튿날 아침 기어코 우리는 대흥사 주지 스님을 만났다. 그런데 또 어찌 된 일인지 열쇠를 가진 재무 스님이 새벽에 광주로 떠났기 때문에 그날도 십자가는 못 보게 되었다. 아무래도 보지 말라는 뜻인 것만 같아 단념하고 돌아오기로 했다. 고행길의 즐거움이란 다 같은 것이니 절간에 십자가가 보관되어 있은들 진기할 것 없는 일이란 생각도 들었다. 아니 도리어 자연스럽게 느껴졌다.*

토착탕

→321

수원 용주사에서 호랑이 담배 먹는 옛 그림 하나를 찾아낸 이후 나는 그 그림 찾아낸 이야기를 큰 무훈담처럼 지껄이는 버릇이 생겼다. 마침 때가 산도 그리워지고 절간도 그리워지는 초가을이라 당장 그 벽화를 보러 갔다. 점심시간이 지났지만 절간에 가서 먹는 맛을 생각하고 요기도 하지 않은 채 그대로 길을 떠났다.

절 앞에 도착한 것이 오후 3시나 되고 보니 호랑이야 담배를 먹든 말든 우리도 배를 채워야 했다. 그런데 절간 주변 가게를 다 뒤져봐도 먹을 만한 것이 없었다. 마음씨 넉넉해 보이는 아주머니가 있어 애원해 보았으나 역시 아무 것도 없다는 것이다. 그때 눈에 띈 것이 소세지 위너가 들어 있는 깡통이었다. 이것을 요리하는 방법은 핫도그를 만드는 일인데 여기서 그런 요리는 멋대가리 없을 뿐더러 시골 아주머니가 만들어 낼 것 같지도 않았다. 궁하면 통한다고 했던가. 그때 묘한 요리법이 한 가지 떠올랐다.

"아주머니 이거 된장국에 쑥쑥 썰어 넣어 보글보글 끓여 줄 수 있겠소?" 했더니, 아주머니가 선선히 응한다. 속에 어떤 재료가 들어가든 된장국 끓이는 데는 자신만만하다는 기세다. 맥주를 두어 병 기울이고 있으니 드디어 그 정체 모를 요리상이 나왔다.

이 새로운 요리는 우리 창작품인 만큼 조심조심 한술 퍼서 입안에 넣어봤다. 순간 누가 먼저랄 것도 없이 "야! 이거 천하의 진미로군!" 소리가 절로 나왔다. 둘이 합창으로 했다. 그 모습을 바라보고 있던 아주머니는 무척 만족스러운 기색으로 싱글벙글했다.

"새로운 음식을 발명했는데 이름을 뭐라고 하지?" "토착탕이라고 합시다." "토착탕? 와하하……." 우린 또 한번 합창하고 크게 웃었다. "그 사람들 말이야, 요사이 외래 종교 토착화 문제 가지고 떠드는 사람들 한 번 용주사로 모셔다 이 토착탕을 대접해야겠어." "그거 좋은 생각이시네요. 그게 빠를 것 같습니다. 두꺼운 책 펼쳐가며 암만 떠들어 봤자, 이 맛을 깨달을 수 있겠소. 위너에다 고추장을 찍어 먹는 정도를 토착화라고 생각하고 있으니……." "그걸로 토착화랄 수는 없지." "물론이죠. 위너 장사꾼의 토착화 선전에 넘어가는 거예요."

"토착탕이 무슨 뜻입니까?" 한참 우리 밥 먹는 것을 구경하며 우두커니 서 있던 아주머니가 심각한 표정으로 묻는다. 내가 말해줬다. "이 미국 순대 말인데요, 이거 미국 사람들 먹는 식으로 그대로 먹으면 별거 아니거든요. 그런데 이걸 아주머니 된장국 솜씨를 빌려서 부글부글 끓였더니 이렇게 맛이 납니다. 그러니까 미국 순대가 토박이 아주머니한테 착 달라붙어서 떨어질 줄 모르는 탕이 된 겁니다. 그러니 토착탕이죠." 토착탕은 먹을수록 진미가 돋보였다.

배가 터질 정도로 포식하고 나서, 담배 먹는 호랑이 그림 구경을 나섰다. 금강산도 식후경이라더니 바로 이럴 때를 두고 말한 모양이다. 여유 있는 걸음으로 그 호랑이 있는 곳을 찾아갔다. 절간 벽에 그린 거대한 이 옛 그림은 한국 사람이라면 다 흐뭇해할 동서고금에 없는 명작이다. 위풍당당하면서도 웃음이 터져 나오게 하는 얼굴이며, 멋들어지게 뻗은 꼬리며, 담뱃대를 받치고 있는 귀염둥이 토끼들 할 것 없이 한국 사람들의 멋을 여지없이 들이박은 걸작이었다.

"어째서 중이 절간 벽에 이런 그림을 그렸을까?" "허허, 이게 한국 불교의 토착탕 아니겠소. 아까 그 토착탕 말이요." "토착탕? 산도 한국 것이요, 절간도 한옥이요, 그림도 한국 민화이니 이 테두리가 다 우리 된장국이란 말인가?" "맞습니다. 그 속에 '위너'가 부글부글 끓고 있겠지요. 한번 들어가 봅시다." 한 바퀴 돌고 나서 우리는 산신도 앞에 섰다.

"이건 무당의 산신도 아냐. 이것도 토착탕이라고 할 셈인가?" "그 산신도야 말로 알짜배기 토착탕으로 보이는데요. 낯설게 보이는 옷이나 모자를 벗겨 봅시다." "인자하신 우리 할아버지와 귀여운 호랑이만 남으니, 이 두 분이 또한 된장국 같은 바탕이란 말이지." "벗겨 놓은 옷이나 모자는 위너에 지나지 않구요." "그러나 사람들 눈에 띄는 것은 옷과 모자야. 위너만 표면에 보이니까 다 외국서 들어온 것으로 알지 않나." "그러니까 토착탕을 배가 터지도록 맛보아야 그 바탕이 된장국이란 것을 깨달을 수 있겠군요."

어느새 날이 저물어 밖으로 나온 우리는 그 토착탕이 탄생한 집에서 하룻밤 신세 지기로 했다. 어쩐지 그 집에서 묵고 싶어졌다.**

삼신과 단군

산 아이의 생부모 문화

→322

우리나라는 산이 많고 바위도 많다. 우리는 아이들이 산신령께 빌어서 태어났다고 해서 '산 아이'라고 부르고, 바위에 빌어서 낳았다고 '바위 아이'라고도 부른다. 세상에 나오면서 산과 바위를 어머니로 삼는 것이다.

어른이 되고 학문을 닦으면서도 산과 바위하고 떨어질 수가 없다. 그래서 아호에 뫼 산자나 바위 암자를 즐겨 붙인다. 뿐만 아니라 동리 이름이나 면 이름, 군 이름에도 많이 붙어 있으니 한민족의 삶은 산과 바위를 중심으로 뭉쳐 있다고 해도 과언이 아닐 성싶다.

그러니 산 아이가 생부모 문화를 찾으려면 산신령님 품에 안겨야 하고, 산을 찾아야 한다. 민족 기원의 측면에서 보면 백두산이 태백산 혹은 삼신산으로 불리며 상징적인 영산으로 숭배되어 왔다. 또한 특별히 미술적 측면에서는 단연 금강산이 문화적 상징이 되어 왔고, 금강산을 삼신산으로 해석하는 학설도 만만치 않다.

그림 사료를 수축으로 한 금강산 미술은 한문화의 정신적 바탕을 보다 쉽고 보다 뚜렷하게 알려주는 미술적 모델이며, 동시에 신교의 신맥과 신교 미술의 예맥이 일치됨을 훌륭하게 입증해 준다.

금강산 구경

1944년 중학생 때 금강산으로 수학여행을 갔다. 그때 묵었던 여관 이름까지 기억하는 동기생도 있지만 내가 기억하는 것은 하나밖에 없다. 외금강을 걸어갈 때 낯익은 바위 봉우리 세

개가 눈앞에 나타나자 소리를 지른 일이다.

"야아, 삼선암이다!"

내가 너무 반가워하니 인솔하던 선생이 "너 전에도 여기 왔었구나?"고 물었다. 아니었다. 나는 처음이었다. 그림으로 보았던 삼선암이 실물로 눈앞에 나타나니 한편 놀랍고, 한편 반가워서 소리쳤던 것이다. 금강산에서의 그 일은 세월이 흘러도 잊히지 않는다. 지금 이야기하려는 「금강산도金剛山圖」라는 특이한 그림도 금강산에서 받은 정신적 충격을 그린 것으로 믿어진다.

금강산을 보기 전에는 천하의 산수를 말하지 말라는 말이 있다. 또 금강산을 보면 죽어서 지옥에 가지 않는다는 말도 있다. 금강산은 미의 모든 요소를 집대성한 신비의 산이라고 하며, 세계 제일의 명산이라고도 칭하고, 천하의 절경이라고 격찬했다.

보다 유명한 것은 1926년 이곳을 찾은 스웨덴 왕자 구스타브 아돌프Gustav Adolf가 남긴 표현이다. "하나님이 우주를 창조하실 때 엿새 동안 완성하시고 다음 하루를 쉬셨다고 했는데, 여기 와보니 아니다. 우주 만물을 창조하시는 데 닷새만 쓰셨고, 엿새째는 금강산 만드시는 데 보내신 것 같다"고 감탄했던 것이다. 얼마나 재미있고 멋진 표현인가. 이제 우리나라 시, 서, 화의 측면에서 금강산 이야기 한 것을 살펴보자.

조선 후기의 유명한 방랑시인인 김삿갓이 금강산을 구경했다. 갈 때는 금강산 골짜기 골짜기를 시로 메꾸어 보려고 했는데, 막상 그 천하 절경에 들어서고 보니 정신이 멍해지고 시문이 막혔다고 한다.

또 다른 예로는 양봉래가 있다. 양봉래는 그의 호 봉래산에서 짐작할 수 있듯 죽을 때까지 금강산을 사랑한 멋쟁이였다. 그의 신필 전수지로 알려진 해금강의 비래정지는 지금도 남아 있다. 그는 전국의 명소를 찾아다니며 풍월을 즐겼는데 해금강을 보자 복거卜居 자리로 정하고 그곳에 비래정을 세웠다.

비래정에는 다음과 같은 이야기가 전해진다. 양봉래는 고래 수염으로 붓을 만들어 '비래정'이라 편액을 썼다. 자기도 믿기 어려울 정도로 비飛자가 명필이어서 다음 두 자를 쓸 수 없게 되었다. 종래 그는 비 한 글자만으로 꾸며진 액자를 비래정 벽에 걸었다. 몇 해 후 그곳에 태풍이 불어 그 액자가 하늘 높이 날아가 버렸는데 그 시간이 바로 양봉래가 유배당했다가 숨진 그 순간이라고 한다.

금강산은 다양한 화가들의 소재가 되었다. 역대 멋쟁이 화가치고 금강산을 안 그린 사람 없겠으나 그중 18세기 최북을 살펴보자. 그의 자는 칠칠七七, 호를 호생관毫生館이라 하였다. 금강산을 논함에 칠칠이 빠져서는 안될 정도로 그는 역사상 가장 멋진 구경꾼이었다.

금강산 구룡연 폭포에 오른 최북은 술에 만취되고 절경에 도취되어 소리도 지르고 울었다 웃었다 하다가 "천하 명인 최북, 천하 명산에서 죽노라." 하면서 구룡연으로 뛰어들었다고 한다.

급히 뛰어와 살려준 사람이 있어 죽지는 않았지만 그의 표현이야말로 금강산에 대한 화가의 느낌을 제대로 나타냈다고 생각된다. 금강산을 구경하며 진실로 그 조화의 위대한 예술을 깨달은 사람이라면 호생관처럼 행동할 줄 알아야 하고 그러한 화경에서 원숙해진 것이 한국의 금강산도라고 믿어지는 것이다.

불교의 본고장

금강산을 영어로 Diamond Mountain이라고 부르는데, 이는 금강산의 금강을 금강석으로 해석하기 때문이다. 불교에서 말하는 일곱 가지 보물 중 하나인 금강이란 제석천의 소집所執으로서 그 모양은 메밀과 같고 그 색은 자석영과 같은데 수십 리 안에 있는 만물이 모두 이 안에 나타난다고 하였다. 그러니까 금강은 다이아몬드가 아니라 여의주같이 신격화된 보석이다.

여기서 우리는 불교의 금강 사상에 대해서 살펴보아야 한다. 금강 사상은 석가 이전의 고대 인도 사상, 즉 불교의 어머니 격인 브라만교의 세계에서 취급되는 오랜 사상이다. 칠보도 제석천의 소집이라 하였으니 이 역시 석가의 발명품이 아니라 고대 브라만교의 것임에 틀림없다.

베다경전Atharva Veda은 인도 최고最古의 문헌이요 브라만교의 근본 성전이다. 베다의 종교적 의식은 오랫동안 변천을 거듭하다 힌두교 양식으로 변해서 오늘날까지도 인도에서 강력하게 살아 있다. 이는 우리의 전통 신교 신앙이 오늘날에도 변함없이 이 땅의 주인 노릇을 하고 있는 것보다 더 뚜렷한 사실이다. 베다의 사분의 일을 점하고 있는 존재가 바로 제석한인이다. 불교에서 말하는 삼십삼천 중 최고천인 도리천의 주신으로서 수미산정에 살며 다른 삼십이천을 통령하고 또 지상의 인간도 통치한다.

금강산이란 산명은 불경에서도 자주 나타난다. 불경의 기록을 종합해 보면, 세상에 여덟 개의 금강이 있는데 일곱 개의 금강은 바닷속에 있고 단 하나가 해동조선에 출현해 있다고 하였다. "동북해중에 있는 금강산을 '일만이천'이라 부르고 그 속에 담무갈보살이 살고 있다. 담무갈보살을 법기보살이라고 부르는데 언제나 반야바라밀다를 설교하고 있다"고 하며 '일만이천'의 보살을 데리고 수도하였다고도 한다.

또 일만이천은 천상의 낙원을 지상으로 바뀐 것이지, 산봉우리 수를 말하는 것이 아니라는 주장도 있다. 결론적으로 '금강산은 석가모니 시대에 벌써 중국이나 인도에 성지로 널리 알려져 있었고, 순례하러 많은 사람이 찾아온 것은 확실하다'고 이야기할 수 있다.

그렇다면 금강산이란 이름이 불교가 들어온 후에 생긴 것이 아님을 알 수 있다. 불교가 태어나기 훨씬 이전에 금강산이 불교적 위치를 먼저 차지하고 있었다. 금강산 일만이천 봉이 고대불교의 발생지라고 느껴지고 불교가 그 모태 사상을 금강산에서 수입해 갔다는 결론이 부자연스럽지 않게 긍정이 가는 것이다.

도교의 신선경

→323

금강산 하면 우리는 먼저 '불'을 생각하고 또 동시에 '선'을 생각한다. 그러면서 '불'은 석가 이후의 불교를 '선'은 도교 이후를 중심으로 삼는 버릇이 있다.

그러나 금강산이 불교나 도교가 태어나기 훨씬 이전부터 엄연히 이 땅에 자리 잡고 있었다는 사실을 부인할 사람은 없으며 앞에서 말한 바와 같이 고대 불교가 금강산과 관련이 있다는 점도 짐작하기 어렵지 않다. 이렇게 금강산과 불교의 관계를 살펴볼 때 우리는 불경 기록 이전의 동방 선사상을 찾지 않을 수 없다.

불교의 일곱 가지 보물 중 하나인 금강과 금강산처럼 도교의 불로장생의 상징인 불로초와 금강산이 또한 끊을 수 없는 관계를 맺고 있다. 불로초는 불사약이라고도 하고 영지라고도 부른다. 그리고 동양 사람은 누구나 불사약에 관한 유명한 이야기 하나를 알고 있다.

『사기史記』에 진시황이 불사약을 구하기 위하여 서시 일행을 삼신산으로 보냈다고 기록되어 있다. 삼신산은 봉래蓬萊, 방장方丈, 영주瀛洲의 삼신산이라고 되어 있다.

중국의 기록을 그대로 따른다면 금강산은 삼신산의 하나이며 그 속에 불로초가 있고 신선이 사는 곳이 된다. 신선이란 산에 들어가 불로장생의 선술을 익힌 사람을 말하는데, 그러한 신선은 삼신산에 살고 있다고 옛 중국문헌들에는 적혀 있다. 그 문헌이란 도교가 태어나기 여러 세기 전의 기록이다. 『후한서後漢書』 동이전 부분에 '시유군사불사지국至有君子不死之國'이라 하였으니 이것이 바로 도교가 찾는 이상경이 아니겠는가.

안방 문화의 산신령님

→324

불교나 도교 같은 사랑방 종교가 한결같이 금강산을 이상경으로 삼았으니 금강산의 안주인은 그들보다 수천 년 전부터 동방의 문화를 지배했던 신교라고 결론지을 수밖에 없다. 이를 불신교라고 이름 지어 본다. 불과 선의 모태가 신이라는 점이 드러났기 때문이다.

불교가 금강산을 대표 시키고 도교가 불로초를 대표시켰으니 신교는 산신령을 대표 삼을 수밖에 없다. 모두 한결같이 민교의 세계에서 일치되고 보니 신교에 있어서도 무교巫教를 내세우면 공평할 것 같다.

한국 무교를 말할 때 빼놓을 수 없는 것이 산악숭배이다. 그만큼 우리 무교에 있어서 산악숭배는 핵심적인 위치를 차지하고 있으며 또 그럴 만한 역사적 배경을 가지고 있다. 우리 민족은 산에서 시작되었고 사람도 산에서 시작되었다. 우리 신화를 살펴보면 한웅천황이 한울에서 삼천 무리를 이끌고 천부삼인을 가지고 태백산 강림하여 신시 나라를 세웠다고 되어 있다. 태백산은 지금의 백두산이라는 것이 정설이며, 실제 우리는 오랜 옛날부터 백두산을 민족 기원의 영산으로 모셔왔다.

다음으로는 단군이 구월산에서 돌아가신 후 산신이 되었다는 기록이 중요하다. 산악숭배란 고대사회에 공통된 자연숭배로도 볼 수 있지만 우리나라의 경우는 민족의 기원과 산신국조일체山神國祖一體 사상이 겹쳐 있어 단순하고 일반적인 원시종교의 차원을 넘어 민족종교로 뿌리를 내리게 된 것이다. 그리하여 전국 각처에 진산鎭山이 생겼고 산신각을 세워 그 안에 산신도를 모셔 산신제를 드리게 되었다. 그중에서도 금강산은 민족의 상징으로 모셔지고 누구나 일생에 한 번은 이 성지를 참배해야 한다고 여겨졌다.

무교의 신맥은 이 땅에 들어와 정착할 수 있었던 모든 종교의 어머니다. 사람이 제아무리 공부를 많이 하고 출세하고 논리적으로 되었다 해도 어머니 품에 안기면 어린 아기로 돌아가는 법이다. 마찬가지로 어떠한 사상이든, 어머니를 떠나 천하에 없는 학문적, 문명적 종교로 출세하고 세련되었다 치더라도 어머니 교로 돌아오면 학문적 베일을 벗고 알몸의 평범한 비 이론적 믿음으로 되돌아가고 만다. 비이론적 믿음의 바탕을 나는 무교적 믿음의 바탕으로 알고 있다.

금강산 속의 여러 지명을 정리해 보면 불교적인 것, 도교적인 것, 그리고 신교적인 것이 발견된다. 대표적인 것을 추려 보면 다음과 같다.

불교적 지명　석가봉, 법기봉, 삼불암, 극락봉, 사천암왕, 성불영, 수미봉, 달마암, 열반폭포, 보덕굴, 불암, 마하연, 묘길상, 미륵봉, 문수봉, 금강폭

도교적 지명　삼선암, 구선봉, 옥녀봉, 군선동, 영선동, 강선대, 오선암, 사선대, 집선봉, 신선대, 선인굴, 천선대, 천녀봉, 욕선지, 육선암

신교적 지명　만물초, 일출봉, 월출봉, 칠성봉, 천신암, 천주봉, 백마봉, 귀면암, 모자암, 동자암, 구암, 쌍치암, 사자암, 계란암, 형제천, 간봉, 구봉

이 중 어느 이름이 금강산에 가장 잘 어울릴까. 금강산이란 이름 자체도 불교적 표현의 권위가 인식되면서 생겼으니 본연

의 모습에 어울리는 이름은 아니다. 오랫동안 금강산 미술 자료를 수집해 오는 사이 나는 만물초란 이름에 매혹당했다. 근래에 와서 만물상이라고 불리는 외금강의 한 구역 이름이다.

초란 초본이란 뜻이며 모델, 설계도 같은 뜻을 내포한다. 그러니까 만물초란 창조신이 우주를 창조하시기 전에 구상한 만물의 모형이란 뜻이며 금강산 속에 하나님이 우주 창조의 모형을 모아서 한 자리에 보존했다는 뜻이 된다. 창세신화의 물적유적이 바로 금강산이라고 믿는 것이 우리나라 본연의 신교 사상이다.

조물주의 만물초

→325-327

이제 금강산은 한민족의 성지라는 좁은 관념을 초월해서 불교와 도교의 이상경으로 또한 보다 넓은 정신세계의 성지로 인식하게 되었다. 그러면 이토록 여러 종교의 모태적 성지인 금강산이 예술적으로 표현되었을 적에는 과연 어떤 형태로 나타날 것인가.

육당 최남선은 『금강예찬金剛禮讚』 권두에 이렇게 말했다. "금강산은 보고 느끼기나 할 것이요, 형언하거나 본떠 낼 것은 못된다. 하나님의 의장 중에서도 지극히 공교한 이것을 어느 사람의 변변치 아니한 재조를 어디다가 시험한다고 하겠는가." 또한 김삿갓이 "평생 금강산을 위해서 시를 아껴왔지만, 금강산에 이르고 보니 감히 시를 지을 수 없다"라고 솔직하게 고백한 것도 모든 예술가들이 금강산을 대할 때의 느낌을 적절하게 표현한 것이라고 할 수 있다.

금강산을 본 사람은 그저 경치 좋은 자연이라고 말하지

않는다. 조물주가 어떤 의식을 가지고 창조한 예술 작품 같은 영감을 느끼기 때문이다. 그것이 곧 금강산이 다른 산과는 다른 점이다. 일본의 수많은 화가가 금강산을 그려보려고 애썼지만 단 한 폭의 명작도 남기지 못했다. 화가 모리타 류코守田龍光는 이런 말을 남겼다.

"금강산 경치는 상상 이상의 것으로 화가의 머리로서는 도저히 구상할 수 없는 그림이다. 우리는 이 진경 앞에서 당황하고 어찌할 줄 모르게 된다. 오른쪽을 보아도 그림, 왼쪽을 보아도 그림, 앞도 뒤도 그림이며, 또 한 걸음을 옮길 때마다 변하는 데 있어서 마침내 붓을 던질 수밖에 없다."

동양 산수화는 화가가 상상할 수 있는 가장 이상적인 마음의 산수를 그리는 것이라고 한다. 하지만 화가로서 상상도 하기 어려운 실존의 산수가 있으니 이것이 바로 금강산이다.

민화 공부는 책을 보고 하는 일이 아니다. 자료 하나하나가 스승이고, 글자 없는 문헌이다. 특히 민족문화의 모태를 찾는다는 뚜렷한 방향을 갖고 있던 상황에서 가장 큰 충격을 주는 것은 「금강산도」 자료였다. 정통화 작품들이 단폭 족자나 선면扇面 같은 왜소한 화면인 데 비하여 민화의 「금강산도」는 8폭 병풍이 표준이고, 연폭連幅으로 일만이천 봉을 한 틀에 집어넣은 큰 규모의 작품들도 많이 나타나서 막혔던 속을 시원하게 풀어 주었다.

금강산 민화에 있어서는 애니미즘을 노골화시키고 있기 때문에 환상주의가 극치에 도달함을 느낄 수 있다. 현대화에 결여되어 있는 신앙적 배경이 강하기 때문에 현대화의 기교로서는 상상 못 할 신기가 나타나는 것이다. 현대화가 분석의 힘으로 이루어졌다면 우리 「금강산도」는 신바람에 의하여 그려졌다고 할 수밖에 없다.

그렇기에 추상화를 20세기 서양화만의 것으로 알고 있는 것도 가소로운 일이었다. 추상주의는 금강산도 민화의 기본이었다. 인간의 꿈을 그리고, 이상을 그리고, 상징을 그리고, 환상의 세계를 그리는 그림이라 처음부터 그것은 추상을 따라야만 했다.

다시 보아도 「금강산도」는 산봉우리 그림이 아니다. 불교의 이념으로 본다면 천상의 일만이천 봉 이상경을 지상에 구현한 것이니 하나의 봉마다 보살상이다. 도교의 눈으로 보면 일만이천 명의 신선으로 보일 터다. 봉을 보살이라 부르든 신선이라 부르든 결국 이러한 사상은 산신 숭배의 모태 사상으로 귀결된다. 결국 한국 그림을 낳아준 것은 불교도 아니고 도교도 아니다. 우리 본연의 신교인 것이다. 삼선암 앞에서 흥분했던 중학생은 30년 후 하나님의 만물초 그림 앞에서 또 한 번 온몸을 떨었다.

비나이다, 비나이다.

문화적 고아는 드디어 자기 생부모 문화를 찾았고, 평범한 문화 가운데서 가장 특별한 안방 문화를 찾았다.

단단탈탈가

우리나라 사람은 견고한 것을 보고 '단단하다'고 한다. 한자로 쓸 적에는 '단단檀檀'이라고 쓰는데 그 어의가 단군 숭배에 기인한다는 설이 있다. 반대로 위태로운 일이 생겼을 적에는 '탈脫 났다'고 하는데, 삼국 시대 처음 불상이 들어왔을 때 나라 사람들이 그것을 보고 '탈났다 탈났다' 하고 떠든 데서 유래되었다고 한다. 단단탈탈가檀檀脫脫歌라는 노래도 있었다.

단군 자손인 고구려 사람이 자기네 조상을 2,700년 동안이나 단단하게 믿어왔는데 난데없는 서방 귀신이 들어왔으니 탈났다고 떠들지 않을 수 없었으리라. 그로부터 1,600년간 우리 민족문화 속에는 여러 가지 탈이 생겼다. 삼신제석님이 삼불제석의 탈을 쓰게 되었고, 용왕님이 드래곤의 탈을 쓰게 되었고, 칠성님이 칠불의 탈을 쓰게 되었다. 세 분의 고깔제석님이 삼불상으로 둔갑해 버리고, 삼태극을 가슴에 차고 있던 용신 할머니가 귀신 같은 하루방으로 변해 버렸다. 이러한 문화사적 현상은 종교미술을 통하여 눈으로 볼 수 있다.

산신령님만 불상으로 바꾸지 못한 사실은 주목할 만한 현상이다. 모두 다 탈이 나고 말았는데 산신령님만 단단하게 살아 남은 것이다. 뿐만 아니라 산신령은 지금도 절간 안방을 단단히 차지하고 있다. 불당이라는 사랑방은 비대해졌지만 사랑방은 어디까지나 사랑방일 뿐이다. 한국의 불사는 거의 다 'OO山 OO寺'라고 표시되고 있으니 모체는 산이고 절간은 사랑방인 것이다.

다시 한 번 단단탈탈가를 불러보고 싶어진다.

조자용 선생님을 기리며

경주에 정착한 것이 1970년이었으며 그해 처음으로 조자용 선생을 만나 뵈었다. 그때 내 나이 서른 살이니 조 선생은 마흔다섯 살쯤 되었을 것이다. 신라 천년의 역사와 문화를 서라벌의 바람과 언덕 같은 무덤에서 배우려고 젊은 나이에 흙바람 일어나는 그곳에 자리 잡은 것은 그 당시로는 극히 드문 일이었다. 서라벌에서 15년 동안 머물며 답사와 연구를 통해서 한국문화의 모태를 탐구하려 하였으니 그 꿈이 50년이 지난 지금에야 비로소 이루어지려 한다.

원고 청탁을 받고 잠깐 오래전의 추억을 더듬었다. 그 당시 조자용 선생은 우리 문화의 모태를 찾는 일에 말 그대로 취해 있었다. 처음 듣는 그의 말에 귀 기울이며 함께 경주 남산에 함께 답사했다. 경주에서 몇 분이 모여 민학회 창립에 대한 논의가 있었고, 나는 그 창립 멤버로 발기인이 되었으며, 민학회지 『민학』 제1집과 제2집에 글을 싣기도 했다. 제3집에 실릴 원고를 선생님께 드렸는데 제3집은 출간되지 못했다.

그러는 사이에 선생의 민학운동은 전국으로 퍼져 수많은 동호인이 생겨나 규모가 점점 늘어갔다. 그것은 가히 돌풍을 일으킨 '운동'이었다. 아마도 나의 민화에 관심을 가진 것도 선생의 영향이었으리라. 30대에 처음 민화를 보고 도대체 이런 그림이 어떻게 그려졌는지 충격을 받은 이래 민화에 대한 관심을 지속적으로 가지며 탐구한 결과 2018년에 『민화』를 출간했는데 그 저서는 민화에 관한 최초의 학술적 저서로 실로 50년에 걸친 연구의 결산이었다. 조 선생이 살아계셨더라면 아마도 춤을 추며 기뻐하셨을 것이다.

1982년에 하버드대 미술사학과의 로젠필드 교수로부터

초청 받아 박사과정을 밟게 되어 뜻하지 않게 조 선생과 동창이 되었고, 매일 가는 포그박물관 바로 옆에 건축학과인 디자인 대학원에도 자주 가며 조 선생의 책상이 어디 있었을까 상상하곤 했다. 그동안 조 선생의 민학운동은 널리 퍼졌고 나는 민학운동에서 멀어져 갔다. 왜냐하면 그 정신을 모르는 사람들도 대거 참여하여 선생의 순수한 열정이 왜곡되기도 했기 때문이다.

조 선생의 전공은 건축의 구조공학이지만, 귀국하면서 민화를 처음으로 해외에 전시하여 민화의 가치를 널리 알리면서 자연히 민속에 관심을 가지고 전국을 답사하며 우리 문화의 모태를 추구해 나갔다. 한 나라의 문화의 모태를 파악한다는 것은 여간 어려운 일이 아니다. 나 역시 우리나라의 모태를 넘어 인류문화의 모태를 인류 역사상 처음으로 추구하고 있는 중이다. 선생이 아무도 학문적 관심을 두지 않는 때에 우리 문화의 모태를 추구했다는 것은 모험이며, 그런 학문적 접근을 넘어 몸으로 실천했다는 것은 어쩌면 시대를 바꾼 코페르니쿠스적인 혁명일지도 모른다.

그러나 하나만 지적하고 넘어가고 싶다. 그 분이 타계한 2000년에 나는 용의 연구를 본격적으로 연구하여 지금에 이르도록 계속 그 본질을 세계적으로 탐구하고 있는 중이다. 통일 신라 기와의 귀면와는 엄청난 조각품이다. 와당을 오래 동안 연구하면서 일본 학자들이 귀면와라고 부르자 우리나라 학자들도 모두 귀면와라 부르고 나 또한 그 용어를 썼었으나 2000년에 그 귀면와를 용면와로 바꾸는 논문을 썼다. 반응이 매우 컸다. 그런데 귀면와를 선생은 한국말인 도깨비 기와로 이름 짓고 있다. 지금은 학계에서도 거의 용면와로 굳혀가고 있다. 용면와로 인식하게 되면서 말 그대로 우리나라 문화의 모태를 찾았을 뿐만 아니라 인류 문화의 뿌리를 찾아내고 있다. 그러므로 그의 저서의 많은 부분을 차지하고 있는 도깨비에 대한 부분은 재고하기 바란다는 마음을 금할 수 없다. 선생이 타계한 해에 용의 얼굴을 정면에서 본 기와라는 주장을 처음으로 했다는 것은 그 삶과 나의 삶이 연결되어 있었다는 느낌을 지울 수 없다.

어느 분야든 개척자는 완벽할 수 없다. 그러므로 무조건 선생의 의견을 찬탄한다는 것은 선생에 대한 예의가 아니라고 생각한다. 그처럼 우리나라 문화의 모태를 찾으려는 야심찬 분이 그 밖에 또 계셨던가, 그리고 그의 꿈을 이어간 후배나 제자가 있었던가.

2021년
강우방 | 하버드대학 동문

민족문화의 상징

도깨비

도깨비의 멋

→328-329

한국 사람의 멋을 알려면 먼저 한국 도깨비와 호랑이를 사귀어야 하고, 한반도의 신비를 깨달으려면 금강산과 백두산을 찾아야 하고, 동방군자 나라의 믿음을 살펴보려면 산신령님과 칠성님 곁으로 가야 하고, 한국 예술의 극치를 맛보려면 무당과 기생과 막걸리 술맛을 알아야 한다.

우스운 이야기 같지만 이것은 내가 살아오면서 마음속에 심은 생활의 지표가 되고 말았다. 얼빠진 자기 자신을 깨우치려고 허덕이는 동안 어느새 도깨비와 호랑이를 지극히 사랑하게 되었고, 금강산에 못 가는 대신 금강산 그림을 찾아다니면서 산신령을 찾았다. 신령님께 기도드리고 칠성님께 늘어붙어서 떼쓰는 동안에 몇 번인가 죽을 고비도 넘겼다.

가끔 나는 한국 사람으로 태어난 것을 정말 행복하게 여긴다. 간단한 말 같지만 이런 실토를 하기까지는 상당한 세월 노력과 월사금을 바쳐야만 했다. 내가 자신감을 가질 수 있도록 일깨워주신 분은 유치원 때의 보모 같은 도깨비다. 도깨비가 나를 호랑이한테 끌고 갔고 호랑이는 나를 산신령님 앞에 데려다 주었다. 그러자 산신령님께서 나에게 모든 비밀을 가르쳐주셨다.

사랑이나 믿음은 그저 사랑하고 믿는 것이다. 거기 이유를 달고 쪼개고 부수고 이리저리 재고하는 일은 할 짓이 아니다. 나의 경우 신라 시대 도깨비 기와를 찾아다니던 그 미치광이 움직임이 사랑이자 믿음이었다.

그런데 세상 사람들은 나에게 도깨비 기와를 찾아다니게 된 동기를 물어오기도 하고, 도깨비에 관한 글을 써달라고 조르기도 한다. 하기야 남다른 맛을 보면 그것을 이야기로나마 나누어 가지는 게 삶의 재미라고도 생각된다. 그래서 가끔 가벼운 기분으로 내가 도깨비에게 홀려 재미나게 살아온 이야기를 글로 옮기기도 했다.

어쩌다 도깨비하고 친해졌는지는 나도 모른다. 다만 어렸을 적부터 도깨비에 대해 남달리 친근감을 가졌었다는 사실이다. 내가 태어난 고장에는 때때로 도깨비불이 나타나 온 동리 사람들이 떠들썩거렸고 자연스럽게 도깨비는 실제로 있다고 어린 마음속에 믿었던 것이다. 아버지는 도깨비를 잡으러 뛰어다닌 무훈담을 들려주기도 했다. 이야기가 재미있다 보니 도깨비란 그렇게 무서운 것이 아니라고 느꼈었다.

내가 도깨비 형상을 처음 본 것은 초등학교 책의 『혹부리 영감 설화』 속에 나오는 그림에서였다. 머리에 소뿔을 세우고 온몸에 털이 나고, 호랑이 같은 눈에 입은 함지만 하고 무서운 송곳 이빨까지 달렸다. 청도깨비 홍도깨비 하며 괴상한 방망이를 메고 다닌다. 혹부리 영감 노랫가락에 도깨비들이 춤추는 모습이 그렇게 흥겨울 수 없었다. 그 모습은 술을 좋아하고 가무 즐기던 아버지가 술꾼들을 몰고 와 향나무 밑에서 술잔치 벌이는 모습과 너무 닮았었다. 그래서 도깨비들이 더욱 친근하게 느껴졌는지 모른다.

도깨비 기와에 미쳐

1962년 초 나는 서울 생활을 청산하고 대구 YMCA 빌딩에 사무실을 차렸다. 사업이 망하여 좌절감에 빠진 때였으나 기와를 수집하는 데는 절호의 기회였다.

그때까지 내가 모은 기와 중 도깨비 기와는 서른여덟 점에 불과했다. 그러나 하나같이 종류가 달라 『조선고적도보』에 소개된 도깨비 기와 조각들과 합쳐봐도 형태가 복원되는 것은 한 점도 없었다. 이 서른여덟 점의 원형이 어떠한 것인지 보고 싶어 갈증을 느낄 정도였다. 도깨비 기와라고 가볍게 부르지만 신라식 망와는 얼굴밖에 나타나 있지 않다. 과연 그 얼굴에 딸린 전신상이 혹부리 영감 설화에 나오는 도깨비같이 생겼는지도 무척 궁금했다. 헌책방을 뒤져보아도 도깨비 기와에 관한 정답을 줄 수 있는 책은 찾을 수 없었다.

특히 도깨비 무늬가 불교에서 왔다는 정설은 어디에도 없으니 혹시 도깨비 기와 속에 생부모 문화의 맥이 숨어 있는 것 아닌가 기대를 갖게 된 것이다.

당시 도깨비 기와의 학명은 귀면와로 통했고, 일본에서는 오니가와라鬼瓦로 기록했다. 여기서 걸림돌은 귀에 대한 해석이었다. 동양의 귀신론을 인용하면 귀는 귀신으로 해석되었다. 그렇다면 지붕 위에서 귀신을 쫓는 괴물을 어떻게 귀면이라 할 것인가. 귀면와를 방귀와로 고쳐 써야 옳지 않을까.

이러한 의문에 힘을 실어주는 것은, 귀면 무늬는 중국에도 많지만 신라식 도깨비 기와는 중국에서 한 점도 출토된 적이 없다는 사실이었다. 그뿐만 아니라 송곳으로 바위를 찌르면서 "금 나와라 콕콕, 은 나와라 콕콕" 하는 중국의 따귀大鬼 설화는 신라에서 건너간 도깨비 방망이 방위 설화의 변형이라고 『유양잡조酉陽雜俎』에 실려 있었던 것이다.

도깨비 정체를 찾아내고 나아가 도깨비론을 바르게 확립하는 일이 내 생부모 문화를 찾는 지름길이라는 확신을 갖게 되면서, 이때부터 나는 도깨비 기와 자료 수집에 완전히 미쳐버리게 되었다. 늦기 전에 한 점이라도 더 모아놓아야 하는데 이런 뜻을 가진 사람에게는 돈이 없고, 돈 있는 사람에게는 그런 뜻이 없었다. 아무 데나 버려지고 천대받는 기와 쪽이지만 목적을 가지고 특정한 기와를 본격적으로 수집하는 데는 많은 돈이 필요했다. 나는 뜻이 있는 곳에 길이 있음을 믿고 정열과 집념으로 극복해 나갈 것을 다짐했다.

본격적인 수집 계획을 세운 후 경주에 사는 최기주 선생에게 그 계획을 털어놓았다. 최 선생은 1959년 경주에서 우연히 만난 뒤 내가 경주에 갈 때마다 신라에 취하여 같이 밤을 새우던 사이다. 고맙게도 최 선생은 즉석에서 협조를 약속해주었다.

먼저 전국의 골동품상에 나와 있는 조각을 모으기로 하여 경주, 대구, 부산, 서울 등지를 조사하여 성과를 얻었다. 전주, 광주, 부여 등지에서는 별 수확이 없었다.

다음은 경주 일대의 농가를 뒤지는 일을 했다. 이 일은 현지에 사는 최 선생에게 전적으로 의존하는 수밖에 없었다. 농부들에게 도깨비 기와 조각 같은 것은 아무 소용이 없었다. 그저 한구석에 방치해 두거나, 쓸만하다고 생각되는 것은 엿장수에게 팔고 있었다. 몇몇 사람은 옛 기와 가루가 놋그릇 닦는 데 그만이라며 깨뜨려 가루를 만들기도 했다.

농가를 일일이 걸어 다닐 수 없어 자전거를 한 대 사 낡은 모터를 달았다. 모터사이클은 평탄한 경주 길에서는 안성맞춤이었다. 최 선생의 비호 같은 활동으로 우리는 예상보다 훨씬 많은 도깨비 기와 조각이 농가에 사장된 사실을 알게 되었다. 골동품상이 완형품이 아닌 파편은 대수롭지 않게 여기는 것이 다행이었다. 1961년 수리 시설 설치에 따른 농가의 개별적 개간 작업 덕택에 땅속에 묻혀있던 와당, 치미 등 건축에 관련된 많은 자료가 출토되었다. 결과적으로 대대적인 고고학적 발굴이 이루어진 셈인데, 이때 출토된 고와편을 모두 분산의 운명에서 구출하고 싶은 일념에 나는 닥치는 대로 사들였다.

우리 기동 부대의 출현 소식에 변두리 골동품상이 매우 놀랐다. 대개 이러한 출토품은 농부의 손에서 엿장수의 리어카에 실려 변두리 골동품상으로 운반된 뒤 감정을 거쳐 좋은 것만 서울로 올라가 상품이 되었다. 하지만 우리가 직접 농가를 찾아다니며, 엿장수에게 바로 구매하는 등의 모습을 보았으니 그들이 놀란 만도 했다. 이윽고 우리와 골동품상간의 경쟁이 치열해졌다.

아무리 비호같이 뛰어다녀도 서라벌 땅은 넓었다. 도저히 출토품을 독점할 수는 없었고 요령껏 골동품점으로 넘어간 것을 매수하는 게 필연적이었다. 여기서는 골동계와의 경쟁이 벌어졌다. 특히 오니가와라를 좋아하는 일본 사람들이 드나들기 시작하면서 경쟁은 심각해졌다. 시간이 흐르면서 비밀리에 진행한 수집 활동이 차차 탄로 나기 시작했다. 위기였다. 너무 알려지면 기왓값이 뛰어 수집에 지장이 생길 것이 불을 보듯 뻔했다. 우리는 밤낮 가리지 않고 부지런히 뛰었다.

코주부 도깨비

→330

코주부 도깨비 기와 한 장은 1962년 황수영 교수에 의하여

『고고미술지考古美術誌』에 처음 소개되었다. 눈이 번쩍 뜬 나는 황 교수가 보았다는 경주의 온고당으로 달려갔다. 주인 최 노인은 이미 누가 예약을 했으므로 물건은 있으나 내놓을 수 없다고 잘라 말했다. 전문가에 의해 어마어마한 평가를 받은 뒤라 흥정이 쉽사리 이루어질 것 같지 않았다. 더욱이 최 노인 자신이 안목 있는 수장가였다. 때문에 소장품을 팔기는 하지만 팔 때마다 손에서 떠나보낼 때 아쉬워하는 모습은 사는 사람의 마음마저 애석하게 만드는 정도였다.

최 노인은 자신이 수장가인 만큼 수장가를 이해하고 아껴주는 분이기도 했다. 내가 비집고 들어갈 틈은 여기밖에 없었다. 애걸복걸하고 사정사정 한 끝에 마침내 그 코주부 도깨비 기와를 손에 넣을 수 있었다.

신라 도깨비 기와는 종류가 많았지만, 한 종류와 낯을 익히기만 하면 마치 부모가 자식 얼굴의 특징을 알듯이 그 도깨비 얼굴의 특징을 알 수 있었다.

온고당에서 사 온 코주부 기와는 날이 갈수록 눈에 익으며 정이 들었다. 코, 눈, 눈썹, 머리털, 수염, 이빨 등 얼굴의 특징이 눈에 익으니 언제 어디서 한 치의 작은 파편을 보아도 그것이 어느 부분이라는 것을 판단할 수 있겠다는 자신감이 들었다. 바로 이런 점이 도깨비 기와 수집의 묘미라는 생각도 들었다.

도깨비 기와가 다른 문양 기와나 일반 골동품과 다른 점이었다. 차차 물건을 다룬다기보다 어느 정도 지각을 가진 생명체를 대하는 기분이 되어갔다. 나는 사교계에서는 고독한 편이었지만 도깨비 세계에서는 꽤 인기 있는 사교가임을 자부하게 되었다.

한 번은 대구에 있는 고고당에서 눈, 코, 입이 다 떨어져 나간 와판 한 장을 입수했다. 도깨비 생명부가 없는 와판에 지나지 않는 것이라 오랫동안 팔리지 않아 가게 구석에 처박혀 있던 물건이었다. 거의 공짜로 구한 것을 자세히 살펴보니 눈썹과 귀, 입의 일부와 수염이 깨끗하게 남아 있고, 틀 자체는 완전무결했다. 온고당에서 산 코주부 도깨비 얼굴이 완전히 눈에 익은 덕분에 이 와판이 코주부 기와와 꼭 같은 모형의 출생이라는 것을 알 수 있었다.

거기서 그치지 않았다. 며칠 후 서울 남산 밑의 한 골동품상에 들렀는데 주먹만 한 기와 덩어리 하나가 눈에 들어왔다. 낯설지 않아 백 원을 주고 주머니에 넣어왔는데 살펴보니 오오, 이것이 바로 그 와판의 코였다. 나는 쾌재를 불렀다. 참으로 기막힌 우연이었다. 이렇게 여기저기서 입수한 여러 파편을 맞추어 이읏고 코주부 도깨비 기와의 완전한 복원에 성공하니 기쁨은 이루 말할 수 없었다.

나와 코주부 기와 사이에 무슨 전생의 인연이 있는지 하늘은 내게 이 기와의 비밀을 끝까지 보여 주었다. 어느 날 최 선생과 함께 안압지 옆 석씨 집을 찾아갔다. 와편 사이에 번개같이 머리를 치는 기와 한 장이 섞여 있는 것을 발견했다. 최 선생과 나는 무의식중에 시선을 마주쳤다. 이 도깨비 기와는 절반으로 깨어진 것인데 역시 코가 컸다. 그런데 코가 밖으로 돌출한 것이 아니라 거꾸로 팬 것이 아닌가. '와범瓦范?' 하고 눈짓을 하니 최 선생도 그런 것 같다고 고개를 끄떡였다. 그랬다. 그것은 와범이었다. 코주부 기와의 모형이었다.

우리는 얼싸안고 춤을 추고 싶었다. 하지만 주인이 눈치채고 값을 올릴까 솟아오르는 감격을 억제하고 한참 멍하니 서 있었다. 애써 표정을 감추려 했지만 우린 그런 면에서 프로가 못 되었다. 어색한 우리 거동을 주인은 이내 눈치를 챘다. 그는 이 기와는 매우 귀중한 것이라며 우리에게 팔지 않고 서울로 가져가겠다고 태도를 바꿨다. 우린 결사적으로 매달렸다. 지금껏 기와를 수집하면서 이때처럼 시간을 끌며 격전을 치른 적은 없었다. 결국 손에 넣고 돌아와 떨리는 가슴으로 흙을 찍어내 보니 내 손으로 복원시킨 코주부와 꼭 같은 얼굴이 나왔다. 최 선생과 나는 그날 밤 법주로 밤을 새웠다. 밤을 새우면서 이 땅에 태어난 보람과 행복감을 나눴다. 온고당에서 처음 코주부를 사온 지 3년 만의 일이었다.

일본 오니가와라를 찾아서

→331-334

기와 연구는 고문화 전반에 걸친 연구가 병행되어야 한다. 그러자면 경주 일대뿐만 아니라 백제의 도읍 부여를 위시하여 이름난 고적지를 광범위하게 답사해야 된다. 그리고 옛날 우리 문화의 영향을 크게 받은 일본을 여행하며 비교 연구도 해야 한다. 재정난에 허덕이면서도 고적을 찾아 전국을 돌아다니면서 조사를 계속해 나갔다. 부여에 가서 백제고와를 수집하려고 했으나 이미 한 대령이라는 분이 선수를 친 뒤라 실패하고 말았다.

1964년 10월, 때마침 일본 도쿄에서 올림픽 대회가 열려 올림픽 관광을 가는 척하고 건너갔다. 내 속셈은 수년 동안 벼르기만 해온 나라奈良 지방의 백제 건축을 답사할 생각이었다. 즉 일본의 아스카 시대나 나라 시대의 목조 건축, 그중에서도 지붕, 지붕 중에서도 기와, 기와 중에서도 소위 오니가와라를 살피러 간 것이다. 한국에는 불행하게도 도깨비 기와가 달린 고건축물이 하나도 남아 있는 것이 없다. 일본에서나마 실제 푸른 하늘을 배경으로 지붕 위에서 망보고 있는 도깨비 기와를 보고 싶었다.

나라에는 오니가와라가 놀랄 만큼 많았다. 우리나라 지붕의 망와는 조선 시대에 와서 암막새를 거꾸로 끼는 정도까지 간소화되어 신라식의 망와는 완전히 없어지고 말았다. 더구나 망와의 생명은 면상인데 신라의 정교하고 부드러운 도깨비 기와는 박물관에 조각이 몇 개 있을 뿐 지붕 위에서는 하나도 찾아볼 수 없게 되었다. 그런데 일본에는 어떻게 지금까지 그 양식이 계승되어 왔을까. 일본의 오니가와라는 크고 험상궂은 모습을 하고 있었다. 지진이 많은 나라이기에, 면상이 험악해지고 사이즈도 커지지 않았을까. 지붕의 기와 부분도 목조부의 고색에 비해 매우 새로운 인상을 주었다.

돌아오는 길에 교토의 고서점인 나까무라 쇼텡中村書店에서 이토 쇼베에伊藤床兵衛의 수장품에 관한 소식을 들을 수 있어 반가웠다. 이토 씨는 교토대학京都大學에서 출판한 『신라고와의 연구』에 대대적으로 소개된 신라고와 수집의 일인자였다. 그는 일만 수천 점의 신라고와를 수장하여 한국와전관韓國瓦塼館이란 사립 박물관까지 세우고 한국고와도감출판을 준비하다 뜻을 이루지 못하고 별세했다.

이 『신라고와의 연구』는 신라와당의 문양을 일목요연하게 정리한 책인데 40여 년간 그 권위를 독차지하여 왔으며 나도 이 책의 도움을 많이 받았다. 다만 망와 부분만은 자료 부족으로 그 연구를 후일로 미룬다는 내용이 들어 있어 내게 깊은 안도감을 주었고 망와 수집의 의욕을 북돋아 주었다.

1965년, 일본의 저명한 오니 연구가인인 와세다대학早稲田大学의 고스키 가즈오小杉一雄 교수가 내한하였는데 내가 수집한 도깨비 기와를 보더니 일편 놀랍고 일편 반가운 표정을 지으며 감탄사를 연발했다. 도깨비의 문양이나 종류에 있어서 자기가 생각했던 것보다 너무나 훌륭하고 다양했기 때문이다. 사실 우리나라에서는 신라 도깨비의 종류가 십여 종 불과할 것이라고 보는 사람이 많았다. 그러나 내가 수집한 천 점 가까운 망와 조각 가운데 이미 복원된 것만 백 종이 넘었으며 더 늘어갈 가능성도 컸다. 고스기 교수는 귀국 후 중국에서 단 한 점 출토되었다는 귀면와 사진을 보내왔는데 성의는 고맙지만 자료의 가치는 없었다. 억지로 귀면와라고 부르는 모양이나 아무리 넓게 봐주려 해도 우리가 말하는 도깨비 망와의 양식은 아니었다.

1964년 일본 여행을 마치고 돌아오니 가족은 물론 그동안 공방을 지키고 있던 신라 도깨비들이 초라한 주인을 반가이 맞아준다. 일본에서 이들의 후손을 보고 온 것이 자랑스러웠다. 가족에겐 별일 없었으나 식모가 또 달아나 버렸다. 벌써 여러 명의 식모가 오래 있지 못하고 그만두었다. 이번에 그 원인을 알아냈다는 아내의 얘기를 들으니 참으로 기절할 노릇이다. 식모 혼자 있을 때 내 서재에 청소하러 들어가면 수십 마리의 신라 도깨비가 달려들었다는 것이다. 머리카락이 쭈뼛 서고 등골이 오싹해지는 그런 순간을 경험하고 나면 다들 그 길로 보따리 싼다는 것이었다. 이미 식모들의 세계에서는 우리 집을 도깨비집이라고 부른다고 했다. 기독교인도 전도하러 왔다가 찬송가도 부르는 둥 마는 둥 이상한 눈초리를 남기고 황급히 돌아간다.

1963년 여름 초등학교 5학년짜리 맏딸 에밀리가 별안간 세상을 떠났을 때부터 도깨비를 집 안에서 몰아내라는 주위의 비난이 대단했다. 그 애는 도깨비 기와를 고양이처럼 귀여워하던 아이였다. 과로에다 딸까지 잃은 충격으로 나는 병이 났다. 나를 잘 아는 친한 사람들까지 내 정신에 이상이 생겼다고 수군거렸었다. 그런 일 저런 일로 마음이 자꾸 약해졌지만 늙으신 어머님과 아내, 둘째 딸 은희, 모두 나를 격려해주었다. 집에는 냉장고나 TV는 고사하고 라디오 한 대도 없었다. 일 년 동안 옷 한 벌 해주지 못하고 영화 구경 한 번 가는 일도 없었다. 그렇게 살 바에야 무엇 때문에 가정을 가지느냐고 비웃는 사람도 있었다. 이런 환경 속에서 내가 도깨비 기와에 전념할 수 있었던 것은 오로지 우리 가족의 인내심 덕분이었다.*

도깨비 방망이 →335

옛날 어느 마을에 한 가족이 단란하게 살고 있었다. 하루는 아버지가 아들에게 나무를 해 오라고 했다. 산에 올라 갈퀴로 나무를 하는데 어디선가 개암이 하나 굴러왔다.

아들은 얼른 주워 "우리 할아버지께 가져다드려야지." 하고 다시 갈퀴로 긁는데 개암이 또 나왔다. "이건 할머니께 가져다드려야지." 하고 계속 긁으니 개암이 또 나왔다. "요건 아버지 거야." 하고 말하고 다시 긁으니 또 개암이 굴러 나와서 "어머니께 가져다드려야지." 하며 주머니에 넣고 나무를 하다 보니 어느덧 해가 저물었다.

저쪽 멀리 불빛이 보여 그곳으로 갔더니 불이 환하게 켜져있는데 빈집이었다. 그래 들어가서 방을 휘 둘러보는데 도깨비들이 쾅쾅거리며 오는 소리가 들렸다.

아들은 얼른 다락 속에 숨었다. 도깨비들은 금방망이와 은방망이를 두들기며 "맛있는 음식과 술아 나오너라." 하니 그가 한 번도 보지 못한 맛있는 음식이 한 상 가득 차려져 나왔다. 도깨비들이 먹고 노는 것을 보니 하도 배가 고파 개암을 먹어야겠다 하고 한 개를 깨뜨렸더니 탁 하며 큰 소리가 났다. 도깨비들은 그 소리에 대들보가 부러지는 줄 알고 금방망이와 은방망이를 내던지고 도망을 치고 말았다.

아들은 금방망이 은방망이를 가지고 집에 와 도깨비 덕으로 부자가 되어 사는데 그 동네 욕심쟁이가 자꾸 사연을 물어서 사실대로 이야기해 주었다. 욕심쟁이는 그 이야기를 듣고 탐이나 산으로 가 나무를 했다. 개암이 나올 적마다 이것도 내 것 저것도 내 것 하며 자기만 먹겠다고 주머니에 넣으며 나무를 하다 날이 저물자 그 빈집으로 갔다. 다락에 앉아 있으니 도깨비들이 와서 또 술을 마시고 놀았다. 자신도 부자가 될 생각에 욕심쟁이가 개암을 딱 하고 깨뜨렸더니, 그 소리를 듣고 도깨비들이 전에 우리를 속였던 놈이라고 하며 욕심쟁이를 다락에서 끌어내어 두들겨서 죽였다.**

착한 사람과 못된 사람으로 짝을 지어 착한 사람에게 상을 주고 못된 사람에게 벌을 주는 설화의 줄거리는 세계 공통인 것 같다. 종교에 있어서도 마찬가지이다. 다만 심판관이 지역에 따라 종교에 따라 다를 뿐이다. 우리나라의 경우 일반적으로 산신령이나 하나님이 나타난다. 그런데 가끔 호랑이나 도깨비가 심판관으로 나타나고 있으니 이 점이 묘하다.

도깨비가 착한 사람에게 상을 주는 방식은 요사이 흔히 보는 시상식 따위와는 그 무드가 다르다. 도깨비는 신통력을 가지고 있는 반면에 꼭 한 모퉁이에 허점을 보인다. 미련하거나 바보 같은 일면이 있고 거리감 없는 유머를 담뿍 지니고 있기 때문에 사람들은 공자의 도덕 강의보다 도깨비의 강의를 더욱 좋아한다.

영적인 존재로 믿는 도깨비를 딱딱한 분위기 속에서 느끼는 것이 아니라 같이 술 마시고 춤추는 속에서 느껴온 것이다. 멋진 선생이 어려운 문제를 강의할 때 학생들을 웃겨가면서 쉽게 가르쳐주는 것과 같다. 혹부리 영감 설화에서는 영감님의 멋진 노래에 반해서 금은보화를 잔뜩 주고 혹을 사갔으며, 도깨비 방망이 설화에서는 개암이 깨지는 소리를 대들보 무너지는 것으로 오인하고 겁을 먹고 도망친다. 이런 식으로 도깨비는 착한 사람에게는 아주 바보 노릇하면서 상을 주고 못된 놈을 만나면 높은 단상에서 고함을 지르는 것이다. 도깨비 예술의 멋은 도깨비의 무서움에 있는 것이 아니라 도깨비의 허점에 있다.

이러한 도깨비 예술의 맥을 이제 신라 도깨비 기와에서 찾아보기로 하자. 여기에서는 통일 신라식 도깨비 기와 하나를 소개한다. 아무리 보아도 이것은 사람의 얼굴인데 선악의 심판관 위엄까지 갖추고 있다. 자세히 보면 볼수록 우리들은 이 도깨비 얼굴에서 무한한 친밀감을 느끼게 되니 이것이 바로 우리들 피 속에 흐르고 있는 도깨비 예술의 맥이 아닐까.

신라 시대 도깨비 기와라고 해서 모든 작품이 다 그러한 모습으로 나타나 있는 것은 물론 아니다. 그러나 벽사 미술을 종합하여 검토해 보아도 무서워야 할 존재들, 즉 사자, 호랑이, 장승, 용, 해태 같은 영물들이 순하고 익살스러운 표정으로 표현되어 있는 점은 너무나 명백하다.

앞서 지적한 바와 같이 신라식 망와에 새겨진 괴수의 얼굴을 귀면이라고 이름한 것은 근본적으로 잘못된 일이지만 도깨비 얼굴이라고 부르는 데도 적지 않은 문제가 있다. 보다 너그럽게 벽사수면 정도로 부르면 탈이 없을 것이다. 도깨비라는 이름과 더 멋진 신화적 배경이 있는 만큼, 우리 노력 여하에 따라 세계적인 벽사신으로 승화시킬 수도 있다고 믿어진다. 그런 것을 단지 요사스러운 귀신에 머무르게 할 수는 없는 일이다.

돌 도깨비의 눈물

→336

무서운 도깨비가 쓸쓸한 산길을 가로막고 서서 지나가는 사람에게 호령한다. "네가 가진 물건 중 가장 귀한 것을 내 입에다 떨어뜨리고 가라. 그러지 않으면 너를 잡아먹겠다." 농부는 괭이를 도깨비 입에 떨어뜨렸고 학자는 책을 도깨비 입에 떨어뜨렸다. 귀여운 딸의 손을 잡고 그 곳을 지나가야 하는 어머니 차례가 되었다.

"황송합니다만 그냥 지나가게 하여 주십시오." 어려운 어머니는 도깨비에게 애걸해 보았다. 그러나 도깨비는 완강했다. "안 된다. 그 아이를 내 입에 떨어뜨려야 너를 살려주겠다."

잠시 생각하던 어머니는 "그럴 지경이면 대신 나를 잡아먹으시오." 하고 그대로 도깨비 아가리로 뛰어 들어갔다. 도깨비는 칵, 칵 기침을 하더니 어머니와 금은보화를 다 토하고 "너는 참 장하다."며 눈물을 흘리면서 어디론가로 사라졌다.

한국의 도깨비는 두렵기만 한 존재가 아니다. 이 설화 그대로 화가나 조각가들에게 한 번 한국적인 도깨비 그림이나 조각을 만들어 달라고 청을 드려보자. 괭이나 책, 심지어 어머니까지 한입에 삼켜버릴 수 있는 괴물이니만큼 입은 클 것이다. 그러나 우리 도깨비는 어린 딸을 살리려고 뛰어드는 어머니의 정에 눈물을 흘릴 수 있는 도깨비이다. 그런 느낌을 우리에게 전해줄 수 있는 도깨비 그림이나 조각이라야 한민족 전통의 미술로서 구실을 할 수 있는 것이다.

몇 해 동안 나는 눈물을 흘릴 수 있는 도깨비를 찾아 뛰어다녔다. 어느 한 모퉁이에 틀림없이 그런 도깨비 미술이 남아 있으리라는 것을 기대하면서 전국을 누비다시피 다녔다. 그러나 역사적인 입증 자료란 그리 쉽사리 한 개인의 가설을 충족시킬 수 있게 나타나 주지 않았다. 그래도 멈추지 않았다. 전신을 드러낸 도깨비는 고사하고 얼굴만이라도 이 설화와 일치되는 자료가 없을까. 내 발걸음은 계속되었다.

경상남도 금정산에 범어사를 세 번 찾아갔다. 처음 찾은 1954년에는 그저 고찰이기 때문에 한 번 가 보았을 뿐이다. 두 번째는 1962년인데 범어사 일주문 사진이 목적이었다. 그런데 이때는 이미 도깨비에 심취해 있을 때여서 대웅전 석계우석인 도깨비 석각을 발견할 수 있었다. 그 순간 그 돌 도깨비가 내 마음에 깊이 새겨져 버렸다. 홀딱 반했던 것이다. 눈물을 흘릴 수 있는 돌 도깨비를 드디어 만난 것이었다.

이 돌 도깨비는 연대로 보아 신라의 것이고 형태로 본다면 앞에 뻗은 두 다리가 동물의 다리 같아서 사람 모양이라기보다 수형 도깨비다. 그러나 아무리 보아도 그 얼굴은 사람을 닮았으니 미칠 노릇이다. 1970년 봄 나는 다시 그 도깨비를 찾아갔다. 자리가 바뀌었지만 무사한 것이 반가웠다. 이번에는 사진을 한 번 제대로 찍어보려고 다시 찾아왔다. 그러나 잘 찍으려고 애썼건만 카메라는 내가 보고 느낀 대로의 도깨비를 찍어내지 못했다. 시원치 않은 사진을 가지고 보는 사람으로 하여금 내가 사랑하는 도깨비의 아름다움을 느끼게 하려는 나의 욕심이 너무 과했던 것일까.

거북이

거북이 아저씨

→337-343

무슨 인연인지 몰라도 나는 거북과 인연이 많은 편이다. 어릴 적에는 거북이 두 마리와 같이 자랐다. 집 앞에는 연꽃으로 꽉 메워진 큼직한 연당이 동산을 모시고 있었지만 연밥을 따먹는 일 외에는 장난거리가 없었다. 물고기도 보이지 않았다.

이에 비하여 좀 멀리 떨어져 자리잡은 웅덩이는 너절해 보이지만 갖가지 물고기가 많아서 고기잡이를 즐길 수 있었다. 연당은 거룩해 보이고 연꽃 향기도 고상하기는 했지만 웅덩이 같은 재미는 느낄 수 없었다. 연당 문화보다 웅덩이 문화를 떠받드는 나의 버릇은 이런 환경에서 싹튼 것 같다.

어린 시절 같은 반에는 정도린이라는 아이가 있었다. 하루는 나에게 묘한 것을 주머니에서 보여주었다. 붉은 색깔의 단단한 나무로 깎은 귀여운 거북이었다. 도린이는 영감의 아들이었다. 지금 생각해보니 그 거북이는 귀하게 얻은 아들이 오래오래 복 많이 받고 살라는 아버지가 만든 부적이었다.

세월이 흘러 어느새 두 아이의 아버지가 되었지만 나의 거북이 사랑은 조금도 변하지 않았다. 1966년 이른 봄, 온 가족이 돌 거북을 찾아 경주로 간 일이 있다. 불탑을 찾아다니던 발길이 돌 거북 찾는 길로 바뀌자 초등학교 교과서에 실린 무열왕릉의 돌 거북을 아이들과 같이 보고 싶었다. 과연 멋진 작품이었지만 보호하는 뜻으로 세운 비좁은 집 안에 갇혀있는 모습이 불쌍해 보이기도 했다. 나는 뜰에 방치돼 있는 또 하나의 돌 거북 머리를 쓸어주면서 아이들과 즐겁게 지냈다.

그때부터 경주를 자주 드나들게 되었는데 갈 때마다 새 돌 거북을 하나씩 찾는 취미가 생겨 버렸다. 아쉽게도 머리가 떨어진 돌 거북이 많았다. 경주 사천왕사지, 경주 천룡사지, 경주 청룡사지, 강릉 신복사지, 경주 무장사지, 경주 고선사지, 경주 흥덕왕릉 등에서 각각 특징 있는 돌 거북을 찾아냈다. 쌍둥이 거북도 네 곳에서 찾았는데 다른 지방에서는 보기 힘든 수수께끼 돌 거북이었다.

한 번은 고도 여관 꼬마를 데리고 가서 커다란 돌 거북 구경을 했다. 꼬마는 내가 상상하지 못할 만큼 강한 인상을 받는 모양이다. 그 다음부터 내가 나타나기만 하면 "야! 거북이 아저씨 왔다!" 하며 반겨주었기 때문이다. 어느새 거북이 아저씨가 되어버린 것이다.

쉽게 구경한 작품에서는 별로 큰 인상을 받지 못하는데 힘들게 찾은 작품은 오래오래 머릿속에 남고 가슴에 깊이 박힌다. 박물관 앞뜰에 전시되어 있는 보현사지 쌍거북은 수십 번 봤음에도 아무 자극이 없는데 청룡사지 쌍거북은 여럿이 사냥하다시피 애써 찾은 탓인지 머리도 없는 유물이 언제라도 기억에 생생하다.

남산에 있는 청룡사지 쌍거북은 사실적인 데다 인공미가 전혀 없어 더 정감이 갔다. 머리 두 개가 다 떨어져 나갔고 비좌碑座 부분도 심하게 파손되어 있었지만 그래도 좋았다. 그런데 후에 박물관에 진열되어 있는 거북 머리 하나를 찾게 되었는데 기대와는 딴판으로 족제비 같은 모습이었다.

한번은 최귀주 선생과 고선사지로 가는 길에 분황사 당간지주 주춧돌로 쓰인 귀여운 돌 거북을 흙 속에서 찾아냈다. 매우 큰 것이나 발견한 듯 기분이 우쭐해졌다.

재수가 좋은 날이었던지 이번에는 논바닥에 깔려 등 윗

부분만 살짝 드러내고 있는 거대한 돌 거북이 눈에 띄었다. 어느 정도 '귀통龜通'한 때라 부분만 보아도 흙 속에 묻힌 돌 거북 전신이 환하게 보였다. 청룡사 거북을 닮은 거북에 틀림없다고 단정하면서 흙을 긁어냈는데 정체가 드러나고 보니 깨진 막돌 조각이었다. 제 눈에 안경이 씌어져 세상 웬만한 것은 다 돌 거북으로 보이게 된 것이다. 옛 미술품에 빠진 사람이라면 누구나 한 번은 경험하는 일이다.

사천왕사지에는 전형적인 신라 양식의 돌 거북 한 쌍이 있다. 머리는 떨어져 나갔지만 아직도 그 자리에 버티고 있어 옛 절터를 지키고 있다. 이 곳은 신라의 와전瓦塼 중에서도 미술적으로 극치의 작품들이 출토된 신성한 자리다. 후에 박물관 뜰 소나무 밑에 보관되어 있는 거북 머리 하나를 찾았는데 틀림없는 사천왕사지의 것이었다. 임진왜란 때 일본 장수 가토 기요마사加藤淸正가 지나다가 거북 머리를 때려 부쉈다고 한 말이 생각났다.

남산 꼭대기 천룡사지에서도 머리 없는 돌 거북이 흙에 묻힌 것을 찾았는데 서울 골동거리에서 눈에 띈 용머리가 바로 이 돌 거북 것이라고 짐작된다. 돈이 없어 사지 못한 것이 유감스럽기만 하다.

서라벌에서 시작된 돌 거북 사냥은 그 후 전국으로 무대를 넓혔지만 30년이 지난 오늘까지 다 찾아보지 못했다. 우리 거북 미술은 위대한 민족문화 유산이며 질적으로도 세계에 자랑할 만한 문화재임이 틀림없다는 확신과 자신감만이 오랜 돌 거북 사냥의 소득인 것 같다. 전에는 불국 신라만 생각하며 서라벌을 중심으로 불탑을 찾아다녔는데, 이제는 돌 거북의 신라로 느끼게 되었으니 이제야 생부모 문화가 정체를 드러내기 시작하는가 보다.

거북이의 덕으로 살아난 사람들

→344-345

오래전 젊은 한국인 선원이 한밤중 갑판에서 미끄러져 태평양 바다에 떨어진 사건이 있었다. 필사적으로 헤엄치고 있을 때 갑자기 거대한 거북이 한 마리가 나타났다. 그는 거북이 등에 매달려 13시간 동안 바다에 떠 있다가 마침 그곳을 지나던 스웨덴 선박에 의해 구조되었다. 세계의 주요 통신들은 이 사실을 토픽으로 전송했다. 우리 역사 속에는 거북의 덕으로 살아난 사람들 이야기가 유난히 많다. 운 좋은 선원 이야기 이전에 이미 그와 같은 선례가 있는 것이다.

백제 시대 방제 스님이 절간의 보물을 가지고 배를 탔는데 한밤에 도둑이 들어 스님을 바닷속으로 던져버렸다. 그때, 커다란 거북이가 나타나 방제 스님을 땅에까지 안전하게 업어다 주었다.

고구려를 세운 주몽에게도 비슷한 일화가 있다. 주몽은 자신을 죽이려는 이들을 피해 달아나다 큰 강가에 막혔다. 용왕은 주몽이 위기에서 벗어날 수 있도록 많은 거북을 내보내 눈 깜짝할 사이 다리를 만들어주었다. 그 덕분에 무사히 주몽은 도망칠 수 있었다.

신라 시대 빼어난 미인 수로부인의 예도 있다. 포악한 용왕에게 붙잡힌 수로부인을 구하기 위해 여러 사람이 모여 노래를 불렀더니, 커다란 거북이가 업어다 돌려주었다는 이야기도 전해진다.

거북이가 사람을 등에 업는다든가 토끼를 업는다는 이야기를 그저 한 토막의 신화로 여겼던 우리에게 실제로 바다에서 사람을 업어 살린 실화를 보여주었으니 심상치 않은 일로 여겨진다. 조형물로서도 신선이나 용왕을 업은 거북 민화나 조각이 전해지고 있는 사실이 새삼스럽다.

거북을 사랑하는 민족

→346-347

거북 미술도 불교나 중국에서 왔다고 착각하는 경우가 있다. 하지만 누가 거북을 사랑하고 누가 거북을 미워했는가를 일상에서부터 따져보자. 한국 사람은 '개새끼'라고 욕을 하지만 중국 사람은 '거북새끼'라는 욕을 한다.

어느 뜨거운 여름날 커다란 바다거북이 한 마리가 해운대 해수욕장에 나타나 한 천막집으로 기어들었다. 여러 사람이 몰려와 거북이가 모래를 파고 알을 낳는 모습을 구경하였다. 이것을 좋은 조짐으로 생각한 천막 주인은 바다로 돌아가는 거북에게 감사의 뜻을 표하기도 했다.

거북이에 대한 사랑은 국내에서만 있었던 일은 아니다. 베트남에 파견되었던 우리나라 백마부대에서도 있었다. 어느 날 커다란 바다거북이 한 마리가 부대 안으로 기어들어왔다. 우리 장병들은 삼 일 동안 큰 상을 차려서 흐뭇하게 대접하였고 거북 등에 무사하기를 바라는 무운장구를 써서 바다로 잘 돌려보냈다.

거북은 한국인 사이에서 사랑과 믿음의 대상이라고 할 수 있다. 한국의 매스컴은 이 '인간적 흥밋거리'를 대서특필했다. 한국의 전통 민속에 있어서 거북은 항상 중요한 역할을 해왔고, 또 거북이 지니고 있는 풍부한 상징적 의미 때문에 공예의 장인들에게 위대한 거북 미술을 창조하도록 부추겨 왔다. 무엇보다 중요한 사실은 한국 민족이 그토록 거북을 사랑했다는 점이다.

지금 내가 돌 거북에 미쳐 다니는 것도 무슨 뾰족한 야심이 있어서가 아니다. 생부모 문화를 찾다 보니 어려서부터 사랑했던 거북이 떠올랐다. 불교 건축물을 찾아다닌 것은 직업의식에서였지만 지금은 다르다. 문화의 모태를 찾는 과정에서, 그저 평범한 하나의 한국인으로서 거북에 미쳐 있을 뿐이다. 이제는 거북에게서 인격을 넘어 신격까지 느끼기 시작했지만 한편에 쌓이는 것은 역시 구수한 친밀감이다.

거북의 문화적 지위를 살펴보자. 첫째, 거북은 사령의 하나로서 성스러운 영물의 역할을 맡고 있다. 둘째, 사신 북방의 현무로 수호신 노릇을 하고 있다. 셋째, 구룡자의 하나로서 무거운 짐을 업는 역할을 하고 있다. 넷째, 십장생의 하나로서 장수의 상징이 된다. 다섯 번째, 살아서는 물속에서 등에 글자를 업어다가 넘겨주고 죽어서는 갑골 문자를 몸에 새길 뿐 아니라 뼈에 구멍을 뚫어 불을 태우면서 거북점까지 쳐 주었으니, 이런 영물은 세상에 거북뿐일 것이다.

거북의 이러한 신격성은 동물로서가 아니라 동양 문화가 창조한 상징으로 그 연원은 신화 시대까지 올라간다. 중국이라는 나라가 형성되기 훨씬 이전에 거북 문화의 모태가 생긴 것이다. 동양 문화가 중국을 중심으로 기록되기 시작하면서 그러한 모태문화의 정리작업 또한 중원을 중심으로 이루어졌으니, 거북 문화 또한 중국 문헌을 기준으로 삼을 수밖에 없게 되었다. 따라서 근대의 거북 연구는 한결같이 『예기禮記』 『회남자淮南子』 『왕해王海』 『청이록淸異錄』 『사경잡기四京雜記』 『이아爾雅』 『주례周禮』 『후한서後漢書』 『시경詩經』 『설문해자說文解字』 『논형論衡』 『박물지博物志』 『위략緯略』 등 방대한 중국 문헌의 기록을 따르고 있으니, 그 결과로 동양의 거북 문화가 중국에서 발생한 것처럼 착각하기 쉽게 되었다.

근세에 발견된 『태백일사太白逸史』의 아만과 나반 신화에는 주작, 신구神龜, 백호, 창룡蒼龍, 황웅黃熊의 오방신이 등장한다. 이로 인해 지금까지 중국 문헌을 중심으로 널리 알려져 상식처럼 여겨지던 청룡, 백호, 주작, 현무의 사신설도 흔들리기 시작했다.

어쨌든 나는 거북을 신령스럽게 여기는 신구 사상에 따라서 실존의 거북과는 다른 신구의 관상을 좇아 돌 거북을 찾아다닌 것이다. 대개 신구의 얼굴은 용의 얼굴과 일치한다는 점을 고려 시대의 뛰어난 돌 거북 조각을 통해 말할 수 있다.

신구의 얼굴은 거룩한 표현으로만 일관되지 않고, 때론 순진하고 바보스러운 모습으로 우리에게 다가온다. 토끼한테 속아넘어가는 바보 거북이의 허점에서 거북 미술의 참 멋을 찾게 되니, 이와 같은 현상은 도깨비 미술이나 호랑이 미술에서도 그 문법을 같이 하고 있다. 문헌상에 나타나는 신구의 권위보다, 거북을 지극히 사랑하는 한민족의 정서가 거북 미술의 핵심을 지배하고 있는 것이다.

거북 공예

→348-350

석탑 답사에서 기와 수집으로 이어졌듯이 돌 거북 순방에 미친 뒤로는 거북 모양으로 된 옛 물건이면 무조건 수집하게 되었다. 거북 그림, 조각, 자수, 빗장, 먹통, 도장, 벼루, 연적, 술병, 산통, 등잔대, 목침, 화약통, 주춧돌 등 자료가 모이는 데 따라서 우리 생활 속에 스며 있는 거북에 대한 사랑 전통을 실감 나게 맛보게 되었다.

다양한 거북 공예품 중 특히 주목되는 미술품은 거북 상형의 용기나 용구였다. 거북 모양의 용기가 술병이나 물병으로 쓰이더니 자라병이라는 특이한 휴대용 병이 생겨난 것 같고, 옹기로 만든 것은 매우 서민적이면서 텁텁한 멋을 담고 있는 데 반해 연적의 경우는 고려청자나 조선백자 기법으로 빚어 귀족적인 깔끔한 멋을 내었다.

거북 모양의 용구로서는 대문 빗장이 압도적으로 많고, 먹통이나 벼루 따위에서 호감이 가는 공예품이 많이 전해지고 있다. 대개의 경우 장수를 상징하고 있는 점에 미루어 거북의 공예는 평범한 인간의 민족사상을 바탕으로 자라나지 않았나 추측할 수 있다.

거북 미술을 통해서도 내가 찾는 민족문화의 모태가 민문화 속에 숨어 있을 것이라는 평소의 신념이 더 굳어진다. 남아 있는 거북이 미술품을 한데 모아 전시장을 꾸민다면 동서고금에 유례없는 거북 박물관이 될 것이란 생각도 재미있는 발상같이 여겨졌다.

거북선의 창조

→351

어느 나라 사람보다 거북을 사랑한 우리 조상들은 거북이 미술에 있어서 세계 정상을 차지하였으니 거북 조각이 세계 제

일이요, 거북 공예에 있어 또한 세계 제일이다. 그리고 거북을 좋아하다 못해 종래에는 거북선까지 만들어 역사를 장식하였고, 거북선 함대를 꾸며 신구국임을 만방에 과시했다. 그런데 막상 현대의 우리는 이 세계적인 자랑거리인 거북선에 대해서 내용과 모습도 아직 제대로 인식하지 못하고 있으니 마냥 부끄러울 뿐이다.

거북선 원형을 되살려서 바다에 띄우고 싶은 것은 우리 모두의 염원이었다. 그런데 지금 인천 앞바다에 거대한 거북선 한 척이 떠 있다는 믿을 수 없는 소문이 자자하다. 알아보았더니 10여 년 이상 거북선 연구에 미쳐 지내는 이원식 선생이 만들어 띄웠다는 소문이다.

우리는 인천으로 그 거북선을 찾아갔다. 어선 사이에 끼어 있는 커다란 거북선이 눈에 띈 순간 우리는 옛날의 거북선을 보는 것 같이 감격했다. 옛 기록에서 출발하긴 했지만 틈나는 대로 해안가 선장을 찾아다니고 어촌의 특수한 가옥구조를 살피고 또 여러 가지 어선 모형을 만들어 보는 동안 이 선생은 거북신 무당이라도 된 모양이었다. 책만 가지고는 도저히 상상 못할 여러 가지 전통 조선술의 맥을 그 심취한 세계에서 찾아낸 것 같았다.

구선창 →352

몇 해 전에 고성만 옛 지도가 발견되어 흥분한 적이 있었다. 그 지도에는 군선을 건조하고 정박하는 선소라고 기재된 장소가 명시되어 있고, 거북선 그림까지 뚜렷하게 그려져 있었기 때문이다.

그 지도가 공개된 직후 전국 각지에서 비슷한 다도해 지도가 여러 점 나타났는데, 종합해 본 결과 거북선의 배치가 거의 일치되어 있었다는 점을 발견하게 되어 고성 지도에 나타나 있는 선소 지점에 대해 더 큰 관심을 두게 되었다.

몇몇 친구와 함께 그곳을 찾아가게 되었는데, 통영시로 가는 도중에 대충 그 지도와 부합되는 지점을 멀리서 바라보는 정도로 끝내고 말았다. 상세한 답사를 할 생각은 처음부터 없었다. 그런데 두어 달 전 또 흥분되는 일이 생겼다. 진주의 민학회 회원들이 찾아와 묘한 소식을 전해주는 것이다. 그 마을 이름이 '구선창'이고 10여 년 전에는 한 노인이 태풍 속에서 고개 든 용두를 보았다는 믿을 수 없는 이야기였다. 그 시기 태풍이라면 '사라'였다! 그 태풍 때문에 거의 죽을 뻔한 경험이 있기 때문에 나는 사라호의 위력을 알고 있었다. 바닷속에 있는 거북선을 들어낼 만한 태풍이라면 그것은 사라가 틀림없었다.

그런 이야기를 들은 후 몸이 근지러워 견딜 수 없었다. 고성만 물속에 들어가 밑에 파묻혀 있는 거북선을 찾아내는 공상만 떠오르는 것이었다. 1971년 8월 드디어 거북선을 찾으러 떠났다. 가는 도중 전주에 잠시 머무는데 한 골동품상이 충무공 판화를 가져와 선물했다. 어부들이 배에 모시고 다니는 수호신 부적과 같은 판화다. 그동안 이런 자료를 모아오던 터라 그렇게 기쁠 수가 없었다. 특히 충무공 판화라는 점에서 당장 거북선이 나타날 듯한 영감까지 떠올랐다.

구선창 마을 앞바다에 배를 띄웠다. 돛대에 충무공 부적을 달고 배를 저었다. 탐지기라고는 담뱃갑만 한 자석 한 개뿐이었는데, 그것을 노끈에 묶어서 바닷속에 낚시질하듯 던지는 것이었다. 거북선 잔등에 깔려있는 철판에 닿으면 철컥하고 붙을 게 아닌가. 그러면 고래 한 마리 물린 정도의 감각을 느낄 게다. 그 순간 영웅적인 다이빙을 하면 그만인 것이다.

거북선 낚시질은 이렇게 간단했다. 찌는 듯한 햇빛 밑에서 서너 시간 낚시질을 계속했다. 온몸이 순식간에 즉석 불고기가 되어 버렸는데 낚시에는 거북선은커녕 새우 한 마리 걸리지 않았다. 며칠 계속했지만 소득은 전무한 상태에서 끝내 여름 햇빛에 항복하고 지쳐 버렸다. 그리고 우리가 얼마나 무모하고 미련한가만 깨닫고 빈손으로 돌아왔다. 다시는 그런 미련한 짓을 하지 않기로 했으니 이렇게 고성만과 인연이 끝나는 셈인가.

집에 돌아와 곰곰 생각하니 문득 머리에 떠오르는 것이 있다. 뱃사공이 중얼거리던 소리가 그때서야 생각이 났다. '새섬' 근방 물속에서 돌다리를 보았다는 이야기다. 물속에 돌다리라? 그렇다면 철쇄가 아닐까? 나는 이렇게 강한 자극이 생겨야 책을 찾게 된다. 얼른 『난중일기』를 펼쳐 보았다.

> …임진년오월십일일壬辰年五月十一日. 종일 가랑비. 늦게 동헌에 나가 공사公事하다. 이봉수가 선생원先生院 부석처浮石處에 가보고 왔는데 이미 구멍 뚫은 대석大石이 열 개나 된다 하였다.…

뱃사공이 보았다는 돌다리가 구멍 뚫린 철쇄 다리 아닐까. 충무공이 전선 열두 척으로 적의 대함대를 격파할 수 있었던 것은 명량 해협의 철쇄 장치 덕분이었다. 그러나 아직 철쇄의 유물이나 돌다리가 발견된 일은 없다. 철쇄는 말하자면 거북선보다 더 큰 성과를 거둔 것인데 우리는 거북선에만 정신이 팔려 그 위대한 철쇄를 제대로 인식하지 못하고 있는 것이다. 거듭 생각하니 철쇄 찾기는 거북선 찾기보다 쉽고 가능성 있는 일로 여겨졌다. 어쩌다 들은 뱃사공의 말 한마디로 인해 지금까지 별로 관심이 없었던 철쇄 문제가 머릿속을 지배해 버리고 말았다.

다시는 안 간다고 했던 고성만을 철쇄 때문에 다시 가야 했다. 이번에는 미국 군인 UDT 대원까지 데리고 가게 되었으니 이 장난도 이럭저럭 본격화된 셈이다. 마을 사람들과도 친해졌고 구선창도 낯선 곳이 아니어서 돌다리를 보았다는 새섬 근처로 배를 몰고 나갔다. 거북선 생각은 염두에도 없고 다만 구멍 뚫린 돌다리에만 미쳐버리고 말았다. 물속에만 들어가면 곧 환하게 보일 것 같았다. 그러나 태풍 직후 물이 흐려서 그런지 좀처럼 눈에 뜨이지 않았다. 몇 시간을 애썼건만 결국 이번에도 자갈 하나 못 찾고 지쳐버리고 말았다.

새벽부터 일을 시작했기 때문에 시간은 많았다. 두 번이나 이 먼 길을 왔다가 그냥 가야 할 것을 생각하니 속이 상한다. 욕심을 줄여 찾아볼 수 있는 것이나 찾아보기로 했다. 옛 지도에 선소라고 되어 있고 지금도 마을 이름이 구선창이니 이곳이 옛날 배를 만들던 곳은 틀림없고 지형으로 보아도 선소다운 곳이다.

그럴 듯하게 보이는 골짜기로 뱃머리를 돌려 가보았다. 그곳에서 마을 아주머니한테 귀가 번쩍 뜨이는 정보를 얻었다. 아주머니가 사라 이야기를 하는 것이다. 사라 태풍이 깨끗하게 흙이나 돌을 씻어 버렸을 때 바다 밑에 깔려 있는 통나무를 보았다는 것이다. 통나무는 배를 띄우는 데 사용하는 진수대일 것이다. 그렇다면 이곳이 거북선을 만들던 자리라는 이야기 아닌가.

옛 지도에서 선소 터를 찾을 것이지 어째서 거북선이나 철쇄를 찾았단 말인가. 지나고 보니 어리석기 짝이 없는 생각만 했다. 사람은 엉뚱한 꿈 때문에 빗나간 일에 정력을 소멸시키고 패가망신하는 수가 많다. 다시금 빈손으로 돌아왔지만 구선창을 두어 번 찾는 동안 마음으로는 무언가 값진 것을 찾아낸 느낌이다.

호랑이

자수성가한 스라소니

→353-355

여기서 소개하는 괴상무쌍한 호랑이 옛 그림은 우리에게는 물론 세계 여러 나라 사람들에게 다 친밀해진 한국의 까치호랑이 민화다. 호랑이 민화를 대표한다기보다 한국 민화를 대표하는 명작이라고 해도 과찬이 아닐 것이다. 88 올림픽 이후 세계적으로 유명해진 '호돌이' 마스코트의 할아버지라고 불리게 되었으니 결국은 한민족 수호신의 자리를 당당히 차지하게 되었다.

이 호랑이는 암만 보아도 사람을 잡아먹는 밀림의 맹수는 아니다. 우리와 같이 이야기를 나눌 수 있는 친구 같고 강아지나 고양이처럼 귀엽기도 하다. 두 개의 귀만 가려버리면 젊은 여승 같기도 하고 새끼 까치한테 골탕 먹는 바보이기도 하다. 그저 눈으로만 볼 수 있는 그림이 아니라 할머니의 옛날 이야기 소리가 들리는 그림이다. 머리는 표범인데 몸집은 줄범이라. 참호랑이와 개호랑이 원수 사이에서 태어난 스라소니 호랑이다. 그 바보 같은 얼굴을 가지고 세계 평화까지 상징한단 말인가.

이 그림은 1967년 인사동 골목 길가에서 주워온 그림이다. 단지 조선 말엽에 어느 이름 모를 환쟁이가 장난한 속화에 지나지 않겠으나, 곁에 두니 보면 볼수록 한없는 신비성이 마음속 깊이 스며든다. 정통화라고 으스대는 「맹호도」는 얼마 안 가서 금세 싫증이 나기 마련인데 이 찌그러진 스라소니 민화는 날이 갈수록 친근해지는 것이다. 결국 이 문둥이 같은 호랑이 그림 한 장이 나를 몇 해 동안 민화 수집에 발광하게 만들었다.

1970년 『Humour of the Korean Tiger』가 출판되었을 때 이 스라소니는 흑백 사진으로 겨우 한 자리 차지했었다. 그런데 신문, 잡지에 발탁되면서 순식간에 인기를 독차지해 버렸다. 참으로 묘한 현상이었다. 몇 해 지나니 거리에 이 스라소니 민화, 호덕이 모조품이 공예품, 프린트, 가면으로 나타났다. 티셔츠에도 박히고 쇼핑백에도 찍혀지고 드디어는 오천 원짜리 우표까지 점령해 버렸다. 토정비결의 책뚜껑에도 모셔졌다. 어느 국제 클럽의 로고로도 쓰였다. 그래서 한때 호랑이 박물관 한 코너에 호덕이 특별전시실을 꾸며주기도 했다.

신라에 도취한 시기에는 조선 정도의 문화재에 별로 관심을 갖지 않았다. 기와를 수집하면서 특히 그런 경향을 보이며 체험했다. 그런데 까치호랑이 민화에 관심을 쏟기 시작하면서 문제가 달라졌다. 신라의 도깨비 기와로부터 까치호랑이에 이르기까지 뚜렷하게 이어져 온 민족적 예맥을 발견하게 된 것이다.

기와 수집에 쏟던 정열을 차차 호랑이 민화 수집으로 옮기기 시작한 것을 1965년 전후이다. 까치호랑이 덕분에 산신호랑이에게까지 관심을 쏟게 되었다. 민족문화의 모태를 찾아다니는 마당에서 이 시기는 매우 중요한 전환점이며 불교미술 예찬에서 탈피하여 신교 미술 탐구에 몰두하게 되었다.

한국 문화의 핵심은 '민의 세계'에서 찾아야 한다는 확고한 신념이 생겼다. 민문화는 두 가지 큰 뜻을 내포하고 있었다. 하나는 민주문화라는 뜻이요, 또 하나는 민족문화라는 뜻에서의 민문화이다. 그런데 우리나라의 경우 민주문화 탐구는 결국 민족문화 탐구와 일치된다는 공식을 발견했다.

내 힘으로 찾아낸 생부모 종교의 호랑이 미술은 귀여운 강아지나 고양이 얼굴에 뽀뽀하고 싶은 깊은 사랑을 느끼게 해주고도 남았다.*

토끼호랑이 민화

호랑이 설화에 토끼가 자주 등장하는 것은 누구나 아는 상식이다. 그러나 호랑이 그림에 토끼가 나타난다는 사실은 잘 알지 못하고 있다. 토끼가 등장하는 호랑이 그림 중에 가장 파격적이고 한국적인 것은 「담배 먹는 호랑이」 그림이라고 생각된다. 여러 해 전에 수원 용주사에서 처음으로 담배 먹는 호랑이 그림을 발견하면서 그런 그림이 있었다는 것을 알았다. 그 후 열성적으로 그런 그림 자료를 찾아다녔다.

내가 찾은 「담배 먹는 호랑이」 그림은 다음과 같다. 수원 용주사 벽화, 세마대 벽화, 경국사 벽화, 수원 석벽의 벽화, 화계사 벽화, 화장사 벽화, 호렵도 중의 한 폭, 의정부의 벽화 등 그밖에 수십 년 전 어느 서울 포목상 간판으로 쓰여진 것도 있었고, 신륵사에도 있었고, 서울 성도동 절간에도 있었으니 지금은 다 소실되고 말았다. 신륵사 것은 내가 자료 수집차 찾아간 바로 전날 페인트로 지워져버렸다. 어째서 지웠느냐고 물었더니, 그것도 그림이냐는 대답이 돌아왔다. 그런 그림을 절간 벽에 즐겨 그리던 때도 있었고 가치 없는 것이라고 지워버리는 때도 있다는 것을 뼈저리게 느꼈다.

여기서 소개하는 용주사 「담배 먹는 호랑이」 그림은 한국 사람이라면 이것이 우리 고유의 것임을 직감할 수 있을 것이다. 가만히 보고 있으면 한국적인 유머 가락에 저절로 어깨가 근지러워진다. 그런데 이런 멋쟁이 그림이 한국 미술사에서는 전연 도외시 당하고 있다. 그렇게도 미술적 가치가 없는 작품일까? 이런 종류의 그림을 골동품계에서는 '양키무끼'라고 부른다. '양키'는 영어로 미국 사람을 말하는 것이요, '무끼'는 일본말로 구미에 맞는 물건이라는 뜻이다. 좀 더 의역하면 양키 같은 문화 수준이 얕은 사람들 구미에나 알맞은 유치하고 속된 그림이라는 뜻이다. 유치하다는 말은 어떻게 보면 동심이 흐르는 것이라고 해석할 수 있다. 성경에 동심을 가진 자라야 천당에 갈 수 있다는 말씀이 있으니 그렇다면 이 그림은 천당에 갈 수 있는 순수한 마음을 가진 사람의 그림이 아니겠는가. 아쉽게도 이 명작도 얼마 후에 없어지고 그 자리에 연꽃 한 송이가 피어나 외로이 절간을 지키고 있다.

토끼와 함께 있는 담배 먹는 호랑이 그림을 회화상에 중요한 문화재라고는 아무도 생각하지 않을 줄 안다. 그러나 1970년 처음으로 소개된 이래 동서를 막론하고 여러 사람을 즐겁게 해주었다. 호랑이 담배 먹는 그림은 대중적이고 참여적이고 설화적이면서 한국인의 멋을 여지없이 나타냈다는 점에서 많은 관심을 모았다. 누구나 한마디씩 말할 수 있는 그림이니 좀 더 순수한 자세로 이 그림을 해석해 보고 싶어진다.

그림이란 그리는 손이 만드는 것이 아니라 보는 눈이 만들어낸다고 보는 것이 옳겠다. 유치하다고 생각했던 토끼호랑이 민화도 눈에 따라 밝은 면이 보인다. 어째서 한국 사람은 호랑이를 그릴 때 토끼를 같이 그렸을까. 그러나 토끼호랑이 민화에서는 그저 토끼호랑이 설화의 멋을 미술적으로 느끼면 그만이다. 토끼호랑이 민화의 언어와 토끼호랑이 설화의 언어는 하나인 것이다. 더욱 궁금한 문제는 다른 데 있다. 하나는 어째서 담배 먹는 호랑이 그림을 절간 벽에 그렸느냐이고, 또 하나는 어떤 사람이 그런 장난을 했느냐는 문제이다.

우리 민화에는 뜻이 없는 그림이 없다. 절간 벽에다 호랑이 그림을 그리는 것도 뜻이 있기 때문이다. 이 그림의 호랑이는 불교와 무관한 청룡백호의 벽사 사상이다. 다시 말해서 이 역시 평범한 민간 신앙인 것이다.

보통 우리가 생각할 적에 불당의 벽화란 장엄해야 할 것 같은데 우리 절간에는 호랑이 그림 같은 속된 민화가 많이 그려져 있다. 여기서 우리는 한국 불교의 민교적 특색을 쉽게 찾아보게 된다. 또한 벽사신으로서의 호랑이라면 무서워야 할 것인데 토끼호랑이의 모습은 무섭기는커녕 토끼들한테 실컷 골탕먹는 바보 호랑이이니 이 속에 또 심상치 않은 비밀이 숨어있을 것이다.

까치호랑이 민화

→356

지금까지 우리는 호랑이와 토끼가 등장하는 설화와 민화를 병행시켜 가면서 그 예술적 언어의 일치됨을 맛보았다. 그런데 우리나라 호랑이 그림 자료를 통계해 보면 토끼보다도 까치와 같이 나타나는 것이 압도적으로 많다. 그 때문에 까치를 왜 호랑이 그림에 그리느냐는 의문은 오랫동안 수수께끼가 되어왔다. 현대인은 이런 문제에 대해서 과학적인 고증이 드러나야만 속이 풀린다. 이 문제를 푸는 데는 상당히 폭넓은 자료가 필요했다.

첫째로 호랑이 그림의 배경으로 소나무가 그려지는데

이는 우리나라뿐만 아니라 동양화에서는 공통된 일이다. 그래서 송하맹호도라는 그림의 주제가 호랑이 그림을 대표하게 된다. 중국과 일본에서도 그렸으니 소나무를 나라의 상징으로 삼는 우리나라에서는 두말할 것이 없다.

이름난 화가의 그림으로서는 조선 전기 고운의 「송하맹호도」와 18세기 이의양의 작품, 낙관 없는 「송하맹호도」가 몇 점 전해져 있다. 근세 화가의 작품으로는 황우청, 황우석, 윤영환, 서병오, 허찬, 강제, 조광준, 우상하 등의 작품이 있다. 그런데 이렇게 이름난 화가들의 「송하맹호도」 유물만을 중심으로 본다면 우리나라 호랑이 그림이란 그야말로 빈약하기 짝이 없게 보인다.

송하맹호도를 한자 권위 의식에 의한 정통화라고 한다면 우리나라에는 까치호랑이 그림은 민중의 의식을 반영한 대중화라고 할 수 있다.

대개 말쑥한 까치에게 골탕 먹는 바보 호랑이를 나타낸 것이 까치호랑이 민화의 특징이다. 이 바보 같은 호랑이 그림들이 오랫동안 다락 한구석에 처박혀 있다가 세상에 나와 지식인들을 기막히게 놀래주는 것이다. 단원이나 겸재의 명작은 벌써 그 회화적 가치와 상품적 가치가 함께 인정되었지만, 이 보잘것없는 까치호랑이 그림이 나와서 그런 명작을 물리치고 정상을 차지하게 될 줄 누가 짐작이나 했겠는가.

까치호랑이 그림에는 낙관이 없어 작가도 알 수 없고 연대도 정확하지 않다. 이론에 따라 그려진 그림도 아니며, 대부분이 집 안 대문에 걸렸던 민속 그림이다. 이런 것들이 100년 전만 해도 집집마다 대문에 걸려 있었으니 조선 말기쯤의 우리나라 거리는 거국적인 호랑이 그림 전시장이었다 해도 과언이 아니겠다. 우리 조상은 이렇게 생활 속에서 호랑이 미술을 즐기며 살아왔다.

호랑이 민화에는 까치뿐 아니라 토끼, 거북이, 담비, 학 등도 나타난다. 그러므로 어째서 까치를 함께 그리느냐는 의문은 어째서 그런 작은 짐승을 배경 삼아 호랑이를 바보처럼 그렸느냐는 물음으로 돌려야 옳다.

토끼호랑이 그림을 감상하는 데 있어서 토끼호랑이 설화가 큰 도움을 주었으니 까치호랑이 경우도 여러 가지 문제를 따지기 전에 까치호랑이 설화를 찾아서 설화와 민화가 일치되는 문법을 알아야 한다.

설화에 있어서나 그림에 있어서나 무서운 호랑이가 적은 것에게 완패 당해야만 한국인은 멋을 느낀다. 호랑이 민화는 대개의 경우 호축삼재, 용수오복을 뜻하는 용호도 한 쌍의 문배 그림이다. 귀신을 쫓는 무서운 호랑이를 바보같이 그리는 데 한민화의 매력이 있다.

호랑이와 까치가 같이 나타나면 한국 사람에게는 곧 호랑이와 까치—또는 토끼—설화를 머리에 떠올린다. 설화에서 흥을 느끼듯이 까치호랑이 그림에서도 같은 흥을 느낀다. 어쨌든 주인공은 어디까지나 호랑이이다. 까치는 양념 같은 점화에 지나지 않는다.

설화의 세계에서는 작은 것으로 큰 놈을 완패시키는 것이 하나의 패턴으로 되어 있다. 큰 사람을 욕하는 것이라 해도, 큰 사람은 화를 내지 않고 작은 것들과 공명하며 너그럽게 받아들인 데에 큰 사람의 멋이 있었던 것이다. 바보인 체 할 수 있는 여유를 갖고 있는 것이 호랑이의 큰 멋을 감돌도록 하는 이유가 되는 것 아닐까.

스라소니 환상미술 →357-359

한국의 호랑이 그림은 그 형상이나 수법 면에서 다른 나라에서는 볼 수 없는 특이한 미술로 세계에 알려져 있다. 그런데 여기 보여주는 호랑이 그림은 그런 한국 사람들 눈에도 특이하게 보일 괴상한 '호랑님'이다. 이 호랑님은 몸뚱이의 반은 줄범이고 반은 표범이다. 이 괴상한 작품 속에 담겨 있는 호랑이의 비밀은 무엇일까.

예로부터 우리나라 사람은 범을 '참호랑이'라고 불렀고 표범을 '개호랑이'라고 불렀다. 그리고 참호랑이와 개호랑이는 만나기만 하면 서로 싸우는 원수 사이라고 했다. 그렇다면 이 그림의 주인공은 두 원수 사이에서 태어났다. 이러한 스라소니는 한국 호랑이 그림에서 수없이 나타난다.

참호랑이 가족을 그린 그림에는 새끼 세 마리 중 한 마리가 개호랑이인 것도 있다. 여기에 스라소니 그림을 소개하는데 동양화에서 쓰고 있는 맹호도라는 이름으로는 어울리지 않을 것 같아 '괴호도怪虎圖'라고 부르기로 한다.

한국 고유의 괴호도를 이해하려면 먼저 호랑이라는 단어부터 알아야 한다. '호랑이'는 '범'도 아니요 '호虎'도 아니요 '도라トラ'도 아니요 '타이거'도 아니다. 구태여 한자로 표기하자면 '호랑虎郞'이로 써야 할 것이다. 우리가 갑돌이나 갑순이를 부르듯 친근하게 부르는 '호랑이'는 결코 야생의 맹수가 아니다. 이웃이나 형제처럼 아주 친한 사이의 존재이다. 이를 뒷

받침하듯 호랑이를 친구로 느끼게 하는 이야기나 실화도 많다. 그러한 애정이 민화에 시각적으로 나타나는 것이다.

호랑이 화신의 설교

호랑이 신앙은 불교적인 것도 아니요, 도교적인 것도 아니다. 그런 종교들이 다듬어지기 수천 년 전 옛 조상을 지배했던 이 민족의 모태신앙인 것이다. 지금에 이르러서는 샤머니즘이란 세계어로 통일하고 있다.

호랑이와 관련된 무교의 신앙적 발상은 호랑이의 화신 관념에서 비롯된다고 할 수 있다. 늙은 호랑이가 사람으로 둔갑하는 이야기는 신라의 호원사 전설처럼 역사에 기록된 것도 있고 구비 전설로 전해지는 것도 있다.

원시적인 신비관은 고대부터 후세까지 순수한 사람들의 마음을 지배해 왔고, 그러한 신비와 환상의 경지에서 태어난 것이 호랑이 신앙이라고 할 수 있다. 여기서 대표적인 호랑이 화신설화 몇 가지 소개한다. 이 사람으로 변하는 호랑이 화신설화 역시 후세에 이르러 무교가 불교나 도교식으로 변하여 표현되었음을 눈여겨볼 필요가 있다. 이야기 안에서 호랑이는 노승이나 도사로 둔갑한 모습을 보인다.

다음의 설화는 한국 사람이면 누구나 아는 전형적인 호랑이 이야기다. 아무리 생각해 보아도 무교 본연의 환상에서 나온 설화인데 어째서 노승이나 불경을 삽입시켜 불교적인 인상을 풍기게 되었을까. 함께 살펴보자.

옛날 어느 산골에 이름 높은 은자가 살고 있었다. 어느 날 밤 한 노승이 찾아왔다. 노승은 호랑이가 둔갑한 중이었는데 그날 밤 마을 처녀를 물어갈 것을 고하러 왔다. 이 이야기를 들은 젊은 제자 하나가 처녀를 구하겠다며 그 방법을 가르쳐줄 것을 선생에게 청했다. 선생은 책장 속에서 불경 한 권을 내어주며, 경문을 틀리지 않게 독송하면 구해낼 수 있다고 일러주었다. 제자는 마을로 내려가 그 집 앞에서 밤새워 독경하고 그 처녀를 구해주었다. 그런데 이튿날 선생이 말하기를 제자가 독경을 세 군데를 틀렸고 후에 조사해 본 즉 그 집 창문에 호랑이가 물어뜯은 이빨 자국이 세 곳에 남아있었다고 한다.

아래의 설화에서는 무교적인 호랑이 화신이 도교적인 탈을 쓰고 있다. 도교가 샤머니즘을 도용했는지 샤머니즘이 도교 표현을 빌어 쓴 것인지 분간이 가지 않는 정도다.

옛날 어느 산골에 용팔이라는 젊은이가 사나운 아내 때문에 괴로운 살림을 하고 있었다. 어느 날 밤 아내와 말다툼하다 견딜 수 없어 그만 집을 뛰쳐나와 산속에 들어가 자기 운명을 한탄하고 있었다. 그때 문득 눈앞에 백발의 도사 한 분이 나타났다. 용팔이는 자초지종을 고백하면서 도사에게 매달렸다. 도사는 자기 눈썹 하나를 떼어 용팔이에게 주면서 그것을 눈 위에 붙여보라고 했다. 시키는 대로 했더니 도사가 커다란 호랑이로 보였다.

"세상에는 인간의 모습을 한 돼지가 많다. 사람 눈에는 잘 보이지 않지만 호랑이 눈에는 잘 보인다. 호랑이는 사람 꼴을 한 돼지만 골라서 잡아먹는다. 이제 집으로 돌아가 네 아내를 다시 한번 잘 보아라. 만일 돼지거든 빨리 집을 떠나 다른 마을로 가서 살도록 해라." 말을 마치자마자 호랑이는 온데간데없이 사라졌다. 용팔이는 호랑이 눈썹을 단 채 집으로 돌아와 방문을 열어 보았다. 놀랍게도 아내는 멧돼지였다. 용팔이는 다른 마을로 달아나 일생을 잘 살았다.

마찬가지로 우리 무교 신앙은 깊이 파고들수록 어디까지가 무교이고 어디까지가 도교인지 알 수 없는 약점이 있다.

이처럼 사람으로 변할 수 있게 된 호랑이는 신라 시대에 와서 사람과 사랑도 하고 사랑을 위하여 죽기까지 한다. 이에 신라인들은 호랑이를 위해 절인 호원사까지 지어주니 이게 호랑이 나라가 아니고 무엇이랴. 고려사 역시 이 전통을 이어받아 호랑이 화신으로서 그 첫 장을 열고 있으니 바로 호경 신화이다.

호경은 백두산에서 부소산 골짜기로 와 그곳에 집을 짓고 아내를 맞아 살았다. 하루는 마을에 사는 사람 아홉 명과 함께 매를 사냥하러 나갔다가 날이 저물어 한 굴속에 들어갔다. 그때 커다란 호랑이 한 마리가 굴 앞에 나타나서 으르렁거렸다. 열 사람이 의논하여 각자 자기 관을 던지기로 했는데 호랑이가 잡은 것은 호경의 관이었다. 이에 호경이 용기 있게 호랑이 앞으로 나아가니, 그

> 순간 굴이 무너져 그 속의 사람은 몰살당하고 호랑이는 온데간데없이 사라져 버렸다.
>
> 집에 돌아온 호경은 그 아홉 명을 장사지내고 산신에게 제사를 드렸다. 그때 호랑이신이 나타나 말하기를, 자기는 이 산을 지키는 과부인데 마침 호경을 만났으므로 그와 부부가 되어 함께 신정을 다스리고 싶다고 하면서 호경과 함께 사라져 버렸다. 고을 사람들은 호경을 대왕으로 봉하고 사당을 세워 제사를 지냈다. 그 후 호경이 꿈에 나타나 옛 아내와 동침하여 마침내 아들을 낳았으니 그가 강충이다.

강충은 고려 태조 왕건의 조상이다. 고려사는 이렇게 호경과 호랑이의 결혼으로 시작해 건국으로 이어지는데, 이 패턴은 조선 건국신화에서 되풀이된다.

이렇게 일관성 있는 호랑이 설화만 보더라도 무교 신앙이 얼마나 뿌리 깊고 억센 것인가를 알 수 있다. 옛적이나 지금이나 호랑이 나라 사람들은 호랑이 화신에 대한 환상을 그대로 믿고 있는 것이다. 우리나라 호랑이 미술에는 환상화가 많은 것은 적어도 4,000년 이상의 깊은 무교적 환상관이 흘러 내려왔기 때문이다. 이론적 분석에 앞서 우리에겐 이러한 역사적 환상을 먼저 받아들이는 자세가 필요한 것 아닐까.

산신령님 품 안으로

아주 어렸을 때 일이다. 온 천지가 눈 속에 깊이 묻힌 겨울날 새벽 나는 매 사냥꾼들을 따라 생전 처음 깊은 산속으로 들어

갔다. 무슨 일이 생길지 짐작도 안 되는 상황에서 그저 막대기만 하나 들고 씩씩하게 동네 아저씨들 뒤를 바싹 따라갔다. 아무리 가도 한참 동안은 별다른 일이 생기지 않았다. 숨도 차고 다리도 아팠다. 재미나고 신난다던 매사냥이 이렇게 힘든 일인 줄 몰랐다.

기진맥진해서 가는데 갑자기 푸드덕 하는 소리가 들리자 바싹 긴장이 되었다. "앗! 꿩이다. 야아, 매가 따라간다!" 죽으라고 달아나는 꿩을 따라 날렵한 매가 화살같이 달려간다. 달려가는 매를 따라서 사냥꾼들도 막 뛰었다. 십 리를 달렸을까. 날카로운 매가 하얀 눈 속에서 살찐 꿩을 뜯어 먹고 있는 것을 찾았다. 사냥꾼들은 기묘한 솜씨로 꿩을 슬쩍 가로챘다. 나도 매사냥을 했다고 신바람 나서 날뛰고 있던 중 또 하나 신기한 일을 보았다.

사냥꾼 중 한 사람이 꿩 깃을 서너 개 뽑아 눈 위에 꽂고 두 손을 슬슬 비비면서 어쩌고저쩌고 중얼거리고 있었다. "산신령님, 이 꿩을 저희에게 주셔서 정말 고맙습니다. 더 많은 꿩을 잡을 수 있게 해 주십시오." 그 모습은 마치 신싸 산신령님과 마주 앉아, 자신의 할아버지에게 말하듯 정답게 이야기하는 것 같았다.

60년이 지난 오늘에도 나는 그때 일을 잊을 수가 없다. 그 산속에서는 당장이라도 산신령님이 나타날 것 같았기 때문에 또 그 감사 기도가 너무 자연스러웠기 때문일까. 그날 있었던 일이 지금도 보이고 들리는 듯 하다.

또 하루는 산 기도를 진실하게 드리는 민 아주머니한테서 전화가 왔다. 밤중에 산 기도를 드리다가 호랑이를 만나고 돌아왔다는 이야기다. 아주머니는 그 장소를 정확하게 가르쳐주지는 않았지만, 옛날부터 산 기도를 드려온 영산이며 사람이 살지 않는 깊은 산골이라고 했다. 이레 동안 찬물로 깨끗하게 목욕하고 나서 삼 일 동안 기도를 드렸다는 것이다.

달도 없는데 그 기도장은 환하게 밝아 보였다. 차려온 돼지 머리를 나무 쟁반에 올려 바위 제단에 바쳤다. 그리고 나서 큰 바위 위에 앉아 기도를 드렸다. 기도에는 별다른 기술이 필요 없다. 그저 '비나이다, 비나이다' 하고 빌 뿐이다. 깊어 가는 밤에 들리는 것은 산 소리 뿐. 어느덧 산의 영기가 온몸을 통하여 올라오는 것 같고 무서움도 두려움도 없어져 버렸다. 산신령님이 금방이라도 눈앞에 나타나실 것만 같다.

밤이 깊어질 대로 깊어졌다. 고요한 속을 깨고 무슨 소리인지 바스락바스락 소리가 깊어진 마음을 건드렸다. 바싹 긴장한 눈에 소나무 뒤에서 움직이는 어떤 그림자 같은 것이 보였다. 처음에는 조심조심 움직이는 것 같더니 차차 두려움 없이 이리 왔다 저리 갔다 한다. 호랑이다! 산신령님이 드디어 나타났다. 가까이 오면 귀여운 강아지 같아 보이고 바위 뒤에서 문뜩 일어설 때는 코끼리만 하게 보였다.

호랑이는 계단을 기어 올라가더니 돼지머리 냄새를 맡아본다. 그리고 두 앞발로 사람과 같이 쟁반을 들고 아래로 내려온다. 생고기만 먹던 호랑이가 삶은 돼지머리 맛을 보니 얼마나 맛있을까. 맛있는 돼지머리를 자기에

> 게 갖다준 순진한 사람이 얼마나 사랑스러울까. 돼지머리를 먹고 난 호랑이는 또 묘한 장난을 시작했다. 나무 쟁반을 덱데굴덱데굴 굴리는 것이다. 아마 그 나무 쟁반 소리가 듣기 좋은 모양이다. 점점 신이 나는 듯 나중에는 축구 선수처럼 와일드하게 갖고 논다. 호랑이는 원래 장난을 즐기며 사람을 놀려주기 좋아하는 짐승이었다.

사분사분 말하는 아주머니 이야기에 나는 도취되고 말았다. 한 치도 빼놓지 않고 들었다. 모든 것이 믿어지는 것이다. 우리가 이런 일을 신비스럽다고 하지만, 그것은 이론적으로 모든 일을 생각하기 때문에 느껴지는 신비일 뿐이다. 신비 속에 자신을 던져서 기도한 순수한 아주머니에게는 당연한 일에 지나지 않을 것이다. 아주머니가 보았다는 호랑이 모습은 내가 수집하고 분석해낸 귀염둥이 호랑이 옛 그림과 너무나 잘 부합되었다. 때문에 나는 아주머니 말에 완전히 공감했다.

어찌하여 우리 조상들은 그 무섭다는 호랑이를 고양이나 강아지같이 귀엽게 그렸을까. 틀림없이 그럴 만한 이유가 있을 것이다. 민 아주머니처럼 산 기도를 드리다 호랑이 품에 안겼던 사람들이 수천 년 동안 이 땅에서 살아 숨 쉬고 있던 것이다. 그 길고 긴 전통이 오늘날까지 이어진 것은 아닐까. 옛 기록을 더듬어 전통을 찾아볼 필요를 느꼈다.

『후한서後漢書』 예조에 '호랑이를 제祭하며 신으로 삼는다'는 기록이 있는데, 『삼국지三國志』 예조에도 같은 기록이 보인다. 『산해경山海經』 원국이인장遠國異人章에는 다음과 같은 묘한 이야기가 적혀 있다.

…군자국 사람들은 참 흥미롭다. 그들은 의복, 모자 같은 것을 단정하게 걸치고, 허리에는 보검을 차고 있다. 그들은 아름다운 털을 가진 대호를 두 마리 길러서 심부름시킨다. 모두 겸양하고 예절 바르고 조금도 싸우지 아니한다. 호랑이는 우리들이 집에서 사육하는 고양이 모양으로 길들이고 있다. 군자국의 거리에 나가보면 호랑이들이 제멋대로 왕래하고 있는데 좀처럼 떠들지 아니한다.…

기록만 있는 것이 아니라『삼재도회三才圖繪』라는 옛날 책에는 노인이 호랑이 두 마리 사이에 서 있는 모습이 그림으로 나타나 있고 그 밑에 군자지국상君子之國像이라고 쓰여 있다. 산해경의 이야기를 그림으로 그린 것 같은데, 지금 우리가 산신각에서 보는 산신도와 너무 닮았다. 이와 같은 증거는 호랑이를 산신의 사자로 혹은 산신을 대신하여 모시는 것이 우리에게 매우 오래된 풍습임을 알게 한다.

이웃 나라 산신 숭배는 어떠할까. 자기 것을 뚜렷하게 내세우기 위해서는 이웃 나라 것도 잘 알아야 한다. 일본 민속학자들에 의하면 일본의 산신은 외눈이며, 외다리를 가진 괴물이라 한다. 또 중국 민속에 나타나는 중국의 산신도 외다리의 괴수라 하니 우리나라의 산신 숭배와는 판이한 차이를 보인다. 산신 숭배가 고대 사회의 공통적인 원시 신앙이라 할지라도 역사적 전개 양상은 민족마다 다른 것이다.

오늘날에도 큰일이 있을 때면 고사를 지낸다. 그때에는 반드시 돼지머리를 제단에 놓고 절한다. 그 뜻을 모르는 사람은 한국사람들이 아직도 미련하고 야만적이어서 돼지머리에 절하는 것으로 착각하기 쉽다. 명산이라고 이름난 산에 산신각 없는 곳이 없다. 영산, 진산, 혹은 신산이라고 부르니 우리 민족의 산악숭배 전통은 오늘날까지 끊임없이 그 줄을 이어왔다. 표면상 문화 양상이야 어찌 변화했든 간에 산신제를 올리고 백일기도 드리면서 온갖 정성을 산에 바쳐왔다. 우리들이 오늘날 어떠한 고등 교육을 받든, 어떠한 문명의 종교 단체에 적을 두든 간에 우리들 핏속에는 산신을 숭배해온 정성의 신맥이 엄연히 흐르고 있는 것을 부인할 수 없는 것이다. 어떤 학문적인 종교철학이나 교리도 신을 느끼는 신맥만은 끊을 수 없기 때문이다.

무력의 횡포, 학문의 권위, 그리고 후진 의식 등이 가로세로 엉켜서 우리 고유의 신앙을 원시 신앙이니 애니미즘이니 심지어는 미신이니 하는 움 속으로 무자비하게 몰아넣어 버린 것이다. 우리의 산신 숭배는 애니미즘도 아니고 미신도 아니다. 단군이 구월산에서 돌아가시고 그 영산의 산신이 되셨다는 옛 기록이 천조일체사상天祖一體思想을 말해주고 있으며 이때부터 산신 숭배는 민족 종교로서 그 성격을 강화하게 되었다. 단군 자신이 무리를 이끌고 산정에서 삼신제를 지냈고 또 역대 제왕들이 그 패턴을 길이길이 이어 왔으니 산신숭배란 결국 하나님을 믿고 모시는 우리 민족 주체의 신앙이다.

불행히도 산신령 탱화는 지금까지 불화의 울타리를 벗어나지 못하고 있다. 기교면을 검토하기 전에 먼저 산신령 할아버지 모습을 쳐다보자. 그 부드럽고 인자한 모습은 어느 종교화에서도 찾아볼 수 없는 신상 중의 신상이라고 감탄하는 것을 보고 흐뭇했던 일도 있다. 또 어느 미국 할머니 한 분은 산신도를 바라보더니 자기가 어려서 마음에 그리던 하나님 상을 이제야 찾았다고 흥분하는 것을 보기도 했다.

산신령 탱화에는 반드시 호랑이가 등장하는데 호랑이 모습이 또한 그렇게 귀여울 수 없다. 호랑이를 산신령의 사자, 또는 그 자체를 신성시하는 믿음에서 우리 고유의 호랑이 미술이 태어난 것이다. 근래 세계적으로 선풍을 일으키고 있는 한국 호랑이 그림은 이러한 신앙적인 아랫목에서 자란 위대한 미술이다. 다음에 세계를 들썩거리게 할 한국화는 아마도 산신령 탱화일 것이다.

산신령 탱화를 그리는 수법은 우리가 알고 있는 동양화하고는 거리가 먼 특이한 것으로, 일찍이 다른 미술에서 보지 못한 비장의 미술이다. 본을 떠서 대량생산하는 불화하고도 다른 점이 많다.

신교 미술이란 본명을 되찾은 후에라야 산신 미술은 비로소 제자리로 돌아올 것이며 체통 있는 하나의 미술로서 인정받을 것이다. 산신령 탱화 속 산신령님은 그 모습이 때로 노자처럼 나오기도 하고 붓다와 비슷하게 그려지기도 하며, 공자 같기도 하고 남극성으로 표현되기도 한다. 그러한 외적 형식이 그렇게 중요하다면 그 옷을 한번 벗겨볼 것을 권하고 싶다. 그러면 소나무 밑에서 호랑이를 쓸어주며 미소 지으시는 우리 할아버지 상을 똑바로 보게 되는데, 그 알몸의 모습이 바로 우리가 착각하고 있는 신교문화의 정체인 것이다.

신교 전통의 여러 신상 중에서 삼신은 삼불로, 칠성은 칠불로 신의 칭호가 바뀌면서 조형적 겉모습도 그 뒤를 따라 변하였지만 산신만은 산불山佛로 바뀌지 않았고, 호랑이도 놓치지 않았다.**

호돌이 만세 →360-361

옛날 어느 사냥꾼이 호랑이 새끼 한 마리를 잡아다 집 안에서 키운 일이 있었다. 꼭 고양이같이 보이긴 했지만 얼굴이 복스럽게 생기고 발이 방석같이 큼직한 점이 달랐다. 또 걸어 다니는 모습을 자세히 지켜보면 어슬렁어슬렁 다리를 움직이는 자세가 과연 산중의 왕자다운 위엄을 지니고 있었다.

그러나 호랑이는 자기가 산중의 왕자라는 사실을 몰랐다. 온 동리 개가 짖는 것을 보면서 자기도 개인 줄 알고 개 짖는 흉내만 서투르게 내면서 무럭무럭 자라났다.

어느 날 사냥꾼이 그 호랑이를 데리고 사냥을 나섰다. 깊은 산중으로 들어가자 모든 산짐승이 자신을 보고 혼비백산해서 달아나는 꼴을 보고서야 자기가 개가 아니라 호랑이였다는 사실을 깨달았다는 이야기다.

다른 나라에서 무상원조나 받으며 굽실거리고 얻어터지기가 일쑤였던 우리 아이들이 어느새 자라나서 세계 강대국을 때려눕히고 4년 후에는 올림픽의 큰 잔치까지 차리게 되었다.

옛말이 터무니없는 것이 아니라 생생한 실화로서 호랑이 후손의 제 모습을 드러낸 것만 같이 느껴진다. 사실상 88 올림픽 마스코트를 고르는 마당에서 온 국민이 호랑이가 우리 겨레의 수호신이란 것을 깨닫게 되어서 참으로 다행한 일이 아닐 수 없다.

결국 88 서울 올림픽은 국제 올림픽의 한국판인 동시에 한국 호랑이의 문화적 축전으로 기획되었다. 그래서 올림픽 조직 위원회는 88 올림픽 때 경기장 안에다 세계적인 호랑이 예술전을 마련하였다.

단 50일 동안에 전시장을 설비하고 자료 수집, 작품 선정을 끝내고 전시설계와 도록까지 만들어내야만 했던 이 진통은 후세에 한 토막 신화로 전해질까 두렵다. 그러나 이번 전시를 계기로 새롭고 획기적인 일이 우리 문화계에 싹트게 되었다. 즉 전시품에 대하여 막대한 감정료를 지불하면서 철저하게 공인 감정증서를 받도록 하고, 그 사정에 따라서 보험에 가입했으며 소장자에게 임대료도 지급하였다. 이제 우리의 문화 행사도 선진국 수준에 올라선 것 같아 마음이 무척이나 흐뭇해진다.

원래 이 전시회에는 호랑이 공예품이나 조각 등을 포함하여 칠십팔 점이 선정되었으나 예산 관계로 호랑이 그림만으로 제한된 것이 유감이다. 그러나 내년에 있을 제2회 호랑이 전시를 위하여 그 준비를 일찌감치 하게 되고, 그때에는 86 아시안 게임과 병인년 호랑이해 축제 준비까지를 겸하게 될 것이니 88 세계 올림픽을 향해서 본다면 제대로 일이 시작되었다고 생각된다.

돌이켜 볼 때 해방 후 처음 호랑이 그림 전시가 열린 것은 1962년 호랑이해였다고 기억된다. 신세계 백화점 화랑에 마련된 이 전시에는 불과 십여 점의 개인 소장품밖에 출품되지 않았지만 정통화를 중심으로 꾸며졌었다. 그중 송하군호도라는 8폭 병풍이 전시를 대표했었다. 12년 후인 1974년 다시 호랑이해가 되었다. 갑인년 <호화전>에는 에밀레박물관이 그동안 발굴한 호랑이 100마리의 괴상한 그림들이 전시되었다. 이때 한국 호랑이 그림의 중심은 송하맹호도에서 민화 까치호랑이로 옮겨졌다.

그 후 호랑이 그림은 국내뿐만 아니라 일본, 미국 등지를 7년간이나 돌아다녔는데 중심은 피카소 호랑이라는 별명을 얻은 「호덕이 호랑이」 민화였다. 그 결과 오늘 이 자리에 62년 전시의 금메달 격인 「송하군호도」와 「호덕이 호랑이」 민화를 나란히 모시게 되었으니 참으로 감개가 무량하다.

다음 호랑이해는 86 병인년이다. 그러면 86 호화전의 영웅은 누가 될까. 그것은 이미 온 국민이 결정해 버렸으니 바로 88 올림픽의 마스코트인 '호돌이'이다. 호돌이는 김현이라는 젊은 작가의 손을 빌려 까치 호랑이 바탕에서 태어난 현대판 한국 호랑이다. 호원사에 얽힌 신라의 전설을 살펴볼 때, 그때 호랑이와 사랑을 나누었던 젊은이도 김현인지라 이것 또한 심상치 않은 일이라고 느껴진다.

이 민족적인 문화행사의 바탕을 마련해 주신 한국 올림픽 조직위원회와 한국방송공사에게 진심으로 감사드리며 귀한 비장품을 출품하면서 자문해 주신 박물관이나 수장가 여러분, 그리고 밤낮을 가리지 않고 뛰어 주신 실무위원 여러분께 다시 한번 사의를 표한다.***

용

용하고 친해지는 길 →362-363

큰딸이 초등학교에 들어가던 해 나는 그 시절, 200동 주택 단지를 개발한다는 터무니없는 일을 저질러놓고 4년 동안을 씨름했다. 어느 해인가는 크리스마스이브에 빚쟁이들한테 쫓겨 숨어 다니다가 밤중에 담을 넘어 집에 돌아간 적도 있었다. 거지든 부자든 조건 없이 애비를 반겨주는 것이 아이들이다. 뜰에서 나뭇가지를 꺾어 책상 위에 세워놓고 "아빠! 우리 크리스마스트리 만들었어." 하는데 눈시울이 시큰해졌다. "아빠! 불도저값 다 물었어?" 얼마나 소도둑같은 불도저 주인이 따라다니면서 괴롭혔던지 아이들까지 불도저 노이로제에 걸려 있었다.

1960년, 온갖 고생 끝에 4년 전쟁을 끝냈을 때 용띠 딸이 4학년이 되었다. 무거운 빚더미에서 풀려남과 동시에 호주머니에 몇 푼 돈도 생겼다. 오랜만에 애들 선물을 사러 나서니 잠시나마 흐뭇한 시간이었다. 쓸 돈은 몇천 원에 불과했지만 4년 만에 처음 쓰는 여윳돈이라 큰 부자가 된 기분이었다. 고르고 또 고르면서 결정한 것이 옛 벼루, 그것도 용 무늬가 새겨진 아담한 벼루 두 개였다. 큰마음 먹고 호주머니를 털어 사고 나니 국보급 보물이나 안겨준 것 같은 기분이다.

야간열차 삼등칸, 그것도 자리가 없어서 꼬박 서서 대구 집으로 돌아왔는데 고달픈 줄 몰랐다. 오랜만에 아비 구실을 하게 되었다고 느껴서 그런 것 같다. 새벽에 대문을 두드렸다. 쫄딱 망했지만 어머니 고집으로 겨우 살려낸 대구 수성동의 미완성 블록집, 그곳으로 온 가족이 후퇴하여 내가 다시 일어나는 날만 기도하면서 피난살이를 하고 있었다. 용벼루를 나누어 가지면서 날뛰던 아이들의 밝은 모습. 이제 아빠는 부자가 되었다고 억지로라도 믿었던 모양이다.

어렸을 때 예배당에서 뿌리던 광고지에는 담뱃대 물고 있는 할아버지 몸뚱이를 용이 둘둘 감고 막 잡아먹으려는 무서운 표현이 있었다. 전도사들은 용을 마귀라고 불렀다. 그래서 용과 친해지기까지는 상당한 시간이 걸렸다. 용띠, 뱀띠 딸내미들 덕분에 그동안 별로 관심을 가지지 않았던 용의 미술품들이 차차 나하고 가까워지기 시작한 것을 느끼게 되었다. 용띠, 뱀띠 딸내미들이 없었다면 나는 영원히 용을 미워했을지도 모른다.

신흥사에서 만난 무던한 석용

→364-365

1961년, 그러니까 5·16 군사 정변이 일어나던 해 여름의 일이다. 박의장과 화진포에서 점심을 같이한 당시 주한미국대사는 동해안 경치를 극찬했다. 이에 자극받아 삼 일 후 동해안 관광사업 개발을 위한 조사단이 파견되었다.

강릉 비행장에는 지방 공무원들이 나와서 기다리고 있었다. 비행장에서 지프차를 타고 모래사장 속을 달려 예정했던 코스를 따라 경포대로 향했다. 관광개발에 우선 필요한 것으로 비행장에서 경포대까지의 도로포장, 교량 2개소, 경포대 관광호텔 건설 등 세 가지를 선정, 일주일 내에 공사비 예산을 뽑아놓도록 지시하고 양양으로 해서 낙산사를 지나 설악산 가는 진흙 길을 달렸다.

이 시절은 내가 고적을 찾아다니느라 미쳐 있을 때고 도깨비 기와 수집을 시작했을 무렵이다. 그래서 동해안 관광개발 계획도 좋지만 한편으로는 그 부수입으로 낙산사, 신흥사 등 가 보고 싶었던 절간을 찾아볼 수 있었기 때문에 신바람 나게 뛰어다녔다.

신흥사를 돌아보다가 대웅전 앞에서 그만 서 버리고 말았다. 정면 돌계단 양측에 도깨비 얼굴로만 보이는 옛 돌조각이 눈에 띈 것이다. 조심조심 다가서서 우거진 풀을 헤쳐보는 순간 온몸에 전율을 느끼고 말았다. 부드러운 한국의 도깨비라 생각했는데, 자세히 보니 그것은 도깨비가 아니라 용이었다. 이렇게 순하고 점잖게 생긴 용은 처음이었다. 조각 솜씨도 날카로운 데가 하나도 없고 둥글둥글하게 부드러운 멋을 여지없이 나타내는 데 성공한 작품이었다.

상식적으로 널리 알려진 용의 모습은 아가리를 쩍 벌리고 불타는 눈을 부릅뜨고 달려들려는 성난 얼굴인데 신흥사 석용은 어찌 이렇게 인자하게 생겼을까. 이것이 바로 동방의 군자지국 한얼의 미술 아닌가. 그래서 용도 나하고 차차 친해지게 되었다.

용 잡으러 기던 이야기

→366

1962년 2월 25일. 현대 생활에서는 도저히 믿기 어려운 괴상한 일이 터졌다. 공주에서 얼마 멀지 않은 곳에 있는 웅덩이에서 용을 잡기 위해 물을 푸기 시작했다는 것이다. 이런 도깨비놀음에 빠질 내가 아니었다. 당장 공주에서 건축공사를 하고 있는 김두식에게 연락하여 진상조사를 부탁했는데 곧 보고가 들어왔다. 동리 청년들이 수심 측량까지 하는 등 치밀한 계획을 짜 가지고 추진하는 거사라는 것이었다.

그 연못에는 백제 시대부터 용이 살고 있다는 전설이 내려오고 있었으며 못가에 황소를 매어두면 용이 물어간다는 이야기, 한때 일본 사람들이 못을 푸다가 벼락 맞았다는 등 기묘한 이야기가 많았다. 어쩌면 정말 그 못에는 용이 살고 있을 듯도 했다.

만 2주일 동안 청년들은 철야로 물을 펐다. 주변에 여러 개의 천막이 쳐지고, 막걸릿집, 점집, 무당집도 끼어들어 장마당 같은 분위기가 조성되었다. 용을 잡을 때 몸에 바르려는 말피도 한 통 가득 마련되었고 용을 잡아 가둘 물통도 갖다 놓았다. 용이 나오면 그 구경으로 돈벌이한다고 달구지까지 제작되었으니 참으로 믿기 어려운 괴상한 구경거리가 벌어졌던 것이다.

세상 괴짜도 다 모여들었다. 학자도 있고, 신문 기자도 끼어 있었으니 시골 사람만 비웃을 게 아니었다. 모두 비슷한 미치광이였다. 그런데 물을 다 퍼내고 용을 건진다는 날이 하필이면 내 생일이란 말인가. 무슨 천명이라도 받은 듯한 기분으로 만사 젖어치우고 현장으로 달려갔나. 못은 감탕 바닥을 깨끗하게 드러내고 기다리고 있었다.

그런데 잡은 것이라곤 큼직한 잉어 한 마리, 그 외엔 이름도 모르는 새카만 막조개가 산더미같이 쌓여 있을 뿐이었다. 잔고기가 한 마리도 없었다는 게 이상했다. 용은 못 잡았지만 다른 큰 것을 잡은 게 느껴졌다. 아직도 많은 사람이 용을 믿고 있다는 커다란 사실을 잡은 것이다.

용꿈 그림

→367-369

나는 집 안에서는 그림을 사지 않는 것을 원칙으로 삼고 있다. 집 안으로 도망쳐 날아든 새를 쏘지 않는 사냥꾼 같은 기분인지는 몰라도 이 골목 저 골목 뛰어다니다가 한 마리 걸려야 흥이 난다.

비 오는 어느 날 중간 상인 한 명이 비를 맞으면서 찾아왔다. 방석만 한 종이 보따리를 안고 들어서는 모습을 보니 거절하기가 너무 미안하여 펴 보기로 했다. 방바닥에 펴놓은 그 헌 그림은 2m 내지 3m 정도 되는 큰 그림이었다. 걸레같이 상해버린 상태였다. 하지만 첫인상이 묘한 그림이라고 느껴졌다. 아무리 들여다보아도 그때까지의 상식으로는 그림을 해석할 수 없었다.

그림은 어린 사내아이 둘이 신바람 나게 용을 낚고 있는 조룡도였다. 그런 그림을 처음 보는지라 판단 내리기가 쉽지 않았다. 큼직한 액수를 부르는데 속에서는 놓쳐서 안 될 자료라고 해 무조건 사는 방향으로 결심해 버렸다. 좋은 자료는 호주머니가 텅 비었을 때 찾아오는 법이다. 그때 놓치면 이럴거리다가는 영영 놓치고 만다.

일단 확보하고 곰곰이 생각하는데 머리에 떠오르는 것이 있었다. 언젠가 이만봉 스님에게 들은 '꿈 그림' 이야기다. 옛적에 용꿈이나 돼지꿈 같은 좋은 꿈을 꾸다 깨어나면 그 꿈을 잊어버리기 전에 화공을 찾아가 꿈 그림을 부탁하는 풍습이 있었다. 꿈 장면을 상세하게 설명하면 화공은 그 설명에 따라서 그 자리서 작도를 해 보인다. 한참 동안 옥신각신하다 두 사람 모두 합의가 되는 지점이 모이면 그를 바탕으로 화공은 고객의 꿈 그림을 완성한다. 꿈의 임자는 그 그림을 받아다가 비밀 장소에 잘 간직한다는 것이었다. 스님께 전화를 걸어 방금 입수한 용 그림 이야기를 해드렸더니 두말없이 그게 바로 꿈 그림이라 하신다. 멋진 꿈 그림 자료 하나가 민화 수집에 추가된 것이다.

또 이 지면을 빌어 내가 수집한 용왕도 한 점을 소개한다. 이 용왕도의 용왕이 여신으로 나타나 있는 점이 흥미롭다. 대개 전해지는 용왕도는 무서운 할아버지상인데, 이 그림 자료는 그런 상식을 깨버리게 한다. 그 후에도 여신 용왕도를 몇 점 더 수집하였다. 독특하게 여신 용왕도는 한결같이 가슴에 태극문을 달고 있었다. 잊어버린 생부모 문화재를 또 하나 찾은 기분이었다.

건축가, 겨레문화연구가 조자용

늘 싱그런 푸르름을 간직했던 젊은 오빠, 인자한 도깨비 할아버지, 세계적인 건축가, 구조공학자, 우리 겨레의 모태문화 연구가이자 민문화 연구가, 독창적인 이론을 내어놓은 사상가, 행동으로 많은 업적을 남긴 실천가, 어학, 붓글씨, 그림, 사진, 노래, 춤 등 다양한 분야에 비범한 재능을 갖고 있었던 천재, 멋과 흥이 넘쳐흐르던 마지막 풍류남아 조자용 박사.

일세를 거침없이 살았던 거인 조자용 박사의 무덤은 속리산 천왕봉 기슭, 더 정확히 표현하자면 충북 보은군 속리산면 도화리, 천왕봉을 오르는 등산로가 시작되는 입구에 자리하고 있다. 어떤 이는 그가 생전에 미리 자신의 유택을 조성한 것이 아닌가 생각하나 전혀 그렇지 않다. 그 자리는 그가 우러렀던 천왕봉 人자 바위 아래에서 한바탕 홍풀이를 하기 위해 만든 알마당이었다.

무덤 뒤 우측에는 천天(칠성), 지地(산신), 인人(용왕)의 삼신을 세 명의 여신으로 형상화시켜 각각 세 개의 큼직한 화강암에 양각한 삼신석이 세워져 있다. 그 삼신석 앞에는 북두칠성과 윷판, 그리고 하늘의 별자리인 28수를 본떠 알구멍을 파놓은 알바위가 놓여 있다. 이 유택에 있는 삼신석과 알바위가 주는 메시지를 이해한다면 조자용 사상의 반을 이해한 것이나 마찬가지이다.

언젠가 그와 함께 김포의 어느 작은 포구 마을에 간 적이 있었다. 그때보다 수년 전 그가 주관했던 마을 축제를 회억하기 위해서였다. 바로 바다 옆, 축제가 벌어졌던 자그마한 어시장을 거니는데 그의 바짓가랑이 단이 크게 뜯어졌다. 순간, 그는 흐느적거리며 곰배팔이춤인지 곱사춤을 추며 시장을 통과해 나가는 것이 아닌가. 육 척이 넘는 키 큰 사람이 갑자기 그런 연기를 하니 주위의 사람들이 모두 웃었다. 노인이 보여주는 순발력 있는 연기력, 그 유머와 기지에 모두 경탄하고 말았다. 그는 그만큼 멋과 흥이 넘쳐나는 사람이었다. 그의 풍류와 기행, 일화는 그것만으로도 두꺼운 한 권의 책이 되고도 남을 것이다.

외국의 학자들은 그를 지나간 100년의 한국 문화계 역사에서 가장 우뚝 선 봉우리의 하나로 치는 반면, 그에 대해 우리 국민들은 너무 모른다. 우리는 그를 기껏 민화 수집가, 기와 수집가 심지어는 무속인으로 아는 사람들까지 있다. 그러나 그러한 오류가 빚어지는 것은 무리가 아니다. 그 자체가 크나큰 앎과 업적의 산맥이었기 때문이다. 사람들이 그를 이해하지 못하는 것은 큰 산 앞에 서서 한 그루의 나무만을 보는 것과 흡사하다고 할 수 있다.

우리는 조자용을 정확히 이해하려고 노력할 필요가 있다. 그가 누구인가를 알려고 하는 노력은 두 가지 관점에서 중요한 의미를 갖는다. 첫째는 그를 정확히 이해하려는 노력 그 자체가 한국인, 우리는 누구인가를 곰곰 생각해 보는 일이기 때문이다. 이제는 어느덧 거의 반서양인이 되어버린 우리들의 정체성을 확인하는 일인 까닭이다. 둘째는 현대인의 다른 삶의 방식을 생각해 보는 일이기 때문이다.

그는 무엇보다도 우선 구조공학에 정통한 세계적인 건축가였다. 실제로 건축구조물에 관한 세계특허를 여러 개 가진 한국인이기도 했다. 1926년 황해도 황주에서 태어난 그는 명석한 두뇌와 타고난 근면으로 21살 되던 1947년, 해방 이

후 첫 유학생을 싣고 미국으로 향하는 배를 타는 행운을 얻는다. 동북아의 먼 나라 코리아에서 온, 실력이 검증되지 않은 젊은이가 미국에서 처음 보내진 곳은 남부 테네시 주의 웨슬리안전문대학이었다. 그러나 그의 천재성과 실력은 곧 두드러져, 남부의 4년제 명문대학인 밴더빌트대학 공대로 진학하게 되고 결국은 하버드대학원으로 가 세계의 내로라하는 수재들과 경쟁하며 구조공학을 전공한다.

대학원 졸업 후 최선진국이라는 미국의 건축 현장에서 앞서가는 기술을 익히며 확고한 위치를 차지하기 시작할 무렵, 조국이 6.25 동란으로 폐허가 되었음을 알게 된다. 그는 주저 없이 미국에서 보장된 생활을 버리고 건축가를 필요로 하는 폐허의 한국으로 돌아온다. 그의 귀국이 결코 예사롭지 않은 일이었음은 같은 배를 탔던 서른 명의 유학생 중 스무 명이 미국에서 돌아오지 않은 것을 보면 알 수 있다.

귀국 후, 전국 여러 곳의 대학과 종합 병원 등을 건설하고 당시로서는 가장 현대식 건축이었다는 종로2가 YMCA 빌딩, 부산 구세군 본영 빌딩, 정동의 미국 대사관저를 설계 내지 감리한다. 한옥의 양식을 한껏 살려 지은 미대사관저는 레이건 대통령이 와서 묵은 후 "세상에서 내가 머문 숙소 중 가장 인상 깊은 집이었다."는 찬사를 남겼다는 일화가 있을 정도로 빼어난 걸작으로 꼽힌다.

다정茶亭인 일지암을 복원하기도 했고 그가 매료되었던 우리 선조들의 지혜인 석굴암, 다보탑, 정림사지 오층석탑의 조립식 구조를 현대 건축에 응용했으며, 우리 옛 건축의 아름다운 선을 오늘에 되살리는 작업을 했다.

그의 생애 후반부에 그를 만난 사람들은 그가 건축가였다는 사실을 알지 못한다. 하지만 그는 한 시대, 한국 건축계를 이끌었던 유수의 건축가였다. 1976년, 갑작스런 심장 질환으로 건축가로서의 생활을 중단할 때까지 서울, 부산, 대구, 광주, 원주 등 여러 곳에 실로 많은 건축 작품을 남겼다. 심지어 전방 벙커 작업까지 손을 댔을 정도였다. 최근에 건축가로써의 조자용의 생애와 업적이 묻히는 것을 안타깝게 여겨, 그의 후배와 제자 건축사들을 중심으로 그에 대한 책 저술 작업과 그의 건축 작품에 대한 연구 정리 작업이 이뤄지고 있음은 다행스러운 일이다.

엄밀히 따지면 이 세계, 어느 민족, 어느 나라에도 독자적인 고유 문화란 존재치 않는다. 아주 오래되고 고유한 것이라고 믿는 것조차 교류의 산물이다. 시원은 어디였든, 어디에서 유입되었든 이 땅에서 긴 세월에 걸쳐 뿌리를 내린 것이라면 우리 문화라 할 수 있을 것이다. 하지만 조자용은 우리 그 누구도 심각하게 고민해 보지 않은 물음을 가슴속에 평생 동안 간직하며 고뇌했다. 외국의 학자들 중에는 한국 문화는 중국 문화의 한 지방적 변형에 지나지 않는다느니, 불교 문화의 영향 없이는 성립도 안 된다는 주장을 펴는 이들이 있다. 중국 문화의 모방이나 불교 문화의 영향으로 이루어진 우리의 문화재를 보면 그들의 주장에는 일면 타당성이 있다. "진정 우리 것은 없단 말인가?" 그의 표현을 빌자면 "양부모 문화를 걷어낸 우리 것, 즉 생부모 문화는 없단 말인가?"

그는 자신만의 길을 가기 시작한다. 수많은 일화를 남긴 7년간의 고적 답사, 7년간의 신라 기와 수집, 긴 세월에 걸쳐 이루어진 민화 수집과 연구 저술, 우리의 옛 신앙과 공연예술 형태로 큰 변질 없이 전승되는 무속으로의 접근, 그 과정에서 그는 민중의 민문화 속에서 우리 겨레문화의 모태를 발견한다. 도깨비와 산신, 사신인 호랑이, 용, 거북, 봉황을 깊이 연구하게 된다. 한때는 돌 거북에 빠지기도 하고 옹기를 부지런히 수집하기도 한다.

이어 그는 단군과 치우를 만나게 되고 남이 어떤 비판을 하든 간에 까마득한 시절의 우리 신화와 상고사를 밝은 대낮으로 끌어낸다. 사유는 더욱 깊어져 우리 겨레 전래의 장수바위 신앙과 알터를 천착하게 된다. 결국은 마지막 단계에서 우리의 원초신앙인 삼신신앙을 정리하기에 이른다. 그가 광복 후 최초로 선택 받은 미국 유학생이 되고부터 우리 겨레의 삼신신앙으로 돌아오기까지의 그 먼 길은 한국 정신사의 대장정에 다름없다.

그가 가없이 사랑하며 긍지를 가졌던 우리 민문화의 여러 뷰야에 대한 독창적인 탐구는 가히 독보적이다. 그는 진정한 한국인의 눈과 마음으로 그만의 녹특한 해석과 이론을 무수히 쏟아놓았다. 그의 세계는 알면 알수록, 빠져들면 들수록 재미있고 놀랍다. 그는 우리의 민문화를 멋과 흥, 신바람의 문화로 풀었다.

우리 민문화에 대한 첫 번째 괄목할 만한 그의 주장은 조선 민화의 분류 방법이다. 1959년 일본의 민예학자 야나기 무네요시가 우리 민화를 단순히 소재별로 분류한 이래 아무도 반론을 펴지 않았던 조선 민화의 분류 방법을 정면으로 뒤엎은 것이다. 조자용은 1972년에 펴낸 『한국 민화의 멋』에서

"미술은 사상의 표현이고 따라서 민화도 그 배경이 되고 있는 민간 신앙을 기초로 분류 방법을 찾아야 한다"고 주장하고 수壽 상징화, 복 상징화, 벽사 상징화, 교양 상징화, 민족 상징화, 내세 상징화로 분류한 것이다. 비로소 한국의 민문화를 해석하는 한국인의 목소리가 생긴 것이다.

계속해서 그는 수많은 강연과 저술로 우리 민화에 대한 새로운 이론을 내어놓으며 우리 사회에 민화에 대한 의식을 환기한다. 마침내 천대받던 우리 민화들인 호랑이, 용 그림을 세계적인 예술로 알리는 데 성공하고 88 올림픽의 마스코트를 호돌이로 성사시키는 결정적인 역할을 한다.

산을 낀 한국의 마을에는 어디나 할 것 없이 장수바위 신앙이 있고 신령스럽게 생긴 바위에는 주먹이 들어갈 만한 크기의 동그란 모양의 알구멍이 여럿 파여 있다. 이 장수 신앙은 우리 겨레에 줄기차게 이어져 내려오고 있음에도 우리 인류학계나 민속학계는 별반 관심을 두지 않는다. 그는 이 장수바위 신앙과 알터는 우리 문화의 큰 줄기이며 결국은 삼신신앙과 연관이 있다는 연구를 거의 완성했나. 장수바위는 태초 이래 우리 조상들이 '비나이다, 비나이다' 빌던 신단이었는데 불교가 들어온 후 불교화되었다는 것이 그의 주장이다. 산신에게 빌던 바위에는 산신각이 세워졌고 용왕에게 자식 낳기를 빌던 바위에는 용의 순수 우리말인 '미리, 미르'와 발음이 비슷한 미륵의 마애불이 조성됐으며 칠성에게 병 고치기나 무병을 빌던 바위에는 약병을 손에 들고 있는 특이한 부처인 약사여래가 조성되거나 약사전이 세워졌다는 것이다. 알구멍을 새김은 성스러운 바위를 신격화하는 점신 행위의 결과이며 칠성 신앙과 관련이 있다는 해석이다. 그 주장의 객관적 타당성 여부를 떠나 그 주제의 선택이 너무 재미있고 그 해석이 너무 놀랍다.

그는 말년까지 도깨비 기와를 놓지 않은 채 '도깨비'에 대한 연구에 매달렸다. 잡귀신이나 잡도깨비와 구별 짓는 왕도깨비론, 은殷의 도철문饕餮文, 치우, 사신, 신라의 도깨비 기와, 장승과 연결되는 그의 독특한 '도깨비 이론'은 그가 남긴 방대한 양의 유고가 빛을 보는 날, 우리에게 또 다른 흥미를 안겨 줄 것이다.

실로 많은 사람이 그로부터 영향을 받았음에도 불구하고 혹자는 뒤돌아서 그를 두고 학문적이지 못하다는 비판을 가한다. 학문의 대열에 끼기 위해 학문적으로 포장하는 일은 그리 어려운 일이 아니다. 하지만 학술이나 학문의 이름을 빌린 논문이나 저술 중에 일고의 가치도 없는 허접 쓰레기 같은 것들이 얼마나 많은가. 우리의 민문화나 상고사, 원초신앙의 연구는 오히려 위서僞書와 위경僞經까지를 독파하며 그 속에서 직관으로 얻어내는 독창적인 이론이 더 중요할는지도 모른다. 그에게는 우리 민문화와 원초신앙을 보는 일관된 사상체계가 있었다. 어떤 때는 다소 논리의 비약이 있기도 하지만 그가 어떤 주장을 내놓을 때까지 각종 문헌과 자료를 뒤지고 수많은 장소에 가서 확인하는 그 나름의 철저함은 거의 초인적이었다. 서구적인 학문 방법론의 잣대로 그를 학문적이지 못하다고 폄하하기엔 그의 사상은 밤하늘의 혜성만큼이나 휘황찬란하게 빛난다. 서구적인 학문 방법론에만 의존했다면 그가 펼친 그 수많은 새롭고 독창적이며 생생하고 흥미진

진한 이론은 쏟아져 나오지 못했을 것이다. 부처님이나 셰익스피어가 아카데믹하지는 않았다. 그러나 세계에 그들을 연구하는 학자는 수천, 수만, 아니 그 수를 헤아릴 수 없을 정도로 많다. 조자용의 독창적인 사상을 학문적으로 접근하고 시시비비를 가려 정리하는 것은 후학들의 몫이다.

그는 행동하고 실천하는 사람이었다. 그가 거의 처음으로 벌인 민학운동, 민중박물관운동, 그가 재현한 개천절 국중대회는 이미 전국으로 퍼져나가 그 뿌리를 실하게 내렸다. 근대화의 억센 물결이 파괴해서는 안 될 마을 문화재까지 무자비하게 파괴해 나가자 더 이상 참을 수 없어 '복福마을운동'이란 기치를 내걸고 마을 신단의 재건과 잃어버린 마을축제를 되살리는 일을 이끌었다.

그는 어찌 보면 한창 나이인 오십 대 중반에 무연고의 속리산 시골 마을로 낙향했다. 현대인의 삶은 대부분이 비슷하다. 모두가 다람쥐 쳇바퀴 돌 듯 도시에서의 유사한 생활을 영위한다. '다른 삶, 대안 삶'은 없는 것일까. 도시 생활이 싫어 시골로 가 살고 싶다고 말들은 하지만 그러한 생각을 실천에 옮기는 사람은 드물다. 근세 조선 시대만 해도 벼슬살이를 하던 이들이 벼슬을 그만두면 낙향하는 풍습이 있었다. 그는 실천으로 대안 삶의 한 형태를 보였다.

그는 그곳 속리산 기슭에 삼신을 모시는 삼신사를 건설하고 그에 아우른 민족문화수련장이라는 한국식 캠프장을 만들어 꼭두쇠로 캠프를 이끌고 젊은이들과 함께 뛰며 춤추었다. 그는 그곳에서 가능한 한, 많은 젊은이와 식자들이 한국인의 본 모습으로 돌아가 한국인의 삶, 얼, 멋을 흥겹고 신명

나게 체험하게 했다.

입소하면 직접 콩을 갈아 즉석에서 순두부를 만들었고 다음날에는 떡판에서 인절미 떡을 치고 점심으로 나무 국수틀을 눌러 평양냉면을 만들어 먹었다. 술은 막걸리만 마실 수 있었으며 악기로는 징, 꽹과리, 북, 장구 사물만을 사용할 수 있었다. 지금은 쇠락했지만 당시 10여 년간, 누구라 하면 알 만한 유명 인사를 비롯하여 이만여 명이 넘는 인원이 수련에 참여하여 자기 자신이 진정 한국인임을 깨닫고 갔다.

수련장 안, 팔각으로 이루어진 바깥의 기와집이 가운데 마당을 에워싸는 팔각전, 한국 건축의 명작인 부석사 조사당을 본떠 지은 삼신사, 거미의 집 짓는 원리를 응용해 지은 만신산은 건축가 조자용의 마지막 작품이라 할 수 있다.

아무리 우수한 문화라도 한 나라 안에 고립된다면 세계인이 동의하는 보편적 가치를 얻을 수 없다. 따라서 인류문화에 공헌할 수 없다. 그의 생애에서 결코 간과할 수 없는 업적은 그가 정립한 우리의 민문화 이론과 그 빼어남을 탁월한 어학 실력에 기초하여 영어와 일어로 강의하며 『Humour of the Korean Tiger』『Spirit of the Korean Tiger』『Flavor of the Korean Folk Painting』『Traditional Korean Painting』『Diamond Mountain』, 일어판으로 『李朝の美』『李朝の民畵』『虎の美術』 등 다수를 저술해 세계에 알린 점이다. 한국 문화에 대하여 자신의 철학과 시각에 따라 정립한 이론을 본인 스스로가 외국어로 저술하여 세계에 내놓은 것은 우리 문화계 역사에서 거의 처음 있는 일이었다. 또한 그는 우리의 민화를 갖고 미국과 일본 내에서 순회 전시를 하며 그 예술성을 선양

했고 무속인들을 데리고 미국을 돌아다니며 우리의 전통무속문화를 떳떳하게 해외에 알렸다.

그는 다방면에 걸쳐 천부적인 재능을 갖고 있었다. 꽤 실한 팸플릿까지 포함하면 그는 생애를 통해 사십여 권의 저술을 남겼다. 『한국의 민화』『한호의 미술』『한얼의 미술』은 출판 당시 역저로 꼽혔으며『한호의 미술』 같은 저작은 오늘날까지도 우리의 민문화와 민화를 연구하는 데 중요한 자료가 되고 있다. 그는 말년에도 생애의 정리라는 측면에서『삼신민고三神民考』『비나이다 비나이다-내 민족문화의 모태를 찾아서』『삼신사의 밤-이제, 세계가 우리 장단에 춤을 춘다』『장수바위』를 연달아 출간했다. 글솜씨도 개성이 있었다. 글은 곧 그 사람 자체라지 않는가. 말하듯이 거침없이 나가는 그의 글은 그의 성격만큼이나 시원시원하며 읽으면 읽을수록 묘미가 있다.

그는 외국어 능력도 뛰어났다. 영미인이나 일본인들에게 각각 원어로 한국의 문화를 강의할 수 있을 정도로 영어와 일본어가 유창했다. 젊었을 때 스웨덴에서 건축 구조설계 일을 한 적이 있으므로 약간의 스웨덴어도 할 줄 알았다. 영어로 말할 때면 그의 고향인 황해도와 한때 학교를 다녔던 평양의 억양이 섞여 구수하고 텁텁하면서도 호쾌했다.

그가 큰 붓으로 쓰는 힘차고 웅혼한 붓글씨는 가히 일품이었다. 그의 붓글씨는 모두 흩어져 대부분 개인들이 소장하고 있음으로 쉽게 만나보기 힘들다. 그의 붓글씨가 얼마나 호방하며 조형적이었는가는 그의 저서『삼신사의 밤』 18-21쪽에서 그 분위기를 느낄 수 있다. 같은 책 268쪽에는 큰 빗자루 만한 붓으로 붓글씨를 쓰는 사진이 게재되어 있다. 취흥에 젖어 걸레에 먹을 찍어 쓰는 서예는 그 자체가 행위 예술이었다. 삼신사 수련장 안의 조형물에서 그의 붓글씨를 몇 점 볼 수 있다. 수련장 안에는 환인, 환웅, 환검의 글자를 새긴 비석 세 기가 서 있는데 그의 친필이다. 또한 수련장 안, 긴 사연을 간직한 세계에 하나밖에 없는 새의 무덤이라는 뜻의 '새무덤'이란 글씨는 그의 거의 유일한 한글 붓글씨이다.

그림 실력도 놀라웠다. 붓으로 물고기와 문어를 유머러스하게 잘 그렸다. 역시 같은 책 284, 286쪽에 그가 그린 그림들이 편편히 보인다. 그는 생전에 많은 장승들을 만들어 충북대 박물관을 위시하여 여러 곳에 기증하고 삼신사 수련장에는 몇 개만 남겨 놓았다. 장승을 직접 조성하는 것은 다른 조각가가 했지만 밑그림은 다 그가 직접 그린 것이다. 상주시와 경계를 이루는 보은군 마로면 적암리 휴게소에 지킴이로 서 있는 큼지막한 두 장승과 속리산 법주사를 오기 위해 말티고개를 넘어오기 조금 못 미친 대야 삼거리 광장에서 신탑과 함께 서 있는 키 큰 두 장승도 그의 작품이다. 대야 삼거리 장승은 특별히 돌 장승인데 천하대장군은 수염이 긴, 유머러스한 모습이 그의 노년의 모습을 닮았다. 그 돌 장승 두 기에 새겨져 있는 '천하대장군' '지하여장군'이라는 호방한 큰 글씨도 그의 것이다. 그가 만든 장승은 큰 크기와 방울눈, 주먹코, 함지아가리, 톱니로 표현되는 한국 도깨비의 전형적인 형상을 갖추고 있고 호방하면서도 해학스런 모습이다.

사진에도 조예가 깊어 우리 민문화에 대한 엄청난 양의 귀중한 사진 자료를 남겼다. 모든 카메라를 섭렵한 끝에 말년에는 라이카 컴팩트 자동카메라로 사람들의 다양한 모습과 표정을 스냅으로 잡는 것을 즐겼다.

그는 진정으로 우리 것을 사랑하고 한국적인 멋과 풍류에 긍지를 가졌던 이였다. 또한 그 자신, 그 멋과 풍류의 체현자였다. 그는 장타령에도 능했으며 정선 아리랑도 우렁차고 구성지게 부를 줄 알았다.

어린이들을 좋아하고 어린이 교육에 남다른 애정을 기울여, 타계하는 마지막 나날까지도 어린이들을 주관객으로 하는 <왕도깨비, 용, 호랑이 큰 전시회>를 하다 쓰러지니 우리 나이로 향년 일흔 다섯이었다.

근현대의 우리 문화계 역사에서 늦게나마 그를 가질 수 있었던 것은 우리의 행이자 복이었다. 그와 같은 한국인이 칠십 평생을 이 땅에 살았기에 우리는 한국인으로서 더욱 더 풍요로워질 수 있었다. 그 비워진 크나큰 거목의 자리는 한동안 쉽사리 채워지지 않을 것이다. 어쩌면 영원히 채워지지 않을는지도 모른다.

2001년
이만주 | 문화비평가, 시인

우리 문화의 모태를 찾아서

민학운동

문화의 뿌리와 모태

→370

근래 자기 문화에 대한 주체 의식이 고조되면서 '뿌리 찾기'라는 표현이 자주 사용되고 있다. 영화 <루트Root>가 공개된 이후에는 세계적인 유행어가 되어버렸다. 동양에도 근원이란 말이 있으니 문화의 본원을 식물의 뿌리에 비유하는 것은 동서양에 차이가 없다.

식물의 싹이 뿌리에서 나와 자라는 것을 직감하는 것이다. 그런데 문화의 본원을 말하는 마당에서는 이러한 사고방식을 재고해볼 필요가 있다. 과연 나무나 풀의 싹이 뿌리에서 싹 트는 것인가.

식물의 뿌리는 땅속에서 퍼져나가 흙과 일체가 되어 역학적 기초 역할을 한다. 덕분에 높이 솟은 나무들도 태풍을 이겨낸다. 뿌리가 뿌리 구실을 못할 때 나무는 넘어지고 만다. 뿌리의 또 하나 중요한 역할은 나무의 생명인 물과 영양소를 빨아들여 공급하는 일이다.

이렇게 접근해 가면 식물의 본원은 뿌리가 아니라 씨알이라는 사실을 알게 된다. 씨알에서 싹이 트는 것이다. 위쪽 싹은 하늘을 향해 뻗어 올라가게 되어 있고 아래쪽 싹은 땅 밑으로 뚫고 내려가게 되어 있다.

그러면 그 씨알은 어디서 태어나는가. 두말할 것 없이 씨알의 알터, 즉 모태에서 태어난다. 옛날의 우리 어머니들은 알터, 즉 구멍이 파인 알바위에서 아기 낳기를 빌었다. 깊이 생각하면 그 행위는 원시적이기보다 문화민족의 기도이다. 이 책에서 민족문화의 모태를 찾는다는 표현을 고집하는 것은 일관되게 이런 생각을 하고 있기 때문이다.

민학운동의 발동

→371-372

1970년 여름 국제PEN대회가 한국에서 열렸다. 대회 주제로 해학을 택했으니 한국인의 멋을 세계 문인에게 알릴 수 있는 절호의 기회였다.

대회장인 조선호텔은 철저하게 관리되어서 회원 이외에는 외국 대표와 접촉할 방법이 없었다. 그래도 행여나 하고 끈질기게 시도한 두 패의 민예꾼이 있었으니 하나는 남사당패였고 또 하나는 까치호랑이패였다.

어느 날 밤 드디어 프랑스 대표 존 메이어John Meyer가 걸렸다. 서교동 구석 집으로 끌고 가서 남사당 꼭두각시 인형극을 구경시키면서 실컷 웃었다. 오이 조각 한 접시에 막걸리 한 사발을 억지로 권한 뒤 김포가도를 달렸다. 창고 속에 모셔놓고 밤늦게까지 까치호랑이 그림을 있는 대로 보여주었는데 너무 웃어서 심장마비 걸릴 것 같다기에 돌려보냈다.

다음 날은 미국 대표 보니 크라운Bonnie Crown이 자기 발로 찾아왔다. 담배 먹는 호랑이 책을 읽고 매혹되었다면서 행사에서 빠져나온 것이다. 그때부터 크라운은 한국 민학운동에 절대적 후원자가 되었다. 한국을 찾을 때마다 산신령님께 기도드리고, 무당 굿판이나 민속극 놀이판을 부지런히 찾아다녔다. «아세아 학회지Asiatic Society» 표지에 산신령 탱화를 모신 것도 크라운이었다.

또 하나 기억나는 분은 한미재단 단장 프로스트Frost다. 그는 남사당패가 십이지 탈춤을 복원시킬 때, 탈 제작비 전액을 보조해 주었다. 그 후 프로스트는 민학회 회원으로 가입했고 끝까지 후원을 아끼지 않았다.

노르웨이의 모엔Moen 목사도 잊을 수 없다. 당시 펄 벅 재단 이사장으로 활약하고 있었는데, 한국의 단군과 노르웨이의 오딘과의 비교 연구에 흥미를 보였다. 그 역시 민학회 회원이었고 귀국 후 바위 그림과 같이 귀한 자료를 보내주었다.

미국 스미스소니언 박물관의 랄프 린츨러Ralph Rinzler와 마린대College of Marin 타노스 존슨Thanos Johnson 교수는 특히 한국 옹기에 깊은 관심이 있어 여러 차례 방한했고 끝내 옹기 책까지 출판했다. 대표적인 외국인 민학회원이었다.

스트롬 부부의 공로도 잊을 수 없다. 익산 장수바위의 알터등잔석 자료를 가지고 민학회에 들어왔고, 민학 두 권의 영역을 단둘이서 완성했다. 그들은 영문과 출신의 미국평화봉사단으로 한국에 와서 살고, 그 후 미술사로 전공을 바꾸어 한국 민화 연구에 몰두하게 되었다.

민문화에 대해서 우리 사회가 관심을 보이기 전의 일이었기 때문에 우리는 그 시절을 '호랑이 담배 먹을 적의 민학운동'이라고 부르게 되었다.

1970년 국제PEN대회 때는 남사당 연구와 호랑이 민화 책이 나와 있었고, 민학이란 두 글자도 신문 지면에 소개되어 있었으니 한국 민학운동은 산발적으로나마 1960년대 초반에 싹텄다고 할 수 있다.

1971년 11월 25일 몇몇 뜻 맞는 사람들이 진주의 서울집에서 자리를 같이하며 무엇인가 공동으로 해보자는 데 의견을 모았다. 얼마 후 다시 모였을 때는 보다 구체적인 방안이 청사진화되어 '민학회'라는 생소한 학회가 회칙 없이 원칙만 가지고 창립되었다. 그러나 그 원칙은 어느 회칙보다 엄격하게 지켜졌다.

1971년 12월 1일부터 민학 제1집의 편집위원인 이우형, 신영훈, 김병은, 고인숙, 칼 스트롬, 제니퍼 스트롬, 조자용 등은 그 원칙에 따라 무보수로 매일같이 민학회 사무실로 출근했다. 당시로서는 유일한 사설 민예관이었던 에밀레 미술관이 민학회 창립 사무실로서는 안성맞춤이었다. 편집 후기에 상세하게 기록된 바와 같이 편집위원들의 발광에 가까운 노력의 결실로 1972년 4월 «민학» 제1집이 출간되었고, 이어 73년 5월 31일 제2집이 예정대로 출간되었다. 당시로서는 호화판 미술도서로 인정받았고 영문 번역까지 동시에 이루어졌다. 이 충실한 2년간을 우리는 '발동기의 민학운동'이라고 가슴 깊이 느끼고 있다.

제2집 출간 이후 1976년 4월까지 민학회 활동은 실질적으로 중단되었다. 이 사실을 안타깝게 여기는 회원도 있지만 실무진에 심각한 사정이 있었음을 이해해야 한다. 중소 출판사 정도의 일을 무보수로 2년간 이끌어 오는 과정에서 생긴 필연적 결과였다. 제3집 원고가 모였으나 출판비가 떨어졌던 것이니 충전기가 필요했다.

민학회 창설에 참여한 사람의 성격은 다른 상식적 학회와 달랐다. 하나의 특정 학문을 연구하는 학자들이 아니었기 때문이다. 민예 자료 수집에 열중하던 사람이 주축이었고 개인적으로 민예관이나 민속관 같은 전시관을 갖추고 있던 사람도 몇 끼어 있었다. 여기에 직업적인 학자나 전통문화를 사랑하는 일반 사람도 뜻에 따라 자리를 같이하였으니 학회라기보다는 동호인 모임으로서 평범하게 출범하였다는 표현이 옳을 것이다.

단순한 아마추어들의 클럽식 모임은 결코 아니었다. «민학» 제2집의 내용이 말해주듯 차차 학회로서의 활동을 강화해서 민학이라는 새로운 학문 개발을 통하여 세계적인 민문화 연구단체로 만들어보겠다는 의도가 뚜렷했다.

국내 민학운동이 세계사적 조류를 타고 일어났음도 부인할 수 없다. 근세에 세계적으로 일어난 민주주의의 억센 바람은 정치뿐 아니라 문화면에도 영향을 끼쳤으니 각국의 민예운동이 실증해 주고 있다.

구체적인 예로 1928년 국제연맹 알선으로 열렸던 민예국제회의는 민예운동연합을 통해 세계 평화를 도모한 획기적인 문화 사건이었다. 민간 예술, 민간 음악, 민속 무용, 민속 연극, 민요 등을 민예의 연구 범위로 하자는 데는 합의를 보았으나, 민은 무엇이고 예는 무엇이냐는 기본 개념에서 명쾌한 답을 얻지 못한 채 막을 내렸다. 그 후에는 안타깝게 국제 정세의 악화로 중단되고 말았다.

재정이 빈약하여 민학회 자체 사업은 극히 제한되어 있었지만 이러한 세계적 민예운동 계열에 끼어 한국 민학운동을 대표했다는 점에서 민학회 창립에 보다 큰 의미를 부여할 수는 있을 것이다.

민중박물관운동의 결실

→373

민학회는 전통문화를 사랑하는 모임으로서 태어났다. 그 사랑은 학구적인 참여를 뜻하는 것이란 점을 창립 원칙에서 찾을 수 있을 것이다.

일본의 유명한 학자 한 분이 문화재 자료 수집이나 소유를 학문적으로 터부시한 적이 있었다. 이후 그의 가치관을 따르는 학자가 많아졌다. 그러나 우리 민학운동에서는 그러한 수집 행위를 논문 쓰는 일이나 다름없이 귀중하게 여겼다. 연구의 바탕이 자료 수집이기 때문에 보다 적극적으로 수집과 소유를 했던 것이다.

낚시나 등산을 취미로 하던 사람이 민학회에 들어와 놀랄 만한 알바위 정보를 제공하는 걸 우리는 여러 번 경험했다. 그 당시에 세계적으로 아직 학문적 결실을 보지 못하고 있던 바위 문화의 비밀을 한국에서 풀어보인 결과는 이러한 참여 덕분이었다.

이론과 참여 뒤에는 실천이 있어야 한다고 역설했다. 민학에서의 실천은 사설 박물관 개설이나 마을 축제 부활운동 같은 구체적인 사업으로 실현되었다. 이에 힘입어 민학회 회생의 시발기였던 1976년 12월, 민학회 회원 주동으로 민중박물관협회가 결성되었다. 100억 달러 수출을 달성했다고 떠들썩했던 해의 일이다.

이 협회에서도 1981년 «민중박물관운동»이라는 책자를 발간했다. 1985년 박물관법이 통과되어 사설 박물관의 지위가 법적으로 확보되자, 민중박물관운동은 '박물관 1,000개 운동'을 제창하며 고개를 높이 들었다.

사설박물관 설립운동은 일본 민예운동에서도 강하게 일어나, 곳곳에 특색 있는 소규모 박물관이 속속 문을 열었다. 그런데 주목되는 점은 일본 민예운동 바람을 타고 태어난 박물관의 태반이 민예관이라는 간판을 달고 있는 사실이었다.

이는 구미 각국에 많이 설치된 Folk Art Museum이라는 명칭과 일치되는 현상이었다.

또 하나 관심거리는 민예관이 모두 민예적 조형 미술 중심으로 꾸며진 점이다. 민예는 조형미술 분야와 공연 분야로 구성되는데 공연 분야가 빠진 민예 미술관으로 일관되는 것이다. 따라서 일본의 민예관은 염색 민예관, 도자기 민예관, 칠기 민예관, 석기 민예관, 목기 민예관, 도화 민예관 등 어디까지나 미술 분야를 중심적으로 체계화시키는 방향을 따르고 있다.

한편 민학운동 바람을 타고 생긴 사설 박물관은 그 태반이 민속 박물관이란 문패를 달았다. 자수, 민화, 옹기 등 몇몇 성격이 분명한 박물관만이 민예관적인 운영을 해왔다. 삶과 얼과 멋. 세 박자가 융합하여 민문화가 조성된다고 믿어왔고, 그 원리를 삶과 얼에 우선 순위를 부여했다.

이유는 두 가지였는데 하나는 외래 문화의 영향으로 이루어진 권위주의 문화관에 멸시 당해온 민문화를 바로 찾는 길이 민족문화의 모태를 찾는 지름길이라는 민학 이념에 있었고, 또 하나는 민속학의 경우처럼 민예학 연구가 뒤떨어진 탓이라고 볼 수 있다.

세계적인 민예운동 시각에서 볼 때 한국의 민학운동은 새로운 움직임이었다. 조형과 공연이 균형 잡힌 민예운동이었기 때문이다. 한때 기생 박물관이나 무당 박물관 설립 문제가 민학회원들 사이에서 거론되기도 했다.

일부에서는 눈으로 보는 박물관에서 벗어나 몸으로 체험하고 가슴으로 느끼는 박물관을 시도했다. 이 새로운 박물관 구상은 마을 문화 현장을 파고들었다. 근대화 운동으로 파괴된 마을 신단을 재건해 미화하고, 사라진 마을 축제를 부활시키는 적극적인 민문화 보존 사업으로 발전하고 있다.

신불교의 마애불

→374

신불교 문화재로 가장 뚜렷하고 예술성 높은 유물은 산간벽지에 산재하는 마애불이다. 몇몇 대표적인 작품을 살펴보자.

1965년 경주 최귀주 선생과 함께 안동 이천동 마애여래입상을 찾아간 적이 있다. 도록에 실려있는 사진을 통해 그 모습은 대략 머릿속에 심어져 있었으나 실물을 대하니 새삼 가슴이 울렁거리는 것을 느꼈다. 푸른 숲속 나뭇가지 사이로 머리와 목 부분만 드러내어 보이는 그 거룩한 모습. 그것은 우리가 보통 보고 느꼈던 낯선 부처님 얼굴이 아니라 여신의 인자하고 부드러운 모습이었다. 분명히 돌 얼굴인데 분홍색 화장을 한 듯 아름다웠다.

이제까지 인식하고 있던 불상과 판이하다는 느낌이 들어 우리는 불상이 기대고 있는 언덕 위로 올라갔다. 최 선생은 재빨리 바위에 올라 부처님 머리와 나란히 서서 미소 짓고 있었다. 순간 나는 놀라운 것을 발견했다. 머리는 제자리에서 쪼아 만든 것이 아니라 따로 만든 뒤 바위 위에 올려놓은 것이었다. 너무나 명백하게 나타난 그러한 형태를 확인하면서 돌부처 보는 눈알이 바뀌고 말았다.

얼른 밑으로 내려와 전체를 살펴보니 큰 자연 바위에 옷자락을 선각한 데 불과하였다. 이번에는 좀 멀리 서서 그 바위가 차지하고 있는 자연 환경을 살펴보았다. 순간 이곳이 본연의 기도처라는 느낌이 직감적으로 왔다. 온몸에 소름이 돋았다. 부처님 머리를 옮겨오기 전에 있었던 신교 본연의 기도처. 어머니들이 밤에 찾아와서 '비나이다, 비나이다' 아기를 빌던 자리가 틀림없었다.

몇 해 뒤 경주 남산에서 거대한 불두석이 폭우에 밀려 떠내려간 것이 발견되었다. 그 불두는 지금 국립경주박물관 뜰에 전시되어 있는데 골짜기 일대를 뒤지면 틀림없이 옷자락만 새겨진 거대한 바위가 발견될 것이다. 또 하나의 '비나이다, 비나이다' 기도처 말이다.

신교의 마애신

→375

지금까지의 경험을 가지고 지난날 보았던 마애불이나 마애명磨崖銘을 돌이켜보면 전에 보이지 않던 문화 요소가 가슴에 스며드는 것을 느끼게 된다. 충북 증평 백마산 백운사 뒤에 거창한 삼신암이 제자리를 지키고 있는데, 장수바위로 불리는 가운데 바위 몸에는 약사여래상이 뚜렷하게 양각되어 있다. 전에는 선각으로 된 마애불이 있었는데 그것을 쪼아 버리고 약사여래상을 조각했다는 것이다. 나는 마음속이 우울해졌다. 그것이 마애불이었다면 쪼아버릴 리 있겠는가. 십중팔구 마애불이 아니라 마애신磨崖神이었을 것이다.

지금까지 많은 마애불을 보았지만 마애신은 본 적이 없다. 돌에 새겨진 산신상은 하나 있었지만 기도처에 세웠던 작은 석상이었으니 마애신은 아니었다. 근 30년 동안 산신 그림을 찾아다녔는데 삼신학회 김죽희 여사가 초국보적인 마애신을 발견했다. 끝내 마애 산신을 찾지 못해 단념하려는 판에 행운이 찾아온 것이다. 채색까지 된 마애신이 세 점이나 한꺼번에 들어왔다.

이렇게 해서 마애불 기도처가 원래는 신교의 신단이었다는 것이 확실해졌다. 이럴 적에 우리는 발견이란 표현을 가볍게 쓰는 버릇이 있는데 이것은 의미가 달랐다. 문화적인 대발견인 것이다. 세상에 노출되어 있는 국보도 문맹들만 지나가는 상태에서는 땅 속에 묻혀있는 보물이나 다름없다. 자세한 이야기는 『장수바위』 책에서 소개되어 있고 여기서는 마애신이 있었다는 사실만 밝히면서 여기에 모시기로 했다.

이 시점에서 생각나는 게 하나 있는데 1970년대 초 큰 화제가 되었던 울주 대곡리 반구대 암각화다. 여러 바위 문화재를 찾아본 결과 이 바위는 고대 기도처로 추측되었다. 바위에 새겨진 마애도는 지금 우리가 관심을 집중하고 있는 마애불이나 마애신의 대선배로 인정된다.

이제 민족문화의 모태를 찾는 방향이 확고하게 섰고, 자세도 자신만만해졌다. 미처 생각지 못했던 바위 문화 자료가 하나씩 나타나기 시작하였으니 수천 년 전에 있었던 신교 본연의 신상이 나타나기를 크게 기대해 본다.

비나이다, 비나이다

→376

어렸을 때 깊이 받은 부모님 교훈, 매 맞으면서 할 수 없이 받은 일본 제국주의 교육, 눈치 보면서 슬쩍슬쩍 훔쳐 가진 기독교 사상, 멋도 모르고 흠뻑 빠졌던 불교 미술 탐구 등 어린 몸으로 겪어내기 어려운 정신세계를 방황하면서 그래도 내 민족문화의 모태를 찾는다는 뼈대만은 지키느라 애쓰며 살다

보니 어느새 백발 늙은이가 되었다.

이제, 앞날이 양양한 젊은 친구들에게 옛말을 들려주는 마당에서 뜻깊은 사진 한 장을 가지고 삼신사상을 요약할까 한다. 이 사진은 1970년 전후, 에밀레박물관이 미국평화봉사단 수련장이 되다시피 했던 시절 한 미국 학생이 찍어 온 귀한 사진이다.

그 당시 우리는 편안하고 흥겨운 분위기 속에서 가끔 토론회 아닌 토론회를 했는데 어느 날 밤엔 '기도'라는 문제를 놓고 열띤 논쟁을 벌였다. 이날 토론은 "참된 기도 자세를 보려면 산속 깊이 찾아가 바위 앞에 머리 숙이고 '비나이다, 비나이다' 홀로 빌고 있는 한국 어머니의 기도상을 찾아야 할 것."으로 끝을 맺었다.

그 말을 순수하게 받아들인 미국평화봉사단 학생 중에, 다음날부터 그와 같은 기도상을 사진에 담으려고 산중을 헤맨 적극적인 미국 젊은이가 있었다. 드디어 어느 날 이 사진을 들고 뛰어왔다.

"이것이 진짜 기도다." 이 사진을 보고 우리는 합장했다. 또 나는 나대로 이 사진을 보며 기도했다. "비나이다, 비나이다. 내 민족문화의 모태가 어디에 숨어 있는지 인도해 주시기를 신령님께 비나이다."

에밀레박물관 신화

인디언 무사도 수련

캠프 미니왕카는 미시간호 서쪽에 자리잡고 있는데, 20세기 초 미국청년협회American Youth Foundation에 의하여 창립되었고 기독교 청년 지도자 수련을 목표로 매해 여름 2주일간 빈틈없이 짜여진 계획에 따라 수련회가 집행된다. 그렇게 4년간 빠짐없이 수련을 마치면 수료증을 주었다.

대학생반 남녀 각각 500명씩, 그리고 중·고등 학생반 남녀 500명씩, 합쳐서 한 해 2,000명이 수련을 받는다. 넓은 뜻에서는 기독교적인 교육 이념을 가지고 운영되지만 캠핑 자체의 스타일은 미국 인디언의 무사도 정신을 본따서 이루어졌다는 매력이 있다. 지도자들이 모두 저명한 퇴직 학자들이란 점도 두드러진 특징인데, 재미있는 것은 이분들이 대개 본명을 쓰지 않고 인디언 별호로 통하고 있는 것이었다.

아침에 기상하면 미시간호 찬물 속에 뛰어들어가 목욕을 하는 것으로 하루의 수련 과정은 시작되었다. 숙소 청소가 끝난 뒤 약간의 휴식을 취하고 나서 아침 식사를 한다. 오전에 네 시간 강의를 듣는데 종교, 철학, 미술, 캠프 교육 등이 주요 과목이다. 점심 후 노천극장에서 전체 모임을 갖고, 오후 시간 전부를 체육 프로에 배당한다. 저녁 후에는 해가 질 무렵 호숫가 모래 언덕에서 캠프파이어를 중심으로 저녁 예배를 본다. 하지만 예배는 설교 대신에 어른의 인생담을 들을 수 있는 시간이어서 아직도 인상에 남는다.

캠핑 기간 중 한차례 큰 잔치가 벌어진다. 위대한 수령 와쟈피 총재는 인디언 우관을 쓴 추장 복장으로 높은 자리에 앉으면 모든 캠퍼들은 인디언 부족으로 나누어져서 놀이 경연을 벌인다.

위대한 신령님과 하나님의 합창

확실히 나는 그 괴상한 캠프장에 잘 들어갔다. 마치 내가 바라던 세계를 찾았고, 큰 사랑과 큰 믿음으로 이끌어주는 큰 스승들을 만난 기분이었다.

위대한 수령 와쟈피의 본명은 오위그P. G. Orwig로 미국 보이스카우트의 초대 캠프 사무총장을 지낸 평생 청년지도자였다. 그는 그야말로 젊은 늙은이였다. 정력, 박력, 조직력, 추진력, 지도력, 지력, 체력 등 지도자가 갖추어야 할 모든 능력을 갖춘 영적 지도자였다.

또 내가 존경하는 스승은 코다야Kodaya였다. 그의 본명은 워밍햄Warmingham. 국적 없는 사람을 자칭하는 코다야는 영국인과 인도인 사이에서 태어난 천재였다. 철학자, 기독교 종교학자, 작곡가, 시인, 수학자를 겸비한 신인적 존재였다. "코다야, 시 한 수 부탁합니다." 적기를 놓치지 않고 와쟈피 수령이 부탁하면 코다야는 즉석에서 일어나 시를 한 수 읊었다. 저절로 시통에서 쏟아져 나온다고 해야 옳을까. 우리는 코다야로부터 철학을 배웠다.

"스무 살이 지나고 서른 살이 되더니 어느새 마흔 살로 올라서고, 쉰 살이 지나더니 예순을 넘어서는구나. 인생이 무엇인고, 별거 아니다. 오래 살고, 보다 잘 살고, 진리를 탐구하고 아름다움을 사랑하면서 살아가는 게 인생이지." 어려운 철학 강의는 기억에 잘 남지 않는 법이다. 하지만 그의 평범하고 가식 없는 철학은 오랫동안 내 가슴속에 살았다.

수십 년 후 내가 민교와 민예를 하나로 묶으면서, 수복벽사의 궁극 사상이 인간을 통일하고 있다고 주장하게 된 것도 고백하면 코다야 스승에게서 배운 것을 전개시킨 것에 불과하다. 나중에 내가 보스턴으로 이사를 했을 때 한 달 동안이나 코다야 교수 댁에서 신세 진 적이 있었다. 이런 관계로 개인적으로도 가까웠던 스승이다.

교파를 초월하고, 종교적 형식 같은 것을 강조하지 않고, 오로지 큰 믿음과 큰 사랑을 강조했기 때문에 모든 스승을 따를 수밖에 없었다. 기독교적인 물질관에서 '스승은 하나님이 주신 축복의 선물'이란 표현을 자주 쓰신 것이 지금도 내 가슴에 깊이 스며들어 있다.

일반 대학 생활에서는 상상조차 할 수 없는 폭넓은 교육을 사랑으로 받았으니 행운이 아닐 수 없다.

미니왕카의 태극기

8월 15일 두 번째로 미니왕카에 가는 데 무엇을 준비할까 곰곰이 생각해 보았다. 미니왕카 강당 양쪽 벽에 만국기가 걸려 있는데 우리나라 깃발만 없던 것이 생각나 태극기를 만들어 갈 궁리를 했다. 태극기를 흰 천에 물감으로 그리느니 좀 더 공을 들이기로 했다. 그래서 이왕 하는 것 튼튼하게 바느질로 국기를 만들고자 다짐했다.

10센트 가게에서 필요한 천을 끊고 바늘과 실을 사 들고 하숙방으로 돌아왔다. 그리고 꼭 한 달 만에 태극기 바느질을 끝냈다. 굵은 실을 썼기 때문에 좀 투박했지만 튼튼하게 보여서 만족스러웠다.

캠프 수련은 잘하는 선수만 하는 게 아니라 참여하는 데 더 큰 의의를 두었다. 구경꾼은 하나도 없다. 모두 다 금메달을 향해서 똑같이 뛰는 것이다. 이 정신은 수십 년 후 내가 캠프장을 실현하고 운영할 때 슬로건이 되었다. 춤을 못 추는 사람도 이 캠프장에서 만큼은 구경꾼이 아니다. 캠퍼가 되어 춤을 추고 꽹과리를 두들기는 흥풀이의 기본정신으로 참여하고 즐길 수 있게 했다.

드디어 큰 잔치날이 왔다. 한참 캠프장을 돌아살피던 위대한 수령님은 잊지 않고 나를 지목해 주었다. 모닥불을 돌면서 무슨 노래를 부르고 어떤 춤을 추었는지 기억이 안 나지만 야심만만했던 것은 기억난다. 여러 용사가 지켜보는 마당에서 수령님에게 태극기를 증정했다.

"위대한 수령님! 모든 나라 국기가 다 걸려있는데 유독 저의 나라 국기만 빠져 있기에 하나 만들어 왔습니다."

"하우 하우." 인디언 말로 좋다는 말이다.

1951년 밴더빌트대학을 졸업했고, 두 달 후 미니왕카도 무사히 졸업했다. 나는 열여덟 명의 졸업생 중 하나가 되었고 50년 캠프 사상 처음으로 졸업하게 된 외국 학생이라 하니 영광이 아닐 수 없었다.

캠프장 삼신각 속에 촛불을 켜놓고 마지막 기도를 드렸다. 졸업 연설에서 장차 집에 돌아가면 꼭 미니왕카 같은 정신의 캠프를 세우겠다고 공개적으로 맹세했다. 40년 후 그 약속은 실현되었다. 그러나 혼자서 춤추게 된 내 신세가 가련했다. "니찌 니찌." 인디언 말로 섭섭하다는 뜻이다.

어머니의 잉어꿈

한국의 어머니들은 예로부터 아들 낳기를 원했고, 그 소원은 여러 가지 태몽으로 표현되었다. 나의 어머니도 잉어가 하늘로 뛰어오르는 꿈을 꾸고 나서 첫아들을 얻었다고 하니 내 일생은 어머니 잉어꿈에서 시작된 셈이다.

그 꿈 이야기는 어려서부터 수없이 들었기 때문에 내 머릿속에 한 폭의 그림으로 새겨지고 말았다. 그뿐만 아니라 아버지가 즐겨 가꾸신 웅덩이에는 언제나 잉어 떼가 놀고 있어서 일상생활에서도 내게 잉어는 심상치 않은 물고기라고 느끼며 자랐다.

잉어는 도마 위에 뉘어 놓고 칼을 대도 꿈틀거리지 않는다고 어머니는 말했다. 그래서 어려운 일에 부딪힐 때마다 잡고기들 마냥 팔딱거려서는 안 된다고 다짐하면서, 거룩하게 생긴 잉어를 귀감 삼아 처신해 왔다.

한창 민화 수집에 미쳐서 뛰어다니던 시절, 하루는 괴상한 잉어 그림 한 장을 입수했다. 아침 바다 물결을 타고 하늘로 뛰어오르는 늙은 잉어를 그린 것이다. 이변성룡이라는 화제가 붙어 있어 용문등용을 표현한 그림이었다.

이 그림을 가장 열심히 감상한 사람은 늙은 어머니였다. 너무 놀라고 굉장히 좋아하며 깜짝 놀랄 만큼 그림의 뜻을 상세하게 해설하셨기 때문에 그 정도로 흥분하지 못했던 나 자신이 부끄러울 정도였다.

어머니 돌아가시기 전에 옛집을 재건해 드리려고 한옥 자재를 사 모았으나 허가 관계로 실패했다. 서울 등촌동으로 이사하면서 뒤뜰에 못을 파고 잉어와 거북을 키워 잠시나마 옛 환경을 집 한 모퉁이에 마련해 드린 것으로 끝나고 말았다.

어머니는 나에게 동화의 세계를 실감 나게 만들어 주셨었다. 잉어뿐 아니라, 거북이, 호랑이, 도깨비, 용, 장수 같은 괴물들은 나의 어린 시절에 있어서 신화적 상상물이 아니라 같이 놀던 장난꾸러기 친구들이었다.

우스운 이야기 같지만 내가 어렸을 때 아버지는 가끔 도깨비 사냥을 나섰었다. 도깨비불을 따라 수십 리를 뛰어 다니면서 그 정체를 알고 싶어 했다. 하루는 밤이 늦도록 돌아오시지 않아 어머니가 멀리까지 마중 나갔는데 하얀 도깨비와 아버지가 격투하는 현장을 목격하게 되었다. "미친 사람같이 무얼 그리 야단이냐"며 비웃는 어머니 목소리를 듣고서야 아버지는 정신을 차렸다. 그 하얀 도깨비는 아버지를 보고 반갑다고 뛰어오르는 우리집 흰 개였다.

철저한 개화꾼이었던 아버지는 모든 미신적인 대상을 철두철미하게 배척했다. 어머니 잉어꿈 덕에 환갑 가까운 때 겨우 나같은 아들을 얻었는데도 영 믿지 않았다. 아버지의 지론인즉 미련한 놈들이 회오리바람을 보고 용이라고 떠든다는 것이었다.

나의 고향인 황해도의 황주군 삼봉산은 별로 알려진 산은 아니다. 옛 지도를 찾아보면 가끔 삼봉산이 그려진 자료도 나와서 반가운 정도다. 봉우리 세 개로서 구성된 삼봉일산이란 점은 후에 삼신산을 추적하는 데 큰 도움이 되었다.

삼봉산은 어린 나에게 신비감을 안겨주는 산이었다. 나라에 큰일이 생기면 삼봉산에서 장수가 나온다고 했다. 그래서 일본 사람들이 장수가 못 나오게 삼봉산 꼭대기에 쇠말뚝을 박았다는 이야기가 있다. 그뿐만 아니라 삼봉산에 무덤을 쓰면 송장이 용이 되어 하늘로 날고 집안은 큰 복을 받는다고 들었다. 심한 가뭄이 들었던 해, 한 집안이 삼봉산에 무덤을 썼다는 소문이 났다. 얼마 후 사람들이 궁금해서 올라가 무덤을 헤쳤더니 과연 송장이 거의 용으로 변해 꿈틀거리더라는 이야기가 돌았다.

어쨌든 나는 옛말로나 들을 수 있는 도깨비, 용, 호랑이 같은 괴물들이 실감 나게 꿈틀거리는 현장에서 한없는 공상과 애착을 느끼면서 자랐다. 아버지를 따라 모든 것을 과학적으로 해석하는 버릇과 어머니를 따라 모든 것을 신비하고 순수하게 받아들이는 버릇이, 어머니를 사랑하고 아버지도 사랑하는 방식으로 내 마음속에서 자라난 것이다.

왕몽각의 꿈

→377

1965년 10월 2일 김포 등촌동 206번지 땅을 1,000평 사게 되었다. 평당 1,550원을 주었는데도 땅값을 올렸다는 소리를 들었다. 지금은 그 자리가 평당 300만 원이나 한다고 하니, 세월은 사정없이 흘렀고 모습도 많이 달라졌다.

다음 해 5월 28일 에밀레 하우스의 골조공사 계약을 대일건설과 맺고 즉시 착공했다. 공사가 한창 신나게 올라가던 어느 날 밤 묘한 꿈을 꿨다. 난생 처음 용꿈을 꾼 것이다. 옥으로 만든 긴 막대기에 세 마리 용을 낚아챘으니 왕꿈이 틀림없었다. 이성계의 꿈 따위는 비교할 게 못 되었다. 꿈은 자랑하지 말라고 했지만 그래도 가까운 주변에는 털어놓았다.

며칠 지나자 왕몽각이라고 쓴 액자를 선물받았다. 하루

는 또 다른 묘한 선물을 받았다. 전택부 선생이 김기창 화백에게 내 용꿈을 부탁하여 그려준 「용꿈」 그림이다. 참으로 멋진 선물을 받았다. 운보 선생은 내 꿈을 왕몽으로 해석하지 않은 것 같아 당시엔 섭섭한 감도 약간 있었으나 20년 후 운보 선생의 해몽이 옳았다는 것을 깨닫게 되었다. 이 용꿈은 삼신일체의 꿈이었다.

1966년 8월 21일 210평짜리 에밀레 하우스 상량식을 가졌다. 골조 공사가 끝난 후 뒷돈을 대지 못해 공사는 일단 중지되었다. 겨우 2층에 숙직실을 꾸리고 혼자서 미완성의 집을 지키기 시작했는데 이웃이라고는 들쥐와 개구리뿐이었다. 겨울이 오고 눈이 내리자 빌딩 바닥엔 두툼한 흰색 카펫이 덮였다.

당시 나는 까치호랑이 옛 민화에 매혹되어 자료 수집에 미쳐 있었는데, 어쩐 일인지 새로 지은 건물은 용과 관계를 맺기 시작했다. 건물 뒷뜰 동쪽 구석에서 샘이 터져 나왔고 무당이 찾아와서 용신이 그 자리를 지켜주고 있다고 일러주는 바람에 명당자리를 차지한 듯한 기분이 들기도 했다.

그런데 그 짓다만 엉성한 건물에서 괴상한 일이 생겼다. 바람이 부는 날 저녁이면 어김없이 3층에서 용 소리가 들리는 것이다. 일찍이 용 소리를 들은 적이 없어 진짜 용 소리인지 여부는 알 길 없으나 생전 처음 듣는 괴이한 소리여서 용 소리로 여기게 된 것이다. 소리가 나서 뛰어 올라가면 그 소리는 딱 끊어졌다. 처음에는 무서웠으나 차차 익숙해지고 나니 소리 안 나는 날이 도리어 부자연스러웠다. 후에 생각하니 유리 없는 알루미늄 창문 밑의 구멍에서 난 것 같은데, 그때는 그저 괴상하고 신비스러운 용의 울음소리라고 느끼며 살았다. 그 소리를 용의 울음으로 여긴 것도 우연한 일은 아니라고 느껴진다.

→378

에밀레 하우스 개관의 날

1968년 10월 26일은 에밀레 하우스가 개관된 날이다. 공사비가 떨어져서 1967년 한 해는 온 가족을 25평짜리 숙직실로 이사시키고, 건축 사무실은 아래층으로 옮겼다. 사실 우리 가족은 그때까지 제대로 꾸민 살림집을 가져본 적이 없었다. 주로 박물관 숙직실에서 살았고, 지금도 7평짜리 초가집에서 살고 있다. 가족에게 못할 짓 한 것 중 하나다.

1968년 3월 말 미국의 PAE 회사가 찾아와서 일층 그리고 넓은 대지를 빌려달라고 하기에 4년 계약으로 전액을 미리 받아버렸다. 그 돈으로 나머지 공사를 마무리하고 남은 돈은 인사동 거리에 뿌렸다. 민화 수집에 박차를 올리던 때에 에밀레 하우스는 준공되었나.

2층 한쪽을 숙직실로 했기 때문에 절반인 35평만을 겨우 전시실로 꾸몄는데 나로선 별 불만이 없었다. 그 정도를 가지고 박물관이라고 내세울 용기도 없었고 그럴 필요도 없었다. 한국 건축센터에 부설된 건축자료 전시관 정도로 생각해 주는 것이 편했다. 지금도 확신하고 있지만 우리나라 실정에서는 한 사업체에 부설된 사설 박물관이 가장 바람직한 형태라고 나는 믿고 있다. 그런 성격의 박물관이라야 튼튼하게 운영될 수 있기 때문이다.

그러한 가벼운 기분에서 에밀레 하우스라는 이름의 괴

상한 건물은 <벽사의 미술>을 주제로 창립 기념전을 열면서 준공을 자축했다. 그때의 안내장에는 다음과 같은 전시품 목록을 정리했다.

수면망와獸面望瓦 백 점	화문망와花紋望瓦 한 점
망와범望瓦范 두 점	선유망와線釉望瓦 세 점
신라식치미新羅式鴟尾 두 점	용두龍頭 한 점
토수吐首 한 점	귀룡자 여덟 점
토기수각土器獸脚 스무 점	청동수각青銅獸脚 두 점
산신도 두 점	까치호랑이 두 점
종규도鐘馗圖 세 점	운룡도 두 점
호피虎皮 한 점	맹호도 두 점

전시 품목에서 알 수 있듯 에밀레 하우스 개관전은 보잘것 없었다. 그러나 도깨비 기와 백 점을 비롯, 민화 자료가 처음 등장함으로써 전문가들까지 큰 관심을 쏟게 되었다. 개인의 힘으로 전통 문화재 전시관을 만들었다는 점도 주목되었고, 벽사 미술이라는 특이한 미술사적 착안 역시 전문가들의 관심거리가 되었다.

에밀레 최고의 해 1970

1970년은 에밀레 하우스가 에밀레 미술관으로 바뀐 해다. 박물관으로 등록할 길이 없어 우선 출판사로 등록함으로써 최소한의 법적 지위를 확보했다. 세간에서는 도깨비 집이 아니라 호랑이 박물관으로 불릴 때다. 어느 날 야밤에 미국 주한 대사 필립 하비브와 곽소진 선생이 놀러 와서 전시실과 컬렉션을 보고 갔는데, 그 후 하비브 대사는 어느 국제 모임에서 그 컬렉션을 소개한 모양이다. 그것이 계기가 되어 연초부터 외국 사람들이 떼 지어 몰려오기 시작했다.

외교관 모임이나 외국 부인회에서 어느새 나는 호랑이 사나이Tiger Man로 통하고 있었다. 미국평화봉사단 젊은이들이 열광적으로 접근해 왔고, 심지어 미8군 안 초등학교 학생들까지 밀려왔다. 이때부터 1975년까지 만 5년간 에밀레 미술관은 외국인 전용 미술관이나 다름없는 기관으로 인식되었고 그 기간이 에밀레의 전성시대였다.

이러한 상황에서 에밀레 미술관은 영문판 호랑이책 『Humour of the Korean Tiger』를 1970년 6월 25일 출판했다. 건축공사 시방서나 쓰라면 밤낮 쓰던 것이니까 부담 없이 쓸 수 있는데 전통미술에 관한 영문판 도서가 되고 보니 당황하지 않을 수 없었다. 그래도 용기를 내서 단 한 글자도 남의 힘을 빌리지 않고 자기 손으로 타이핑 식자까지 해서 편집해 버렸다. 사진도 내 스스로가 찍었으니 호랑이 책 첫 권은 자료 수집, 촬영, 원고, 타이핑, 식자, 레이아웃, 출판, 판매까지 몽땅 '내가 다했어' 식이 되어 버렸다. 인쇄와 제본만 광명인쇄에 맡겼을 뿐이다.

이 책은 문법상 틀린 데가 많았다. 미국평화봉사단원 바바라 시글은 그래서 이 책을 제주대에서 영문과 교과서로 썼다. 틀린 영어를 골라내기 위한 교재로서 가장 적합하여 선택된 모양이다. 정통 회화의 눈으로 볼 때 문법상 틀리는 데가 많은 그림이 바로 민화다. 그렇다면 문법상 틀린 데가 많은 글이라야 그 그림을 제대로 말할 수 있지 않겠는가.

두 번째 책인 『Spirit of the Korean Tiger』는 1972년 스트롬 부부의 교정을 받아 깨끗하게 다듬어서 냈는데 이상하게도 첫 권처럼 잘 팔리지 않았다. 세상은 우리 민화처럼 좀 틀린 데가 있으면서도 솔직한 것을 좋아하는 모양이다.

1970년 여름에는 동아방송의 0시에 만난 사람이라는 프로에 나가 18회에 걸친 라디오 방송을 맡았다. 조동화 선생의 배려로 이루어진 일이었고, 이때 정이 들었던 김주환 아나운서는 6년 후 앵콜 방송까지 해주었다.

9월 들어서는 «소년서울»에 연재를 맡아 매주 열심히 썼다. 아이들을 상대로 쓰는 전통문화에 관한 글이라 조심조심 쓰면서 아끼는 자료를 서슴지 않고 제공했다. 이 기간에도 묘한 손님들이 미술관을 찾아주었다. 하루는 내가 외출한 사이 교회에서 목사님, 장로님, 집사님, 권사님 일행이 몰려 미술관을 구경하고 갔다. 어머님을 위해서 늘 부엌문으로 들어와 예배를 보면서 기도를 드리곤 했었다. "도깨비에 홀린 이 집 주인이 하루빨리 회개하고 주님 앞으로 오셔서 하나님의 축복을 받도록 간절히 기도하옵니다."

그러나 바로 옆방 전시실의 기도내용은 달랐다. "산신령님 지금 어디 계시나이니까. 세세생생世世生生토록 이 강산 지켜주옵소서." 후에 안 일이지만 목사님 아들은 «소년서울» 애독자였고 특히 내 글을 좋아한 팬이었다.

12월에는 «시사 그래프»에 연재 계약을 맺어 1971년 1월부터 12월까지 '이것이 한국의 민화다'를 연재했다. 이 밖에 «다리», «주간 한국» 등 유명 매체에서 원고를 청탁해 준 덕분에 공부도 많이 했고, 기록도 많이 남기게 되었다.

1971년 동경화랑에서 민화전이 열렸고, 1972년에는 마이니치신문사에서 『이조의 미李朝の美』라는 이름으로 호화판 미술도서를 만들어주었는데 욕도 많이 먹었다. 귀중한 자료를 일본 출판사에 먼저 주었다고 트집 잡혔던 것이다. 1979년 고단샤에서 『이조의 민화李朝の民畵』라는 초호화판 미술 도서가 출간되었고, 국내에서는 『한얼의 미술』 『한호의 미술』 『금강산도』 『석가 팔상도』 『Introduction to Korean Folk Painting』 『민화의 멋』 『민화』 등의 출판이 뒤를 이었다.

잊힌 건축가, 조자용에 대해서

건축계 밖의 건축가

조자용은 일제강점기 조성일, 김종실 슬하에서 황해도 황주군에서 태어났다. 비교적 부유한 부모 아래 태어나 교육을 받을 수 있었다. 그는 평양, 서울, 미국 테네시, 하와이, 그리고 대구, 부산, 전주, 속리산 등을 무대로 하여 지경을 넓혔다. 그는 원래 건축가로 출발했으나 인생 후반기 전통 상징 문화에 더욱 심취, 사라지는 우리 전통문화를 솔선해 지키기도 했다.

그는 해방 후 제1세대 건축가다. 그가 당시 설계한 중앙의료원, 대구의 일련의 대학 교사 건물들은 뛰어났다. 다정 일지암을 복원하기도 했고 석굴암, 다보탑, 백제탑의 조립식 구조를 현대건축에 응용하기도 했다. 당시 전통건축을 현대건축물에 연결할 엄두를 내지 못할 때 그는 이를 실현한 것이다.

미국 건축을 직접 섭렵

조자용은 1944년 관립 평양사범학교를 졸업한 후 황해도 연백군 연백국민학교에서 교사로 근무했다. 1945년 해방과 함께 월남했다. 북한에서 월남한 이주자의 유형은 대개 다음 세 가지로 볼 수 있다.

첫째 해방 전 월남, 둘째 해방 이후 남하, 셋째 6·25 전쟁 중 남하의 경우이다. 해방 전후 남하한 사람들은 비교적 남한에 잘 적응해 생활의 안정을 찾을 수 있었다. 조자용은 그 상황에 있었고, 남하 이후 미군 부대에서 하우스보이를 하며 언어를 익혔다.

우리 정부 수립 1년 전인 1947년에는 미국 유학생을 모집한다는 신문 광고가 났다. 조자용은 이를 보고 지원해서 유학길에 올랐다. 부인과 인연이 있는 이화여대 김활란 총장이 여러 도움을 주기도 했다. 한편 한국에 와 있던 미군장교부인회의 주선과 후원도 있었다. 부인회는 십시일반 돈을 모아 유학생들을 지원했고, 또한 동시에 학생들이 미국의 각 주별 장교부인회로부터 도움 받을 수 있도록 알선했다.

그해 8월 중순, 유학생 서른 명이 미군 화물선 모턴호를 타고 인천항을 떠났다. 스물한 살의 조자용과 부인 김선희가 포함됐다. 그들 중 열 명은 석·박사 학위를 마치고 귀국했고 스무 명은 미국에 남았다. 조자용은 스스로 미국에서의 학업을 다음과 같이 기록하고 있다.

'미국에 가 1948년에 동부의 웨슬리안전문대학을 입학하고 1년 만에 졸업한 후 남부 테네시주로 가서 내슈빌 소재 4년제 밴더빌트대학 토목과를 1951년 졸업했다. 이어 하버드대 대학원에서 구조공학을 전공하고 1953년 석사학위를 받았다. 1952년과 1953년에 딸을 낳았다. 졸업 후 미국의 구조전문회사 잭슨 앤 몰랜드 엔지니어에서 근무했다.'

전후 복구에 역할

조자용은 한국을 떠난 지 7년 만인 1954년 봄 귀국했다. 휴전 이후 한국의 전재 복구, 부흥이 중요하던 시점이었다. 그에게는 토목가, 구조가, 건축가로서의 삶이 예약되어 있었다. 그는 「precast concrete 건축 10년의 회상」에서 한국건축계에는 예술가는 많아도 기술자가 적고 의장意匠에만 치우치는 경향이 있다고 생각을 밝히기도 했다. 건축의 종합적 발전이 요구된다고 이야기 했다. 그가 당시 건축가들과 거리를 둔 이유가 여기에 있을 것이다.

조자용은 부산 시내의 판잣집 같은 열악한 집에 설계실을 차려 처음 자리를 잡았다. 당시 국내 일은 UN 산하 운크라 등 기관의 도움에 의지했다. 운크라 단장은 존 쿨터 장군, 부단장은 이스트우드 장군이었다. 이곳의 건축 책임자는 필가드 기사였다. 철근, 시멘트, 목재. 페인트 등이 필가드 기사에 의해 공급되었다. 학교, 병원, 교회 그리고 관공서 등이 주 건축 타깃이었다.

건설 프로젝트 마크는 폐허의 현장을 재건하고 있다는 상징이었다. 1950년대 말, 을지로 6가에 세워진 국립 중앙의료원은 설계, 시공 모두 스웨덴 회사가 주도했다. 조자용은 이 일에도 참여했고 협의차 스웨덴을 오갔다. 국립 중앙의료원은 1956년에 공사에 착공했고 1958년에 개원했다. 당시 동양에서 가장 훌륭한 장비와 설비를 갖춘 병원이라 불렸다.

조자용은 다음과 같은 건축물 설계에 참여했다. 세명대학의 본관과 바우어 홀, 계성학교 대강당, 동산캠퍼스 간호대학관, 경북대학의 본관, 사대, 법대, 생물관 등, 그라함기념병원, 대구제중병원, 부산 구세군 본영 빌딩, 전주 예수병원 사택 5동, YMCA 건물, 수도여자사범대학(현 세종대학)과 박물관 등을 설계했다. 1959년 독립문 밖 영천아파트 공사도 그의 설계다. 전방 벙커 작업에도 손을 보탰다.

건축사, 회원 활동

건설업계의 선구자로서 조자용은 PC 건축업도 진행했다. 그러나 여러 어려움으로 유치장 신세를 지기도 했다. 5.16 후에는 교체위 자문직에 참여하기도 했다. 그러나 자문직을 사직한 이후에는 어려운 생활을 했다.

조자용은 1962년 서울을 떠나 대구에 정착했다. 그가 경영하던 건축회사 '조공무소'는 대한주택공사와도 인연을 맺었으나 실패해 문을 닫게 되었다. 동시에 집도 넘어가 여관이나 절집 신세를 지기도 했다. 이 시기에 그는 현실 건축계에 좌절하고 민화와 호랑이, 도깨비 기와 등을 본격적으로 수집해 연구한다.

그가 건축분야에 이름을 올린 것은 대한건축사협회가 처음이자 마지막이다. 1970년대 초 건축사 사무실에 주식회사 '한국건축센타'를 등록했는데 영등포에 등록한 이유는 PC 공장 부지가 필요했기 때문이고, 한미관계 건축 일에 전념하기 위한 것이었다.

1968년에는 서울 영능포구 등촌동 206번지의 1,000여 평 대지에 자신의 사무실 겸 에밀레박물관을 세웠다. 박물관은 210평 규모의 3층이었으나 독특한 조형선 덕분에 규모에 비해 커 보였다. 새마을 운동, 도시화, 산업화로 인해 우리 것을 버리고 외국 선호 일변도 변하는 것에 대한 안타까움을 건물의 외형에서 표현하기도 했다. 1968년 3월에는 에밀레박물관을 미국의 건설 컨설턴트 회사 PAE가 사용하기도 했다.

조자용은 50대에 심장병이 찾아와 전남 담양군에서 요양 생활을 했다. 그는 건강 악화로 서울을 떠나면서도 민문화 운동을 계속해나갈 새로운 박물관 터를 물색했다. 에밀레박물관은 1967년부터 1982년까지 서울에서 운영됐다. 그러나 그 자리에는 1984년 택지개발로 주거 건물이 들어서게 되었다.

그의 마지막 건축 작품은 서울 정동의 주한 미국대사관 하비브 하우스 설계다. 대사관저로 지어진 것인데 삼일기업이 시공하고, 감독은 국가무형문화재 제74호 대목장 보유자인 이광규 도목장이 했다.

대사관저 상량식 때는 시루떡을 놓고 천·지·조상 삼신에게 술잔을 올리기도 했다. 1976년 5월 완공된 이 주택은 당시 미국 해외 외교관 관저 중에서 주재국 양식으로 지은 유일한 건물로 알려졌다. 레이건 대통령이 방한해 이곳에 묵은 후 "세상에서 내가 머문 숙소 중 가장 인상 깊은 집이었다."라고 찬사를 보내기도 했다.

1981년 11월 말 조자용은 속리산 정2품 소나무 옆 속리중학교의 빈 교실에 에밀레박물관 분관을 개관했다. 이후 1982년 속리산 분관을 정식으로 열었다. 속칭 '속리산 박물관'이다. 1986년 박물관 옆에 수련장을 세워 우리 문화를 만나는 체험 박물관도 열었다.

그곳에서 우리의 모태문화 연구의 결과물로 『삼신민고』를 1995년에 출간하였으며 『한국의 민화』 『Spirit of the Korean Tiger』 등 40여 권의 저서를 남겼다. 자서전 『비나이다 비나이다』를 쓰기도 했다. 그는 2000년 향년 일흔 다섯에 타계해 영산 속리산 대목리 산기슭, 여삼신석 곁에 잠들었다. 민화 중 호작虎鵲, 그리고 도깨비를 사랑한 그를 기리는 추모비도 세웠다. 사후 조자용기념사업회가 결성되었고, 조자용을 기리는 대갈문화축제가 여전히 개최되고 있다. 건축가와 우리 문화 연구자, 20세기 어려운 시대에서 그는 두 코드의 삶을 살아간 것이다.

건축가, 조자용

1990년대 말 한국건축가협회에서 우리나라 건축가를 한눈에 볼 수 있는 『한국의 현대건축·건축가』라는 책자를 만들기로 했다. 나 역시 이 일을 거들게 됐다. 1920년대에 태어난 건축가는 김중업(1922), 박춘명(1924), 나상진(1923), 나상기(1927), 이희태(1925), 안병의(1927), 한창진(1928), 이광노(1928) 등으로 몇 없었다.

그중 조자용은 특이한 존재였다. 중앙 기존 체제의 틀에 있지 않았고 건축인과도 거리를 두고 있었다. 조자용은 이북 출신에다가 미국 유학파여서 국내 배경이 없었다. 국내에서도 주로 주한 미국인 건축인과 교류했다.

국내에서 그가 활동한 것은 1950년대 대구 청구대학(현 영남대학) 야간부 토건학과의 강의뿐이다. 그마저도 박동진, 윤장섭 등과 함께 했고 기간도 짧다.

1976년 조자용은 심장 질환으로 인해 건축사로의 작업도 중단하고 영영 건축계를 떠났다. 그 이후에 그를 만난 사람은 그가 건축가였다는 사실조차 알지 못했다. 자연스럽게 한국건축가 인명 목록을 만들 때 그는 제외되었다. 그러나 나는 어쨌든 조자용을 목록에 올려놓았다. 그가 1950년대 미국의 PC 공법을 국내에 도입하려 고군분투한 일 때문이다.

최종 편집 때 연락 두절된 이들의 목록과 간략한 인명록을 만들었다. 그즈음 조자용에게 자료를 부탁했으나 그는 책이 인쇄될 때까지 어떤 것도 보내지 않았다. 한국건축가 소개 책자에서 조자용의 이름은 끝내 빠졌다.

2021년
김정동 | 우리근대건축연구소 소장

한국의 부모는 아이가 삼신할머니 점지로 태어나면 온갖 정성을 기울여 가장 좋다고 여겨지는 이름을 지어준다. 대개 그 이름은 일생 변함이 없다. 이와는 달리, 아기가 자라서 소년이 되고, 청년이 되고, 장년이 되고, 늙은이로 인생을 마무리 짓는 과정에서 그의 성격과 인품에 따라 아호를 갖기도 한다.

본명이나 아호는 다 고상하고 권위 있어 보인다. 그러나 달리 보면 작위적인 느낌도 든다. 이에 비해 장난기 짙은 별명은 속된 것 같지만 꾸밈새 없고 순수하다. 한 사람의 인품을 제대로 아는 데는 본명보다 별명이 더 명쾌할 수 있다. 그런 의미에서 나는 별명을 좋아하는데 최근에 얻은 별명이 젊은 늙은이다. 아마 이것이 세상 사람이 나에게 붙여주는 마지막 별명일 것 같다.

이러한 원리를 적용하면 한문화에서도 가식적이고 권위

적인 본명 문화를 쉽게 발견할 수 있다. 성은 한국 문화요, 이름은 중국 문화이고, 자는 불교 문화라는 식이다. 이는 문화영향학이라고나 불러야 알맞을 현대적 학문의 문이 열리면서 얻은 본명이다.

이대로라면 우리는 머지않아 문화적 고아가 되고 말 것이다. 이 캄캄한 시점에서 우선 해야 할 일은 꿋꿋이 민족문화의 모태를 찾는 길이 아닐까. 이러한 공부의 길을 나는 문화모태학이라 이름 지어본다.

나는 중학생 시절 가장 나이가 어리다 해서 '베이비'라 놀림을 당했다. 스무 살에 미국으로 유학 가서는 '코리언 양키'로 바뀌었고, 10여 년 후 돌아온 뒤에는 '카우보이' 같은 괴상한 별명이 붙었다.

한창 문화모태학에 빠져있을 때 '거북이 아저씨'가 되었다. 불혹에 이르러서는 '도깨비' '호레이' '산신령'이 내 별명이었다. 오십 이후에는 '대갈 선생' '두령'으로 불리었고, 육십 에는 '속리신 할아버지' '호레이 할아버지' '덩덕쿵 할아버지'가 되었다. 칠십 줄에 이르니 삼신사를 찾아주는 젊은이들이 나를 '형님' '호레이 형님' '도깨비 형님' '젊은 오빠'라고 불러준다. 늦게나마 나의 알몸이 제대로 드러나는 별명을 찾은 것 같아 기분이 좋다.

40년 전 건축과, 토목과 학생들에게 구조 공학을 가르쳤다면 내 전공도 확실한 것인데, 그런 내력에는 아랑곳없이 나를 민속학자나 미술사학자, 심지어 고고학자라고까지 멋대로 소개하는 사람이 있는 걸 보면, 나는 그동안 탈선 인생을 살아온 것이 틀림없다. 좋게 보면 전공 외에 또 한 인생을 살아온 것이라 할 수 있지만, 그런 생각이 바로 가식 아닐까. 내 인생의 알맹이야말로 별명이 정확하게 알려주고 있다. 선생님, 교수님, 사장님, 회장님 따위 경칭은 내가 이룩한 일을 망칠 뿐이다.

한 사람이 이룩한 일이란 따지고 보면 별거 아니겠지만 그래도 제 딴에는 열심히 살아왔기에 애착이 있다. 하지만 그 누구도 영원할 수는 없다. 이제 모든 것을 정리하여 덩덕쿵 할아버지, 호레이 할아버지, 도깨비 형님, 젊은 오빠답게 물려줄 때가 온 것 같다.

나는 삼신할머니가 특별히 두 번 점지해 주셨다. 이 책은 첫 점지 인생 50년간의 체험을 글과 사진으로 정리한 것인데 마흔다섯 살 때 쓴 에세이가 주축이다. 전공 분야가 무엇이든 사람은 자기 민족문화의 바탕을 알아야 한다. 특히 우리나라는 이 부분이 약해 문제가 심각할 정도라고 느꼈다. 내가 내 분야에서나마 내 나라 전통을 토대로 현대화 작업을 이념으로 삼은 것은 그 때문이다.

서양 원숭이가 되어 묘기를 부리는 한편에선 부지런히 고적을 찾아다니며 자랑스러운 조상의 작품을 찾아냈다. 다음에는 옛 기와 조각을 수집하는 데 열을 올려 집 안에까지 끌고 들어왔다. 결과는 무엇이었던가. 일본 학자나 서양 학자들이 말한 대로 한문화는 중국 문화의 한 지방적 특색이거나 불교 문화의 영향으로 이루어진 것이라는 점을 시인하지 않을 수 없게 되었다.

한문화가 양부모 문화라는 사실을 확인하는 순간 나는 문화적 고아가 되고 말았다. 도대체 내 민족의 생부모 문화는 어찌 되었단 말인가. 고아 같은 서러움을 느끼면서 나는 방황했다. 무엇인가 근본적으로 잘못된 지식이 몸속 깊숙이 배어 있는 게 틀림없다고 느꼈다.

그러한 지식의 독소는 어디서 왔는가. 그것은 권위주의거나 사대주의 문화관에서 왔다. 그렇다면 내 문화의 참된 모태는 어디에 숨어 있는가. 문득 짚신 밑에 깔려 있을지 모른다는 생각에 한번 기어들어 가 보았다. 도깨비를 찾고 호랑이를 찾고 산신령을 찾고 거북을 찾아 헤매는 과정에서 희미하게나마 내 생부모 문화가 드러나기 시작했다. 민족문화의 모태를 찾은 것이다.

이 책에는 내 젊은 가슴에, 그렇게 민문화관이 싹트고 굳어지기까지의 이야기가 담겨 있다. 민족문화의 모태를 찾노라 쉼 없이 고적을 찾아다니고, 자료를 수집하고, 박물관을 세우고, 해외문화홍보에 나서고, 마침내는 삼신사를 세우고, 잃어버린 마을 문화 보호운동을 일으키는 과정에서 일어난 해프닝을 한데 모았다. 양부모 문화권을 탈출, 생부모 문화를 찾아 헤맨 문화적 고아의 삐저린 일기장이다.

1947년 미국 유학길에 오르면서부터 시작해 1977년 병으로 쓰러질 때까지의 이야기가 주축이니 나로서는 이것이 첫 점지 인생이고, 이어서 출판된 『삼신사의 밤』은 다시 살아나서 삼신사를 세우고 내 민족문화의 모태를 알려주는 구체적 움직임을 그린 후편이니 두 번째 점지 인생이다.

이 길은 본업이 아니어서 이론적 발표를 삼가 왔는데, 삼신사 젊은 식구들 청이 있어 용단을 내렸다. 알아줄 사람도 없고, 인기 끌 일도 아니고, 칭찬을 받거나 상 받는 일은 더더욱 아닌 외로운 길을 걸으면서, 그래도 기존의 문화관과 타협하지 않고 버틸 수 있었던 것은 몇몇 따뜻한 친구 덕분이다. 일을 저지를 때마다 깊은 관심을 쏟아주신 문화계, 언론계, 교육계, 그리고 외국인 단체에 깊은 감사를 드리며 삼신할머니의 축복이 내리기를 기도드린다.

끝으로 몸이 불편한데도 불구하고 책의 마무리를 도와준 마누라 김선희, 교정을 맡아준 노승대 안병진 김경옥 김죽희 정미진 님께 감사드린다.

1995년 10월 3일
속리산 삼신사에서

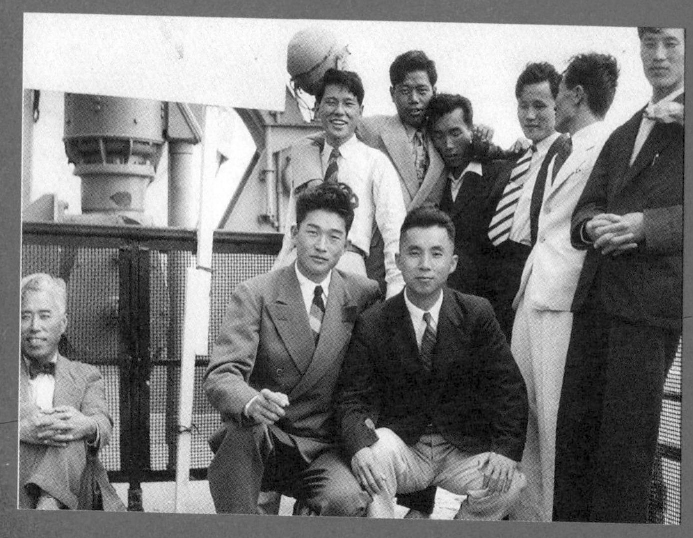

모론호상의 한국 유학생

21세 때인 1947년 8월 14일 모론호를 타고 해방후 첫 유학생의 일원으로 미국 유학길에 올랐다. 앞줄 좌로부터 2번째가 조자용 박사.

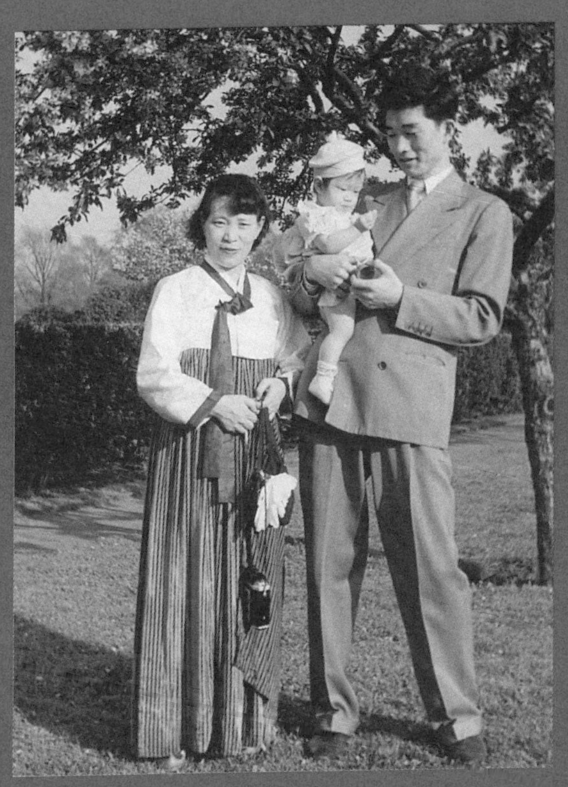

보스턴 헤밍웨이 공원에서
가족과 단란했던 한때, 1953

1951년 8월 말 같은 배를 타고 유학왔던 김선희 여사와 결혼해 1952년 6월 25일 용띠 딸이, 다음해 6월 25일에 뱀띠 딸이 태어났다.

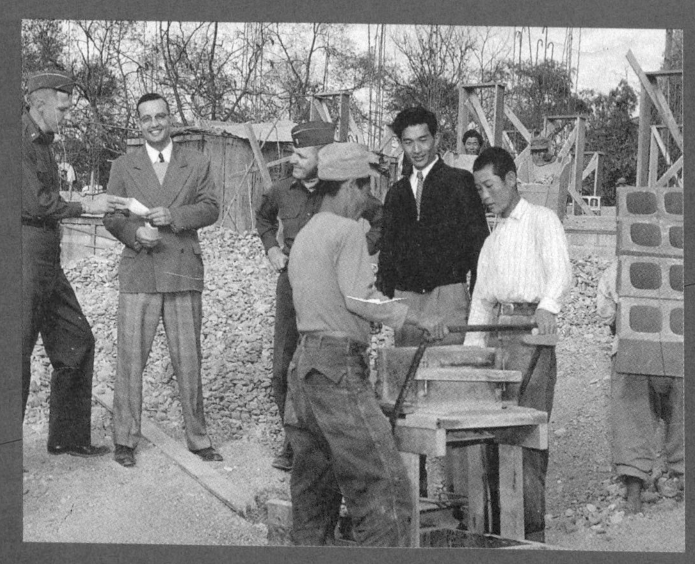

콘크리트 블록 건설 현장, 1955

동산병원 진료소, 계명대학 본관과 강당, 계성고 강당, 경북대 본관, 향촌동 아파트 100세대 건축에 이들 콘크리트 블록을 활용했다.

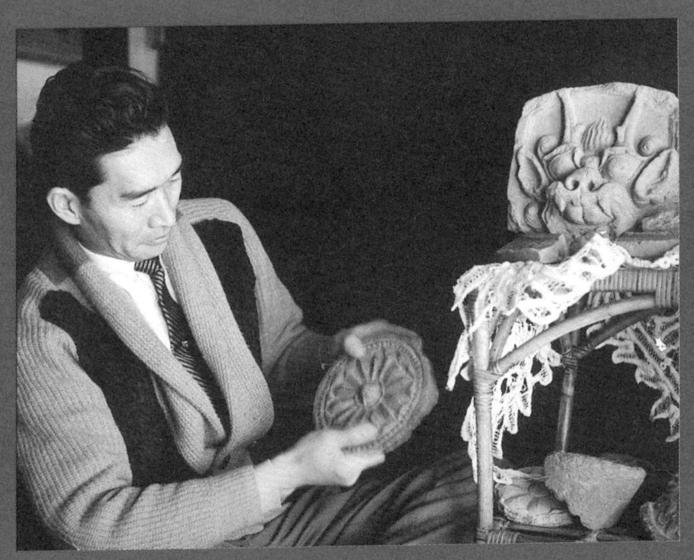

도깨비 기와 수집에 열중하던 시기의 저자, 1962

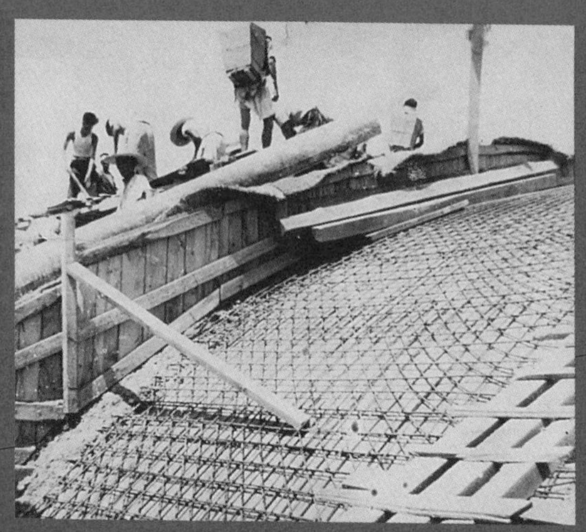

P.C. 콘크리트 슬래브, 서울 YMCA, 1964

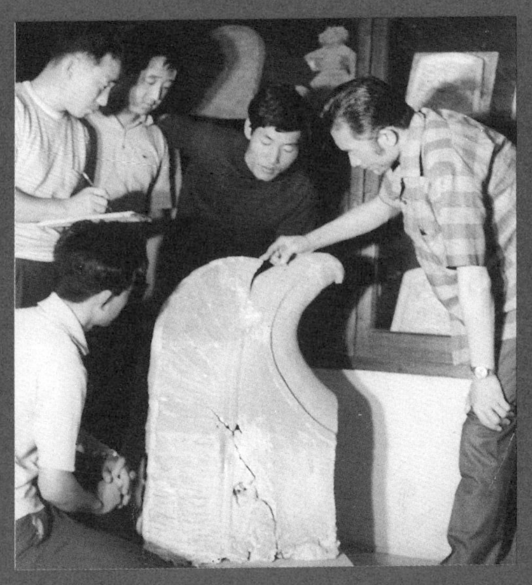

건축 사무소를 운영하면서 틈만 나면 경주를 비롯한 전국으로 돌며 문화재 탐사와 기와 수집에 열을 올렸다.

도깨비 기와 치미, 1969

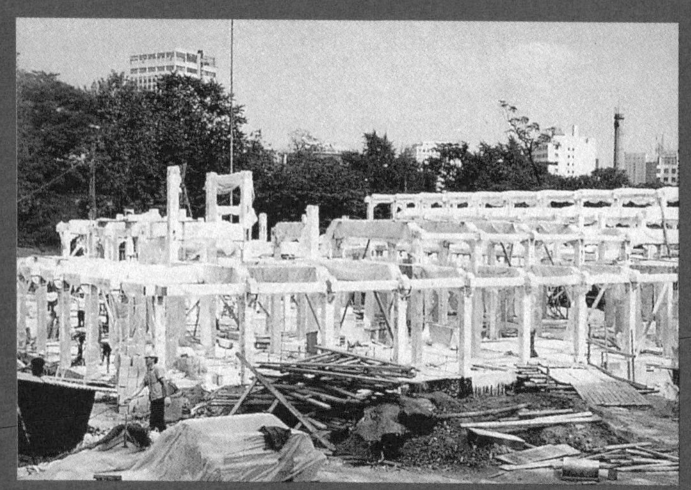

정동의 주한 미대사관저 공사장, 1975

한옥의 양식을 살려 지은 정동의 미대사관저. 레이건 대통령이 "세상에서 내가 머문 숙소 중 가장 인상 깊은 집이었다."는 찬사를 남겼다는 일화가 있을 정도로 건축가 조자용의 대표적인 걸작이다.

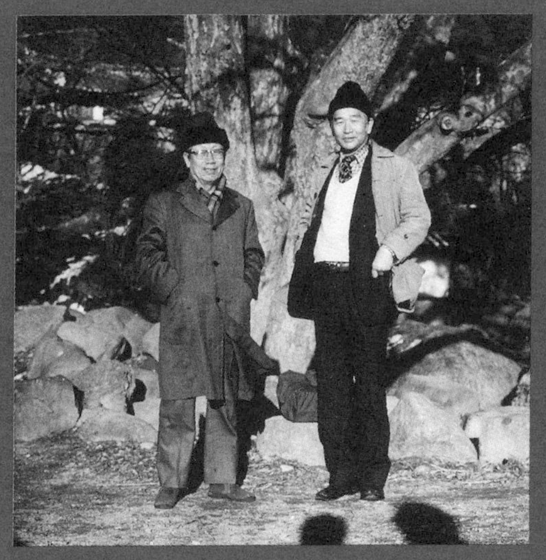

김천배 선생과 함께 소쇄원, 1978

1971년 두륜산에 오를 때와
같은 복장이다.

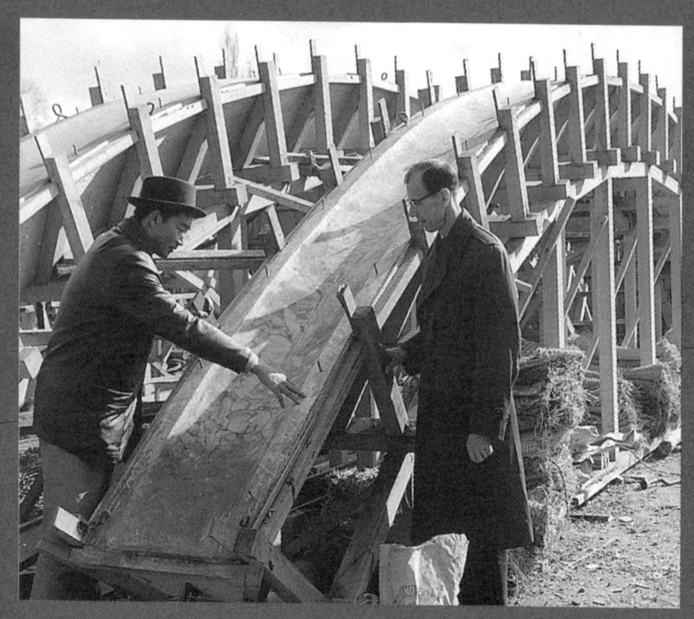

P.C. 콘크리트 시험장

지켜보고 있는 분은 동산병원 원장 모펫.
동산병원 건축을 계기로 재건 건축을
탈피해서 제대로 된 현대건축으로 방향을
전환하고 서양 기술을 흉내내는 차원을
벗어나 나름대로 독창적인 건축 공법을
선보이게 되었다.

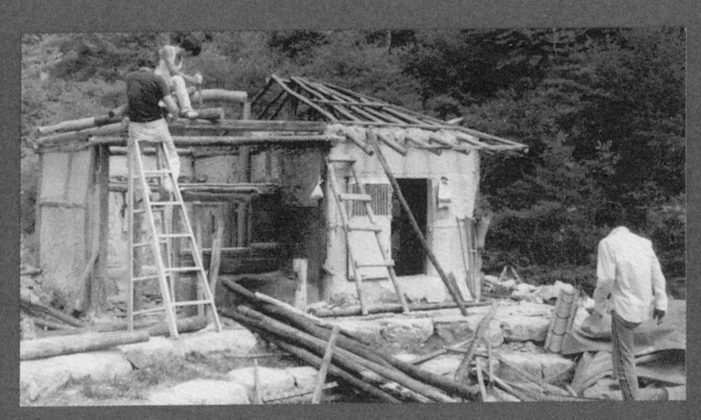

새마을 운동으로 사라진 초가집을 복원하자는 마음에서 슬레이트 지붕을 걷어내고 초가집으로 개조하는 헌마을 운동을 벌였다. 무용가 홍신자 선생이 외국인 친구들을 데리고 와서 이 집을 아주 마음에 들어 했다.

헌마을 운동, 1983

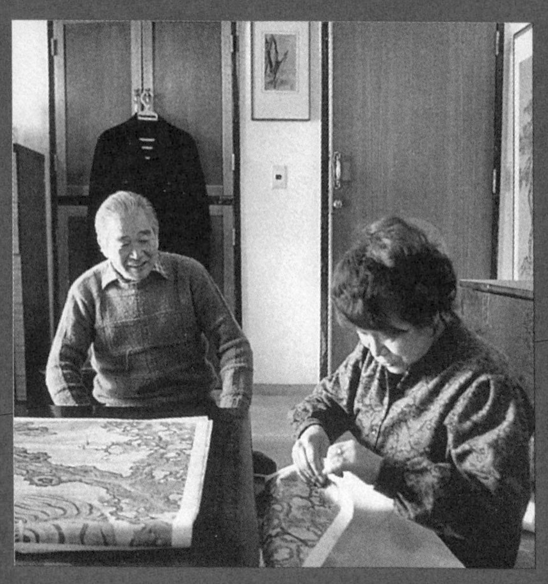

민학정사 내부, 1984

평생 문화재 수집과 우리 문화 운동을
우선시 하다보니 집안 식구들에게 제대로
된 가정집 한번 마련해주지 못하고 늘
이런 박물관 귀퉁이에서 살림을 했다.

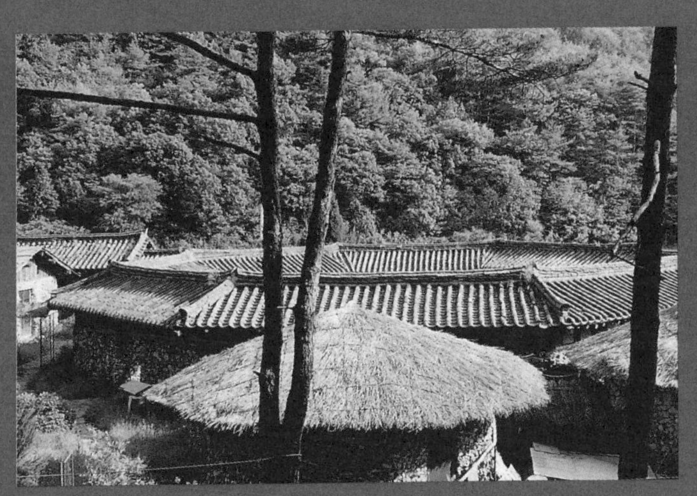

삼신사 경내, 1998

중정이 있는 팔각전을 1988년에 세웠다.

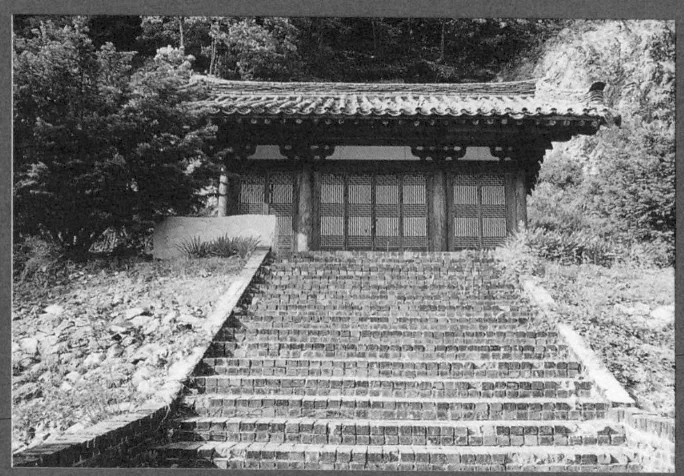

삼신사 전경

부석사 조사당을 본떠서
1988년에 세웠다.

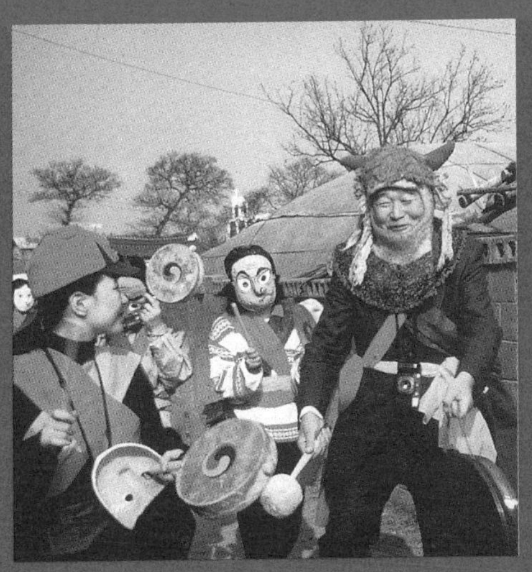

도깨비 춤, 1993

1993년 사라진 마을 축제를 부활시키는 운동의 일환으로 부안 내요리 당산제를 성공적으로 열고 신나게 도깨비 춤을 추는 조자용.

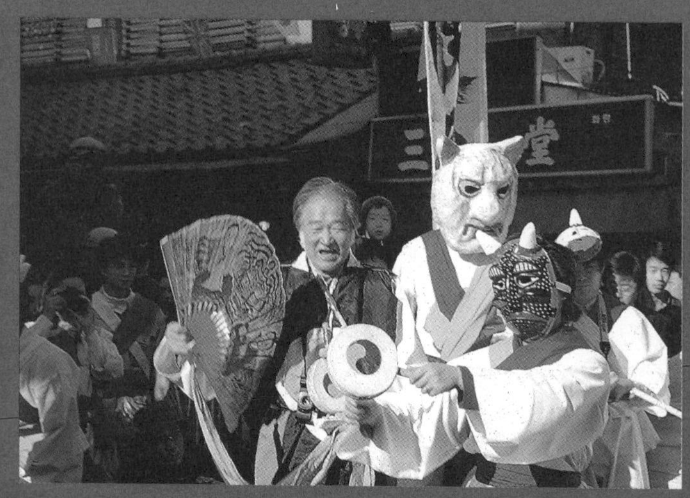

인사동 축제, 1993

도시 속의 마을 축제를 부활시키자는
마음으로 기존의 인사동·관훈동
거리축제를 민학회의 주도하에
통일퍼레이드를 벌였다.

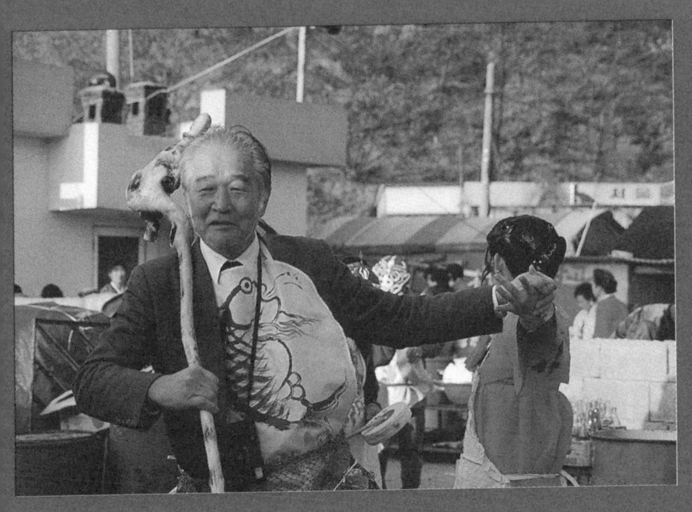

김포포구 축제, 1994

김포 양촌 포구 마을에서 풍어제 행사를
부활시켜 신나는 마을 축제를 벌였다.

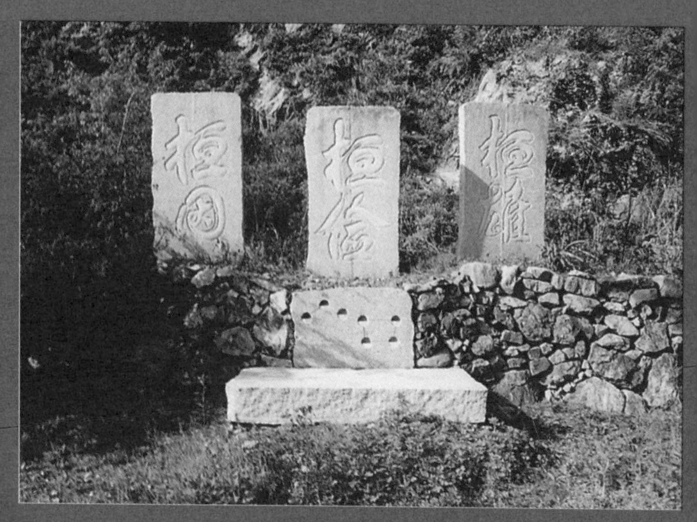

삼신사 민족 삼성 위패, 1997

돌로 된 한인, 한웅, 한검 위패와
제단을 모셨다.

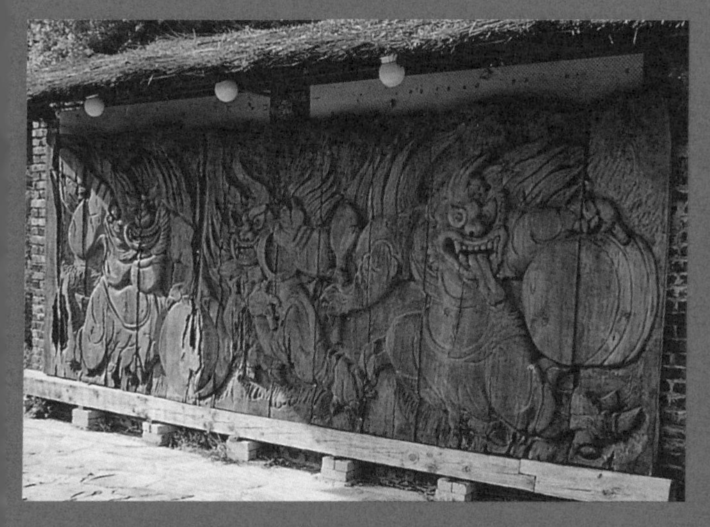

삼신사 신바람 난 도깨비, 1998

홍이 난 도깨비들이 우리 악기를
신명나게 두드리는 모습을 새롭게
목각한 작품.

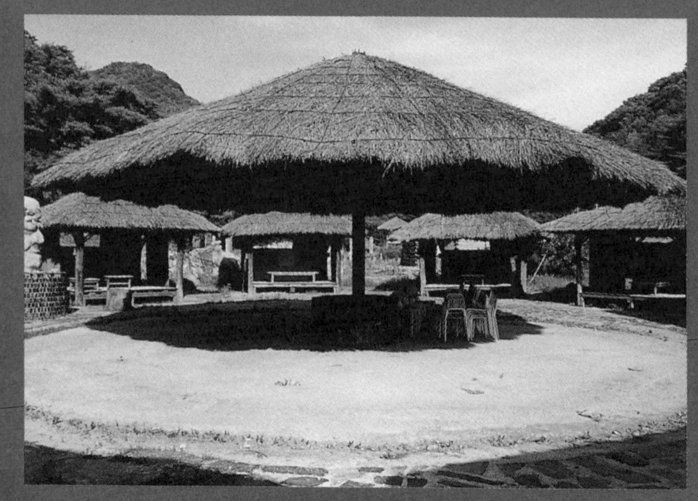

삼신사 만신산, 1998년

홍풀이 마당에 거미줄 구조를 본떠 만든 것이다. 한 우산 아래 여러 사람이 신들려 놀다보면 일신으로 귀결되는 과정을 체험한다는 의미로 만신산萬神傘이란 이름을 붙였다.

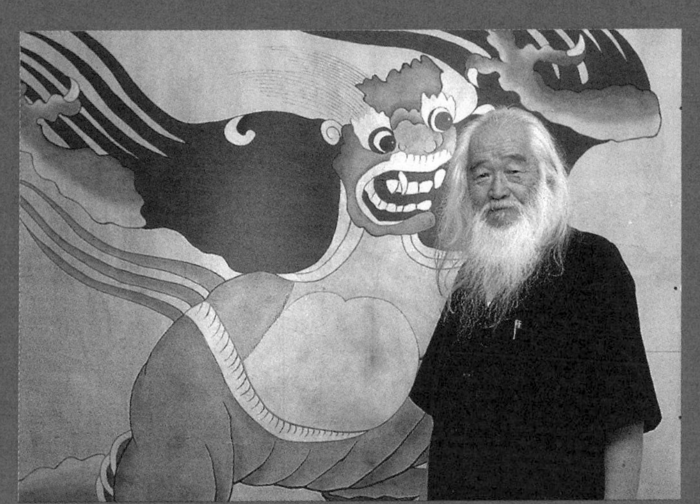

분당 왕도깨비전, 1999년

출생 및 사망

1926 황해도 황주군 흑교면 정수리 757번지
2000 삼성서울병원

공학 분야

학력

1948 테네시 웨슬리언전문대학 졸업
1951 밴더빌트대학 토목공학과 졸업
1953 하버드대학원 졸업 구조공학 전공
1981 남베일러대학 명예철학박사

연구 및 특허 업적

Sliced-Folded Shin Shell Long Span Structural System
Omega-Section Precast Concrete Slab System
T-post Y-bow Precast Concrete House-Structure

경력

1954-1957 Jackson & Morland Engineers, Shepley, Bulfinch, Abbett & Richardson Architects, K.T.A.M. Engineers, Birchlindgren Architects에서 건축구조 설계

1957-1965 아파트 단지, 철로 롱레일화 계획, 전방 벙커, 프리 패브, YMCA 재건사업, PSC 대학 특강, 셸 구조 설계 등 재건 사업 종사

건축 분야

1965 건축사 자격 취득, Zo & Associates, Engineers-Architects 회사 운영

미대사관저, 경북대 본관, 계명대 대명본관, 장로교 병원, 시그레이브 기념 병원, 그래험 기념 병원, SDA 병원, 감리교 병원, 원주 침례교 병원, 부산 구세군 본부 빌딩, 서울 YMCA 건물

박물관 분야

1957-1965 전통건축 자료를 수집 및 건축사 자료실 설치
1968 전통 민화 자료 수집, 사설 에밀레박물관 건립, 개관, 운영
1975 하와이대학 박물관 경영학 수료
1976-1982 해외 민화 순회 전시: 호랑이사절단, 82년 한미수교 100주년 기념행사까지 7년간 전시, 특강, 무당 공연, 출판 활동

민족문화 분야

1970 저술 활동: 『Humour of the Korean Tiger』, 『Spirit of the Korean Tiger』, 『한얼의 미술』

연구 및 강연: 호랑이를 중심으로 한 민문화 강좌 진행, 민족문화의 이론화 작업 토대 마련, 민문화를 호랑이 문화, 도깨비 문화, 거북이 문화, 수탉 문화 등으로 그 특성을 정리함

1971 민학회 창설. «민학» 1, 2호로 출판

1976-1982 민화 해외 전시. 본격적인 연구와 출판 진행.

저술 활동: 『민문화사설』

연구 및 강연: 하와이주립대학, 유타대학, 캘리포니아대학, 워싱턴대학 등 특강 진행

1987-1990 삼신사 수련장 건설. 삶, 얼, 멋이 어우러져 민문화를 체험할 수 있는 민족문화 수련 캠프를 운영

주요 저서

『Humour of the Korean Tiger』, 에밀레 미술관, 1970

『Spirit of the Korean Tiger』, 에밀레 미술관, 1970

『Flavor of the Korean Folk Painting』, 브리태니커, 1972

『Introduction to Korean Folk Painting』, 에밀레 미술관, 1976

『Traditional Korean Painting』, 講談社, 1992

『Life of Buddha』, 에밀레 미술관, 1975

『李朝の美』, 『李朝民畵の心』, 마이니치신문사, 1973

『李朝の民畵』, 『韓民畵概論』, 고단샤, 1973

『한국민화의 멋』, 브리태니커, 1972

『한얼의 미술』, 에밀레 미술관, 1971

『한호의 미술』, 에밀레 미술관, 1974

『한화, 금강산도』, 에밀레 미술관, 1975

『삼신민고』, 가나아트갤러리, 1995

『비나이다 비나이다: 내 민족문화의 모태를 찾아서』, 삼신학회 프레스, 1996

『삼신사의 밤』, 삼신학회 프레스, 1996

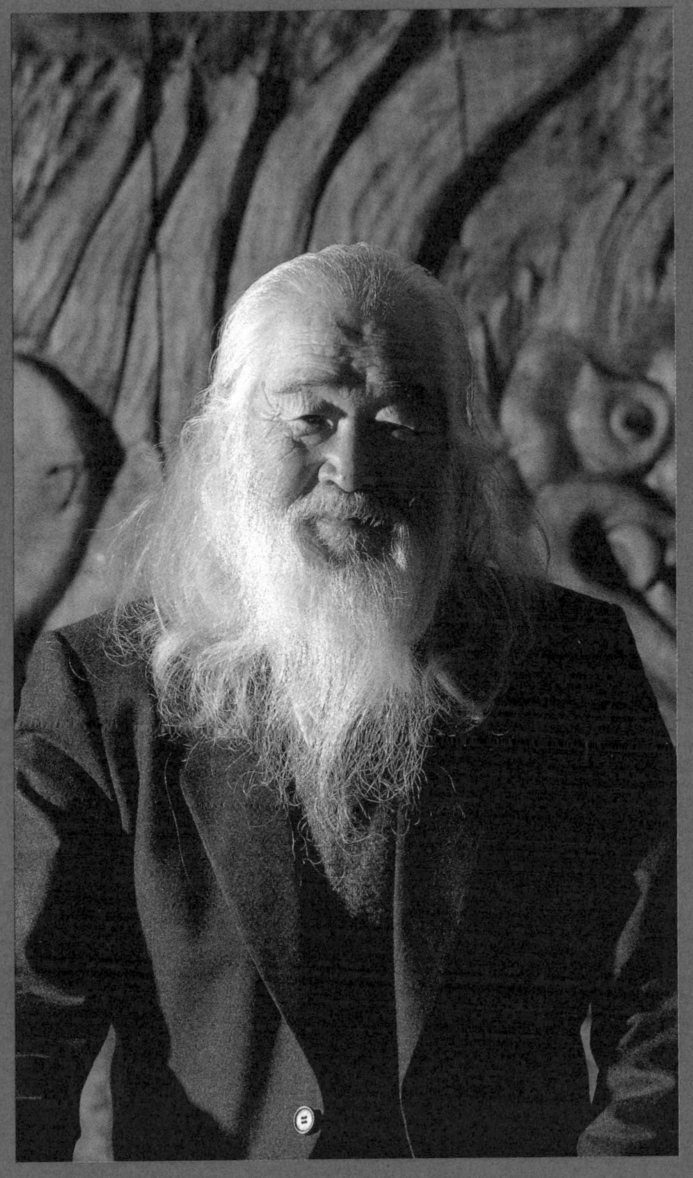

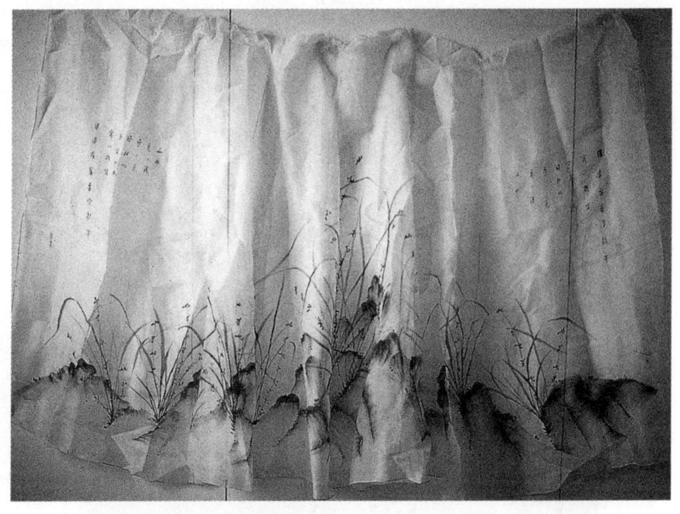

기생 치마

하이얀 명주 치마에 그려진
몇 떨기 난초화. 운치를 더해주는
한 폭의 명화.

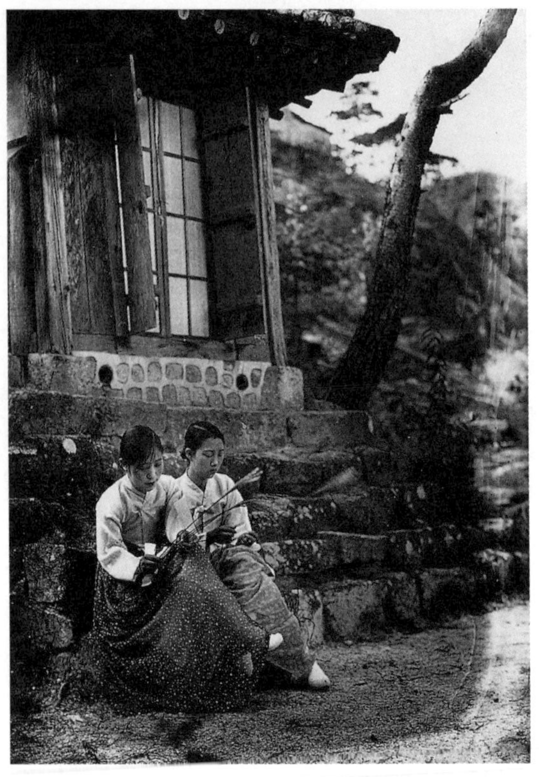

한적한 고가의 기생

기생은 우리 서민 예술의 맥을 지켜온 존재이다.

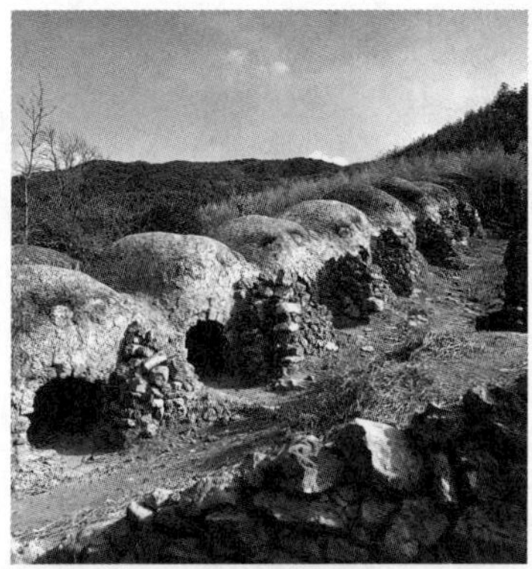

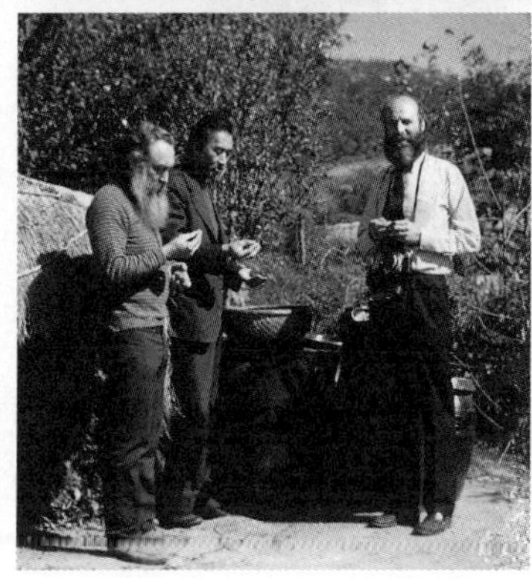

경주의 옹기굴, 1971

옹기굴을 찾는 미국인 민속학자를
안내하다가 들른 곳이다.

스미스소니언 옹기 연구팀, 1971

왼쪽부터 마린대학 교수
타노스 존슨과 스미스소니언 미술관
학예관 랄프 린츨러.

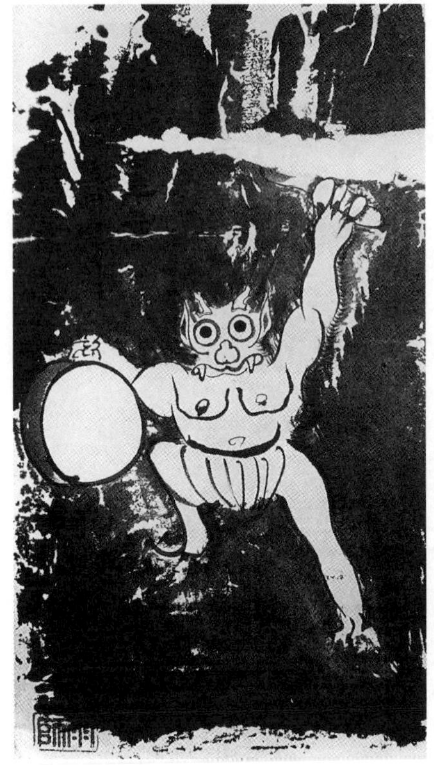

주대화

술값 대신 그려준 춤추는 도깨비 그림.

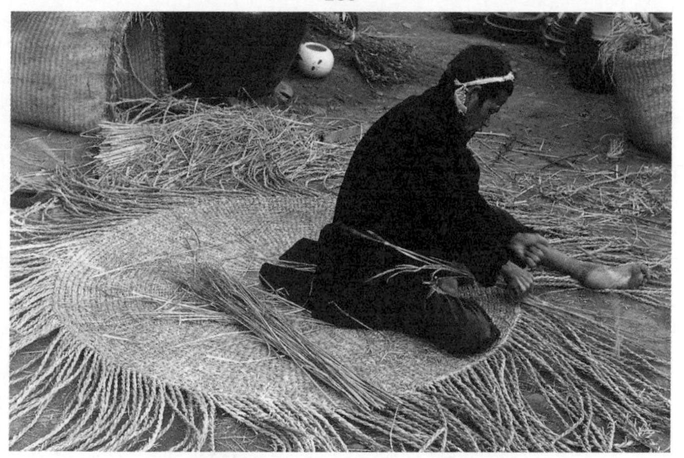

떠돌이 멍석쟁이, 1971

전북 익산에서 만난 이 벙어리 멍석쟁이는
맷방석을 매는 솜씨가 신기에 가까웠다.

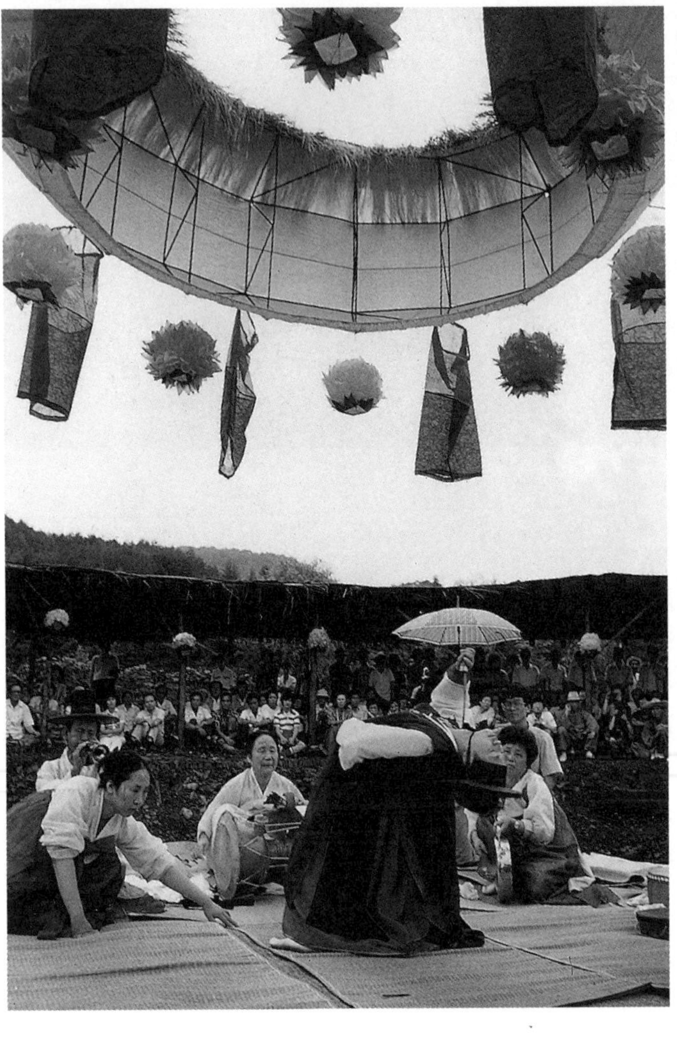

둥지굿 장면, 1984

민족의 생일날인 개천절 기념행사로
마련된 둥지굿 재현 모습이다.

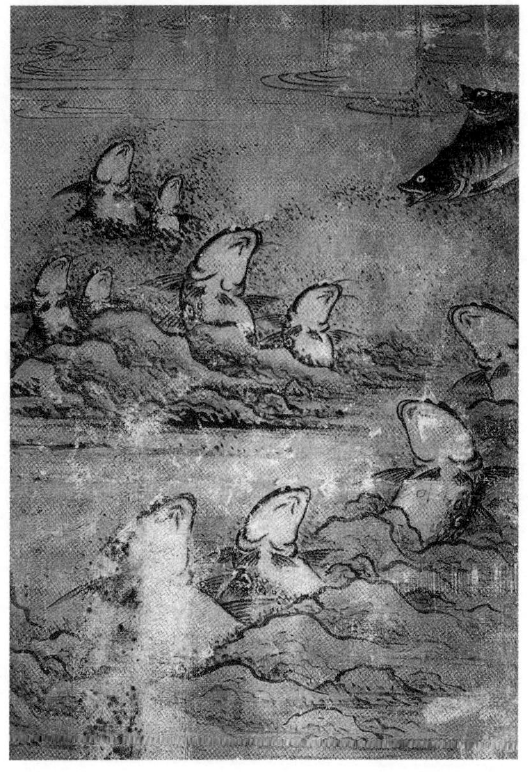

약리도

폭포 밑에서 수십 마리의 잉어가
저마다 용이 되겠다고 뛰어오르고
옆에서 막고기가 비웃고 있다.

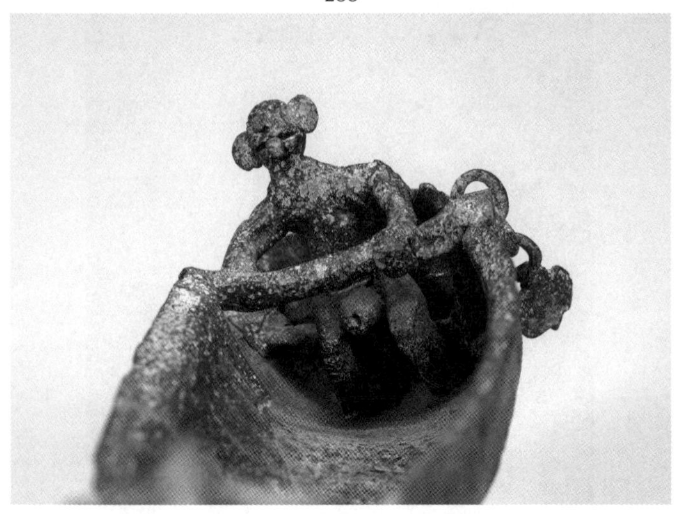

신라 시대 주형토기

벌거벗은 뱃사공의 남근이
큰 베개만 하여 보는 이로 하여금
폭소를 터뜨리게 한다.

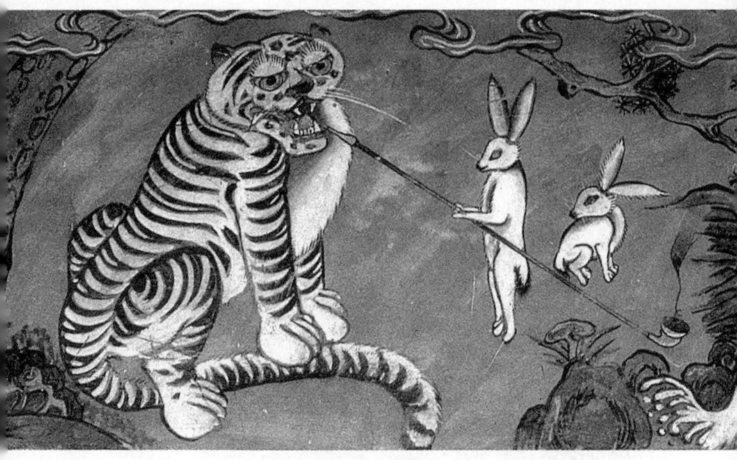

수원 용주사 벽화

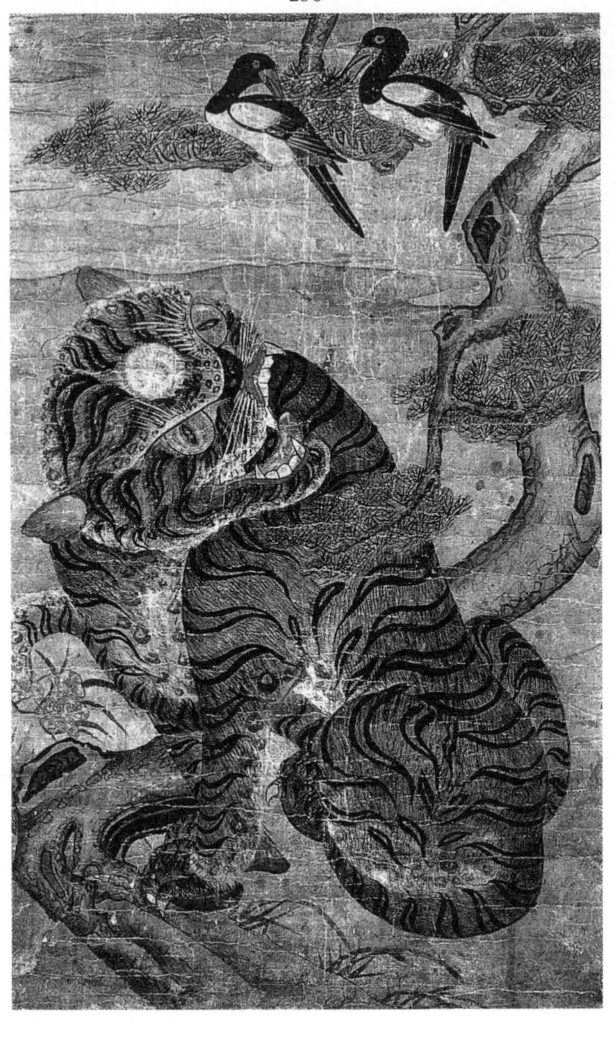

까치호랑이 민화

아주 바보같이 생겨서 보는 이로 하여금 웃음을 터뜨리게 한다.

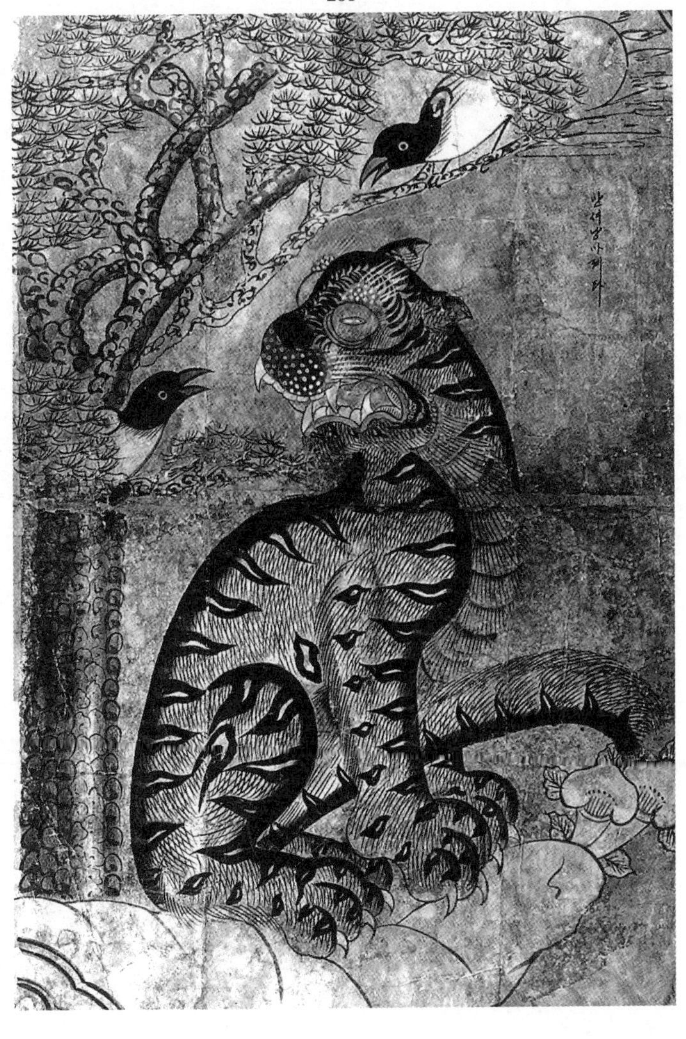

까치호랑이 민화

호랑이 꼬리를 뒷다리 사이로 밀어 올려 남근의 발기상을 나타낸다.

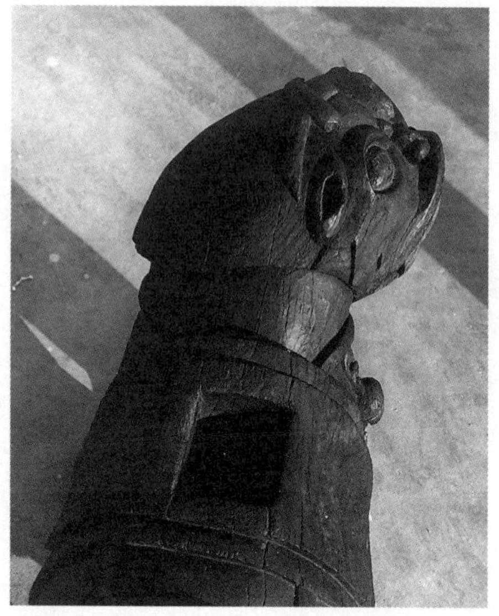

사자형 목고대

사자의 전신이 남근형으로
조각되어 있다.

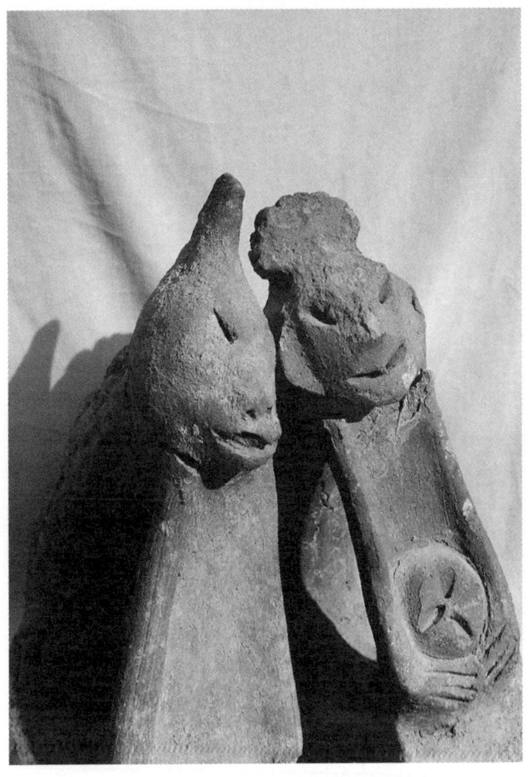

조선 시대 귀룡자

도깨비 얼굴이 사람의 얼굴에 가깝게 유머러스하게 표현되었다.

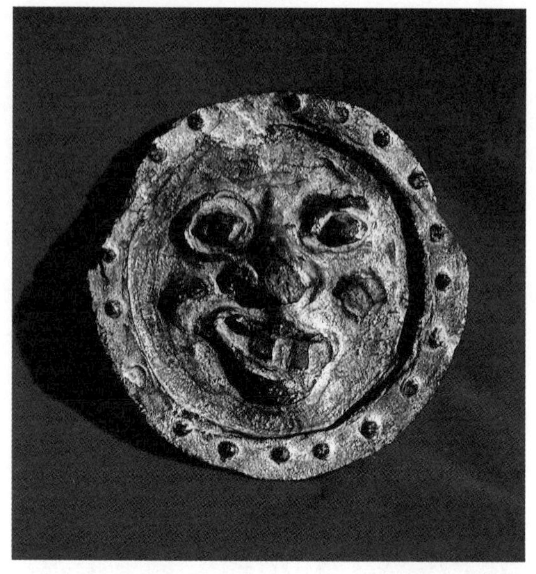

신라 시대 도깨비 무늬 수막새

사람의 얼굴에 가까운
벽사무늬 와당이다.

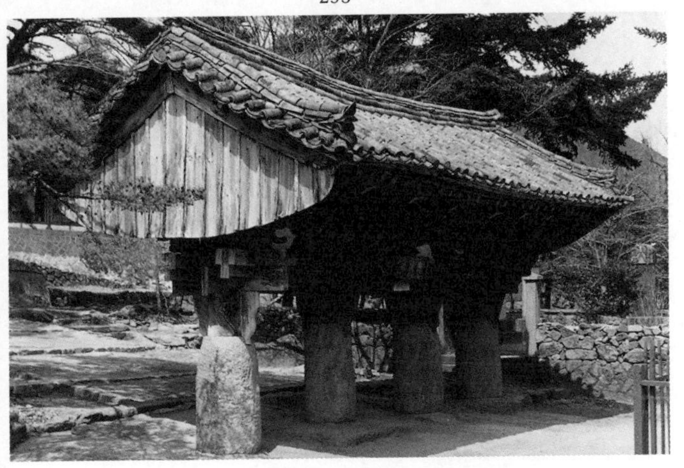

범어사 일주문

보주를 쓰지 않고 돌기둥 위에 목조 구조체를 올려놓은 독특한 형태이다.

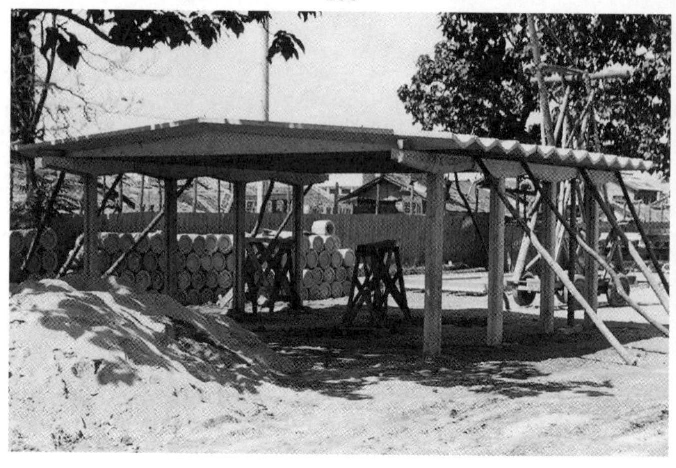

Y-T 조립구조, 1963

서울 수유리에 Y-T 두 부재로 구성된
모델 하우스를 만들었다. 이것은
다보탑의 조립구조를 현대화한 것이다.

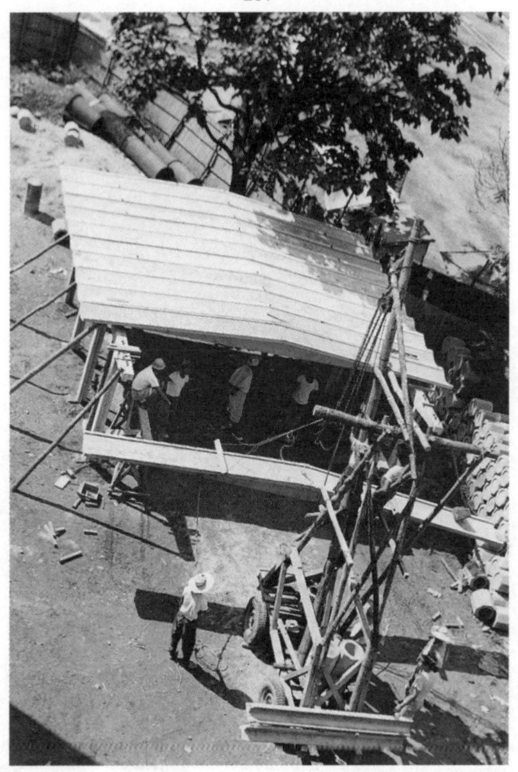

Y-T 조립구조, 1963

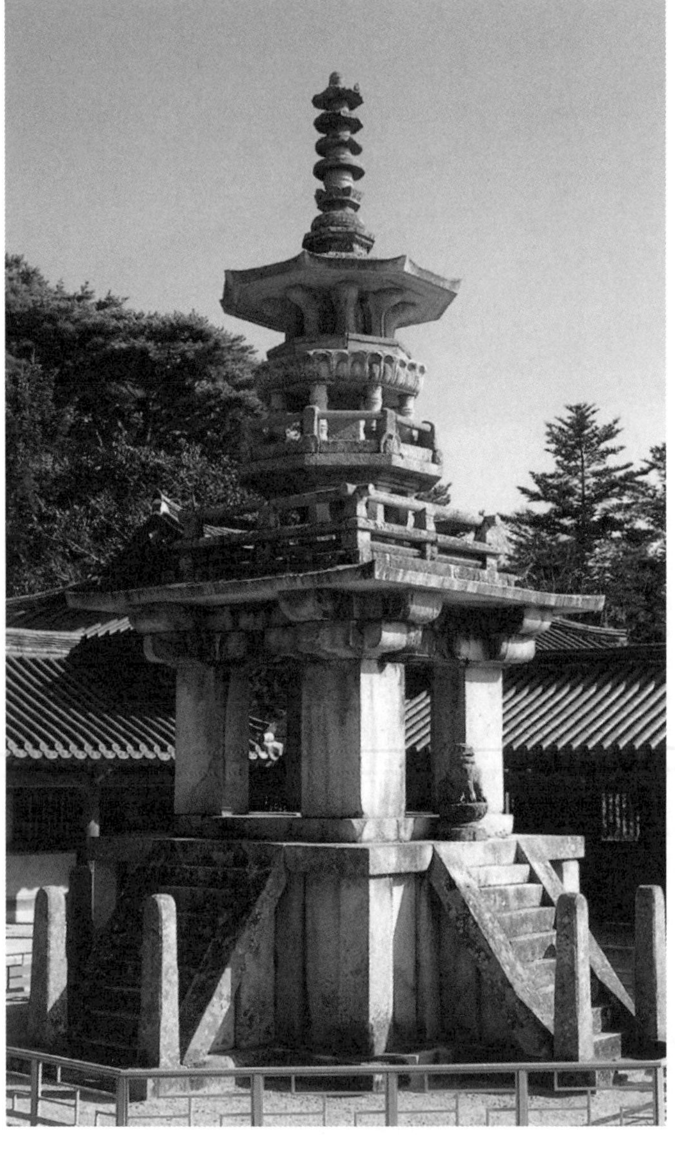

경주 불국사 다보탑

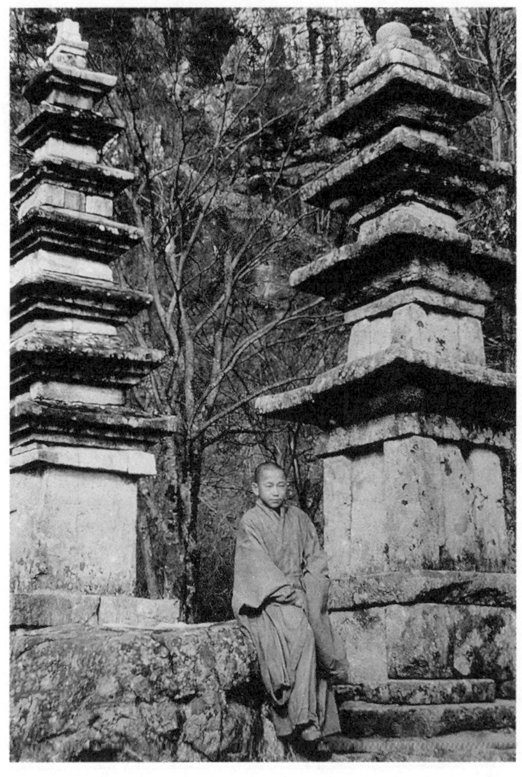

남매탑, 1962

정월에 추운 날 고생하고 찾아본 탑에
기억에 오래 남아있다.

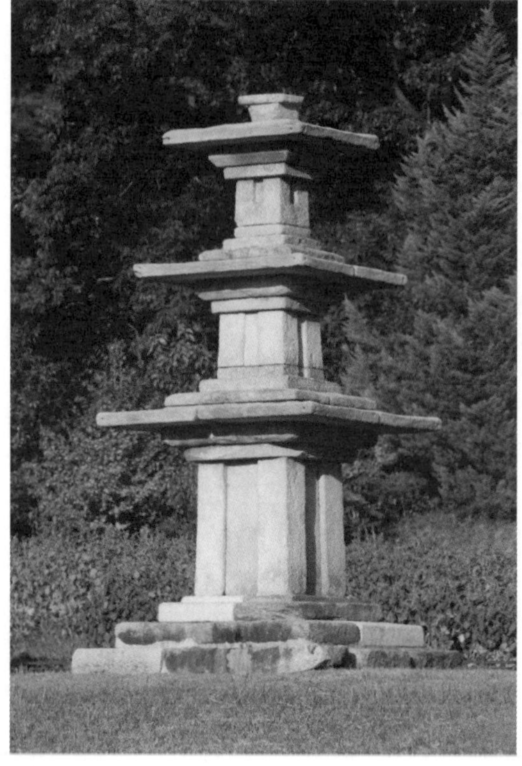

장하리 삼층석탑

백제의 조립식 석탑 구조이다.

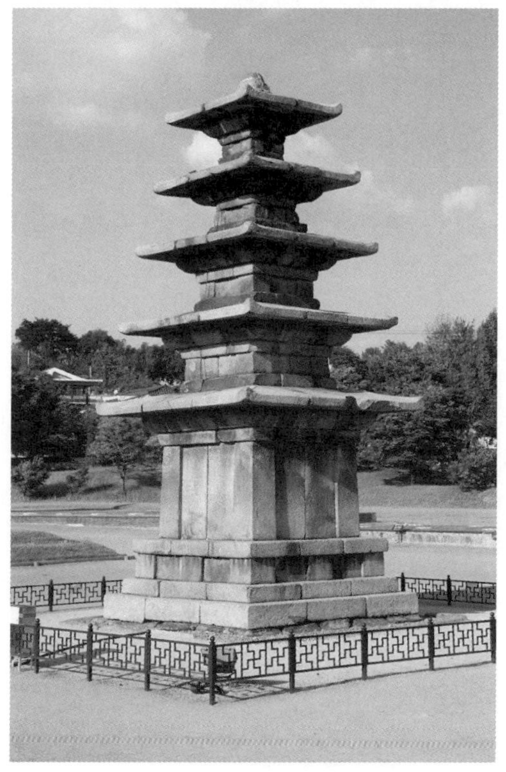

정림사지 오층석탑, 1962

백제탑으로서 극치의 작품이며
춤추는 갈매기같이 경쾌하고 우아하다.

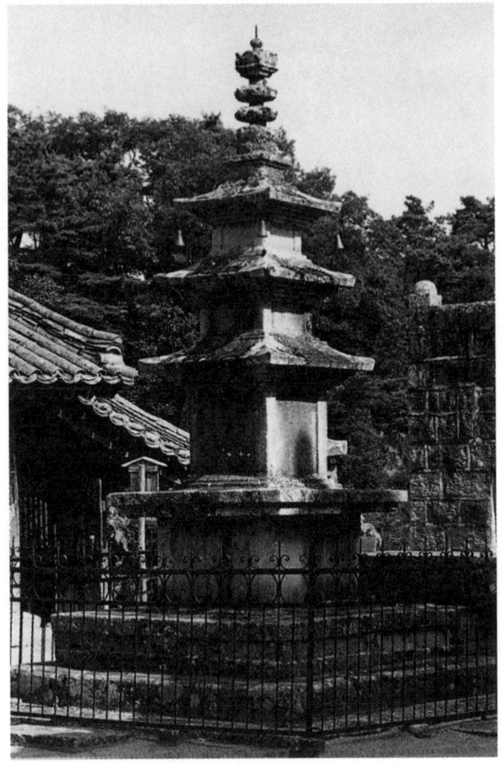

동화사 비로암 삼층석탑, 1962

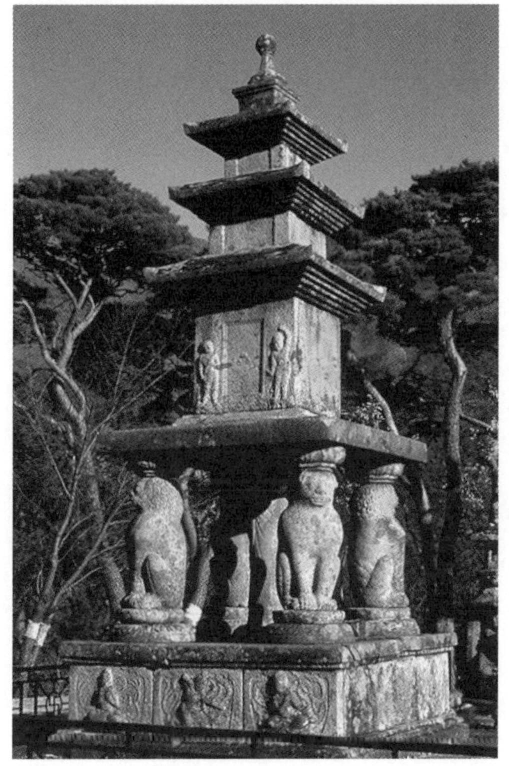

구례 화엄사 사사자 삼층석탑

신라 삼층탑을 제대로 모신 신작이다.

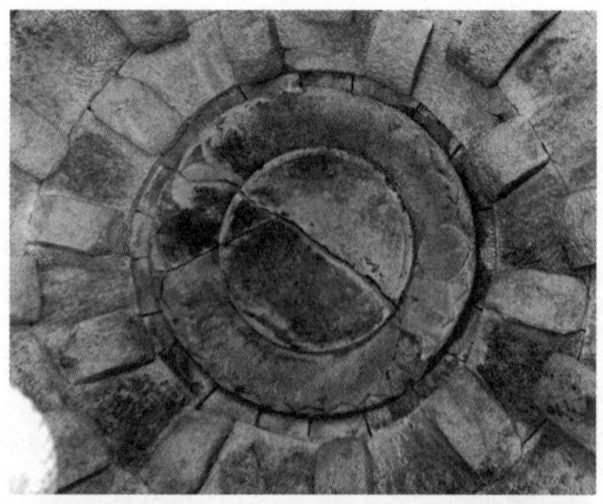

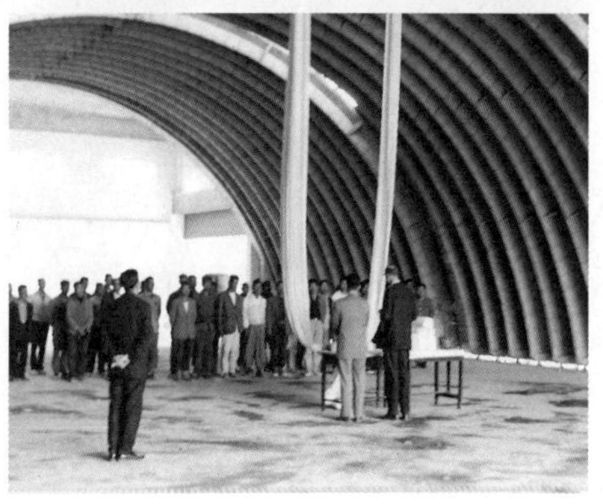

석굴암 조립식 돔 천장, 1961

조립식 돔 위에 흙과 기와 지붕의 큰 하중을 견디도록 설계하였다는 것은 참으로 뛰어난 기술이다.

동산병원 창고, 1962

셸구조를 조립화시킨 Y-Bow 장스팬 프리 패브 구조.

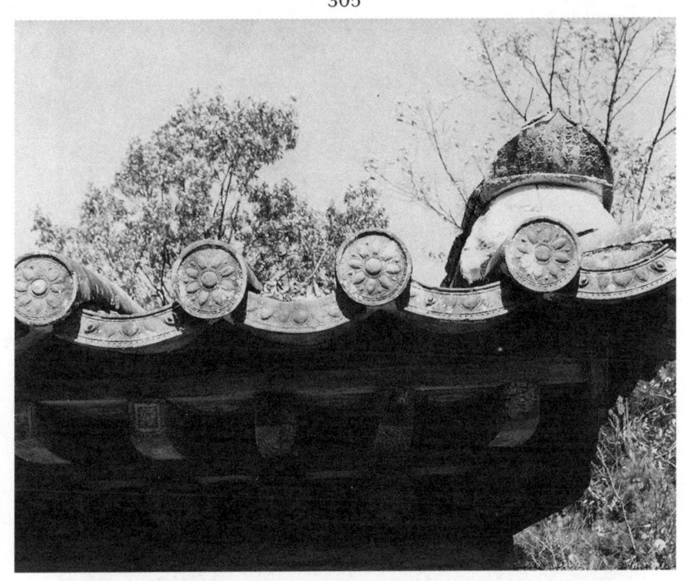

신라식 옛기와 지붕 모습, 1962

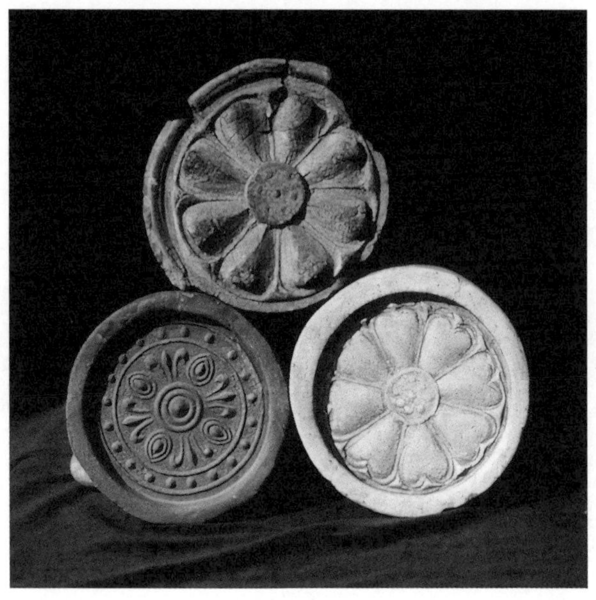

삼국 시대 수막새 기와, 1963

상단부터 시계 반대 방향으로
신라, 고구려, 백제.

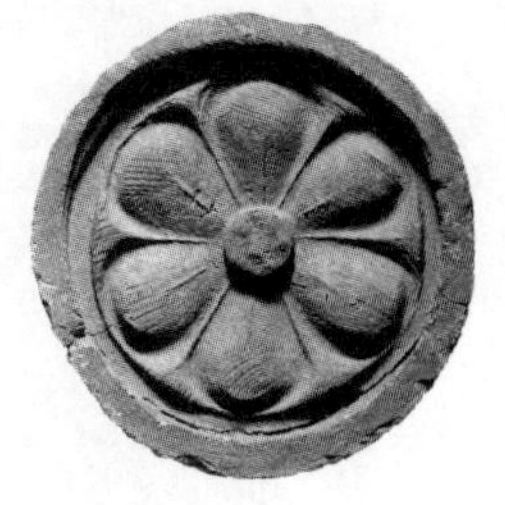

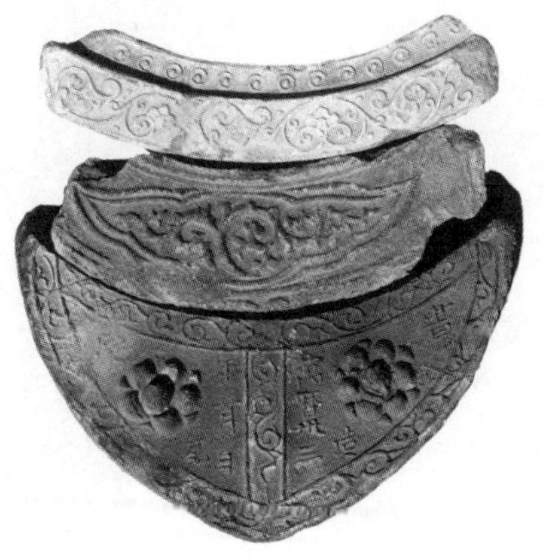

수막새 기와, 1962

신라 시대 수막새 기와.

암막새 기와, 1963

위에서부터 신라, 고려, 조선.

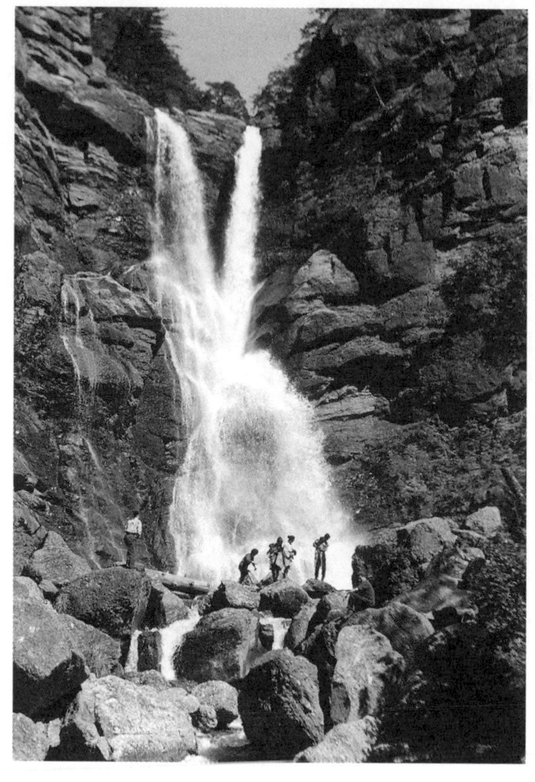

강원도 삼척의 통리 미인폭포

이 폭포에는 처녀 귀신이 매해 젊은 사내 하나씩을 죽인다는 전설이 있다.

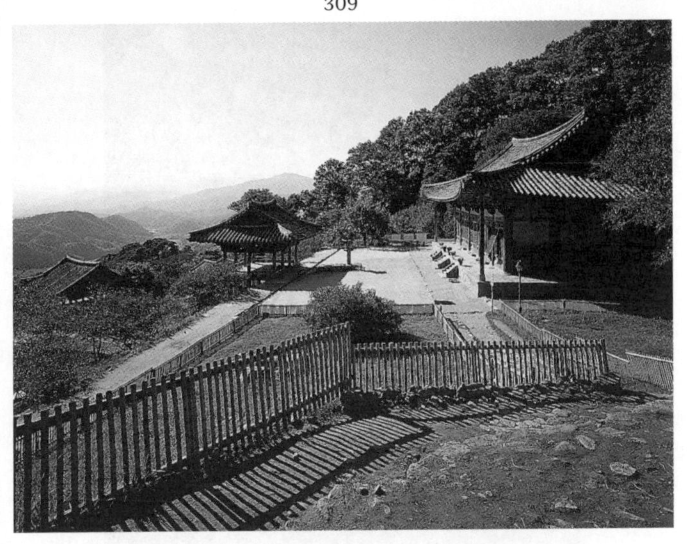

부석사 무량수전

고려 시대에 지어진 오래된 목조건물로 단아함이 돋보인다.

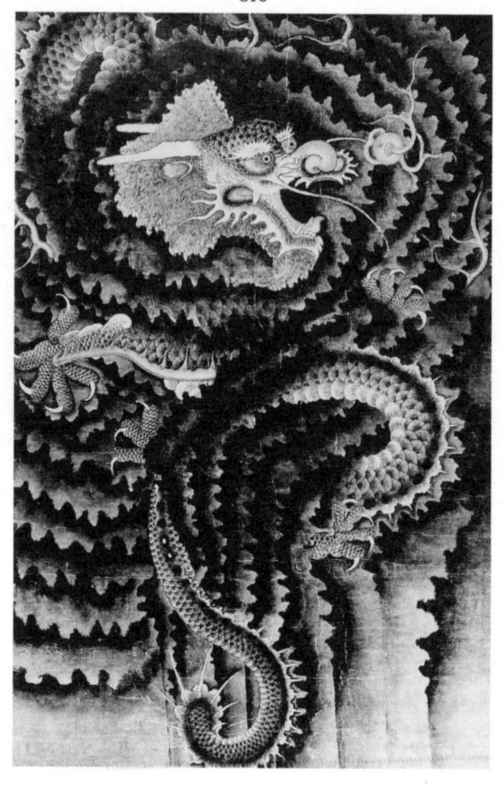

운룡도

기우제 때 쓰는 화룡으로 천지개벽의 춤추는 기운이 감도는 신작이다.

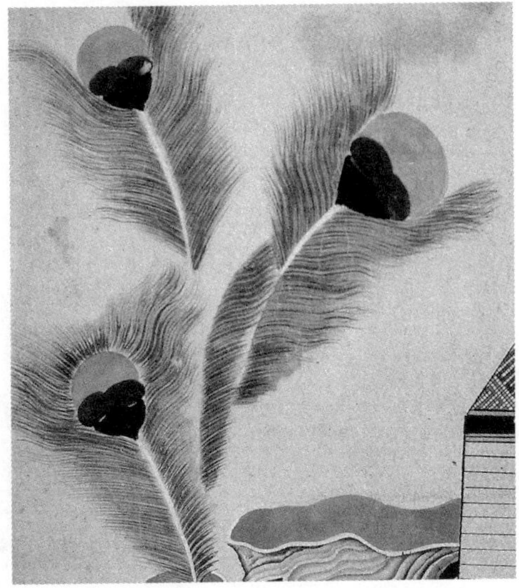

책거리 민화 병풍 부분, 1976

병풍 속의 공작 꼬리 민화.

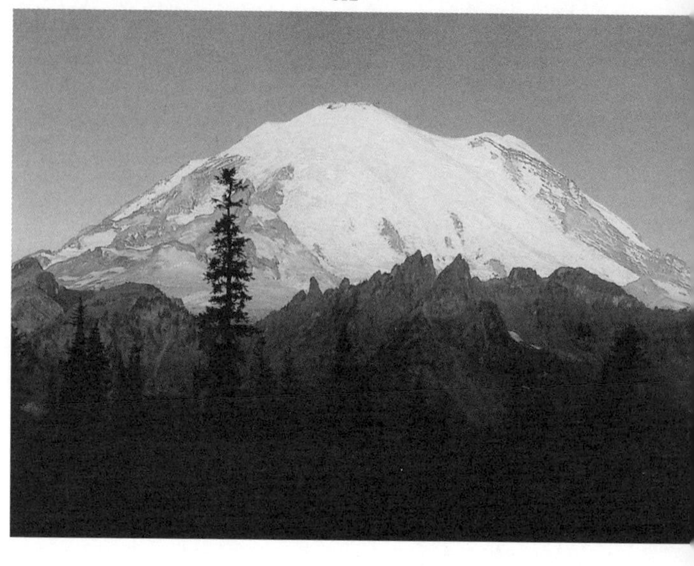

시애틀 레니어산

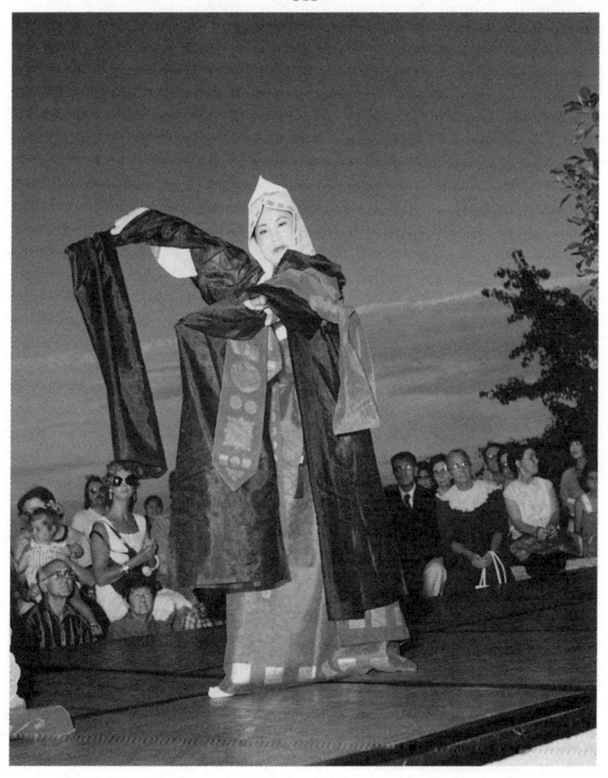

채희아 만신의 춤, 1980

라호이아 민화관에서 한
채희아 만신의 무당굿.

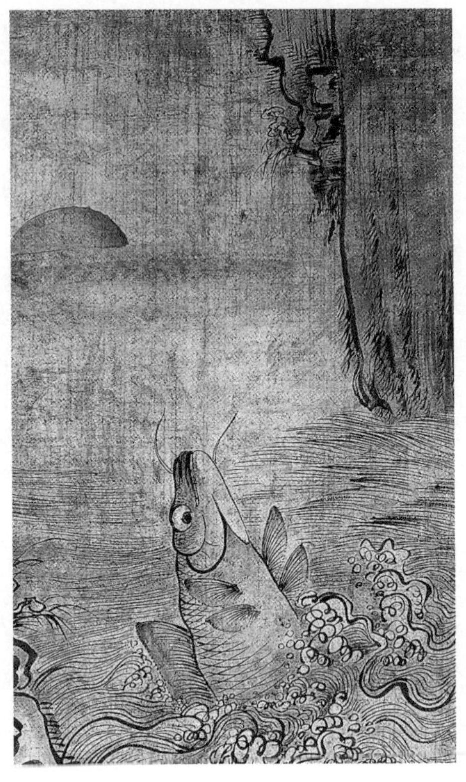

약리도, 1976

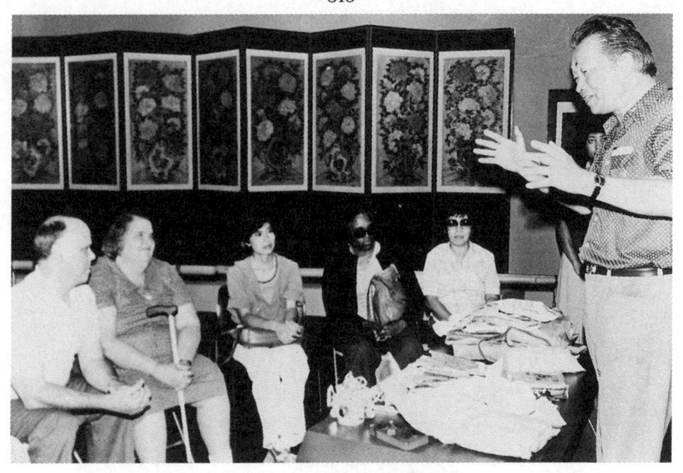

LA 민화전, 1982

민화전 마지막 날 시각장애인을 대상으로
민화 강의를 벌였다.

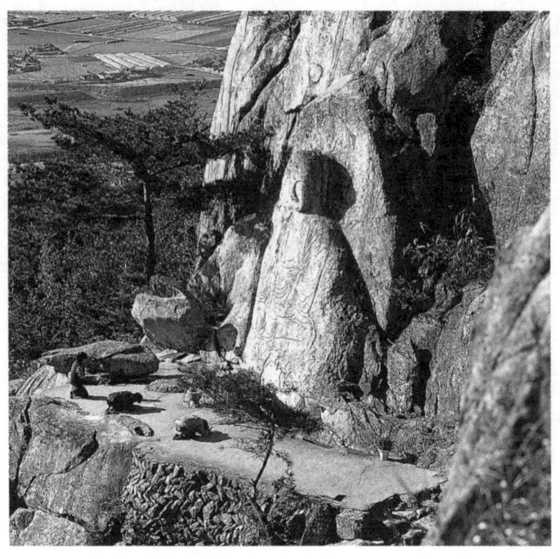

경주 남산 상선암
마애석가여래대불좌상

남산은 이런 불교 조각으로 뒤덮여 있지만 새로운 눈으로 보면 마애대불이기 전에 마애삼신 바위였다는 사실이 드러난다.

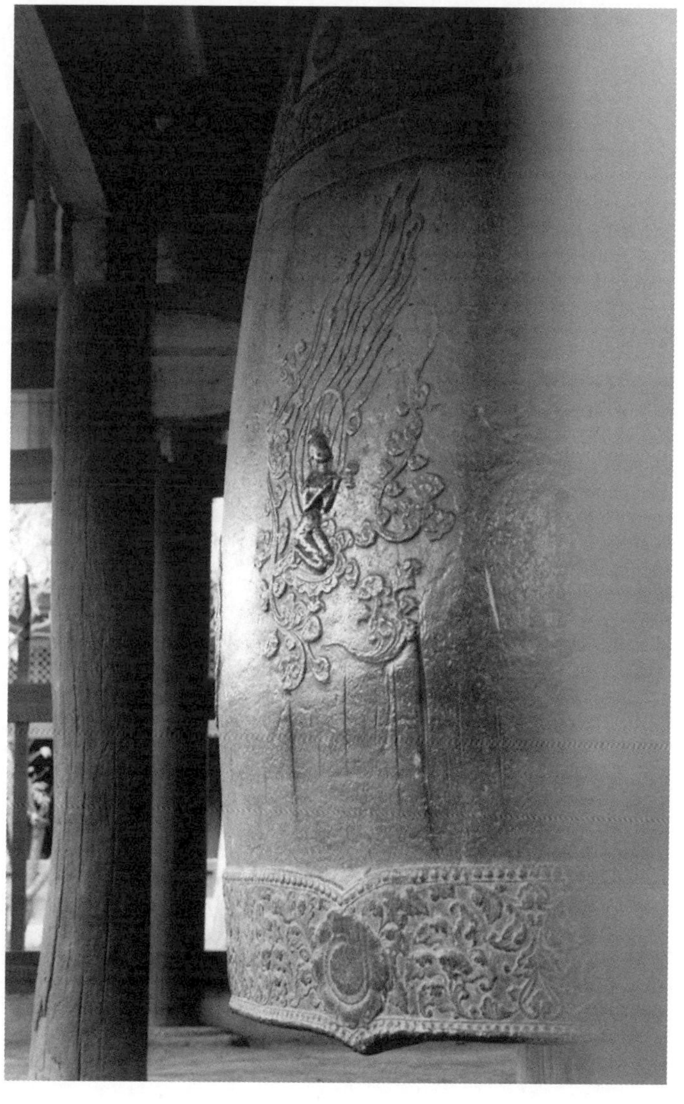

성덕대왕신종, 1956

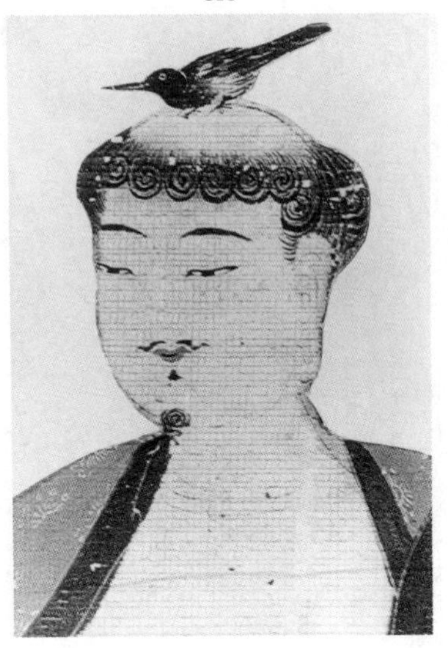

까치부처님, 1971

부처가 법열에 젖어 까치가 둥지를 틀고,
새끼를 치고 알을 까는 것도 모르고
도취되어 있는 형상을 나타낸 불상.

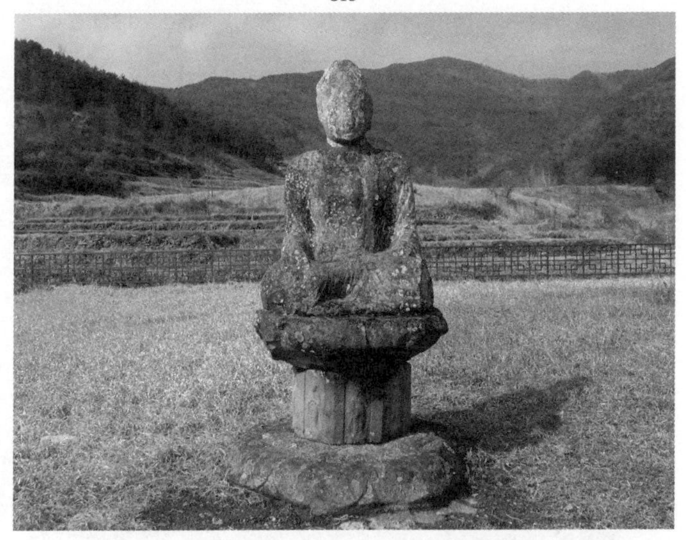

대동사지석조여래좌상

부처님의 가피를 입겠다고 사람들이
불상의 눈, 코, 입을 갉아먹어서
돌덩어리로 변했다.

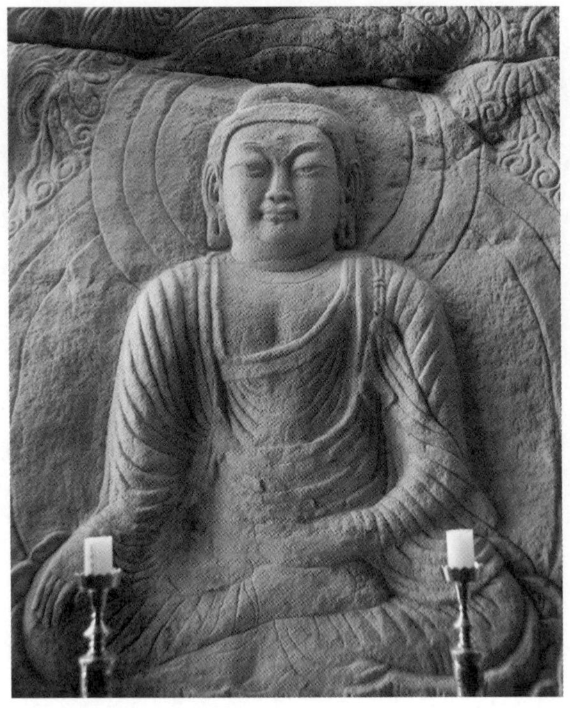

대흥사 북미르암 마애여래좌상

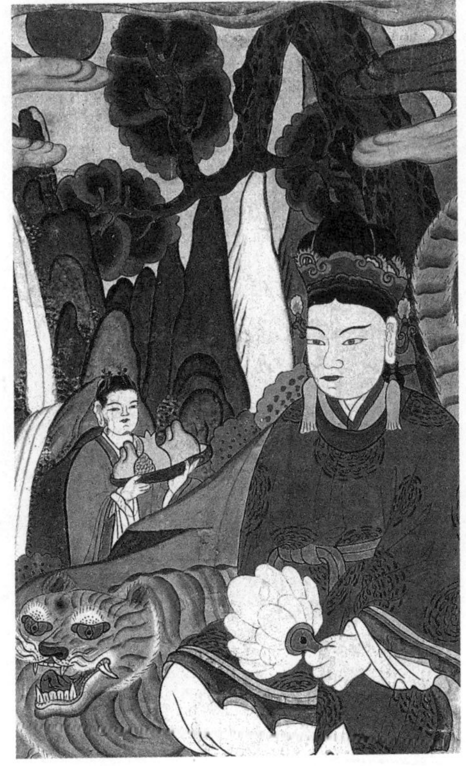

산신 탱화, 1969

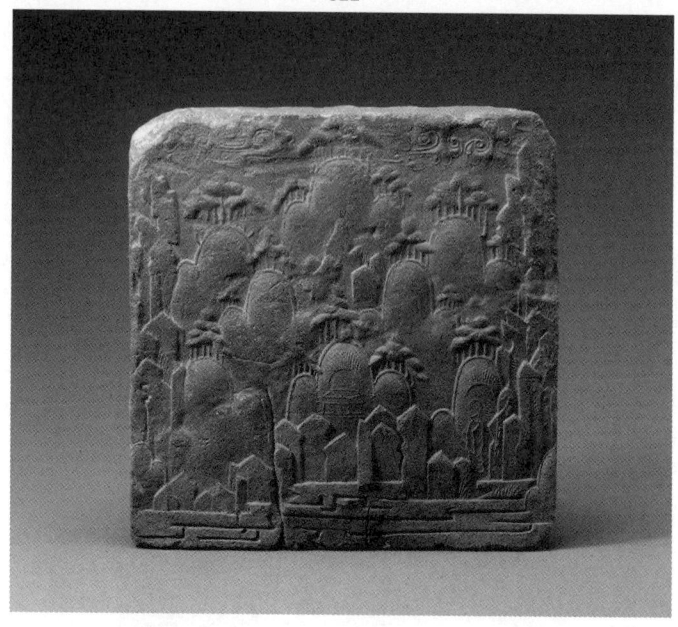

백제 시대 산수문전

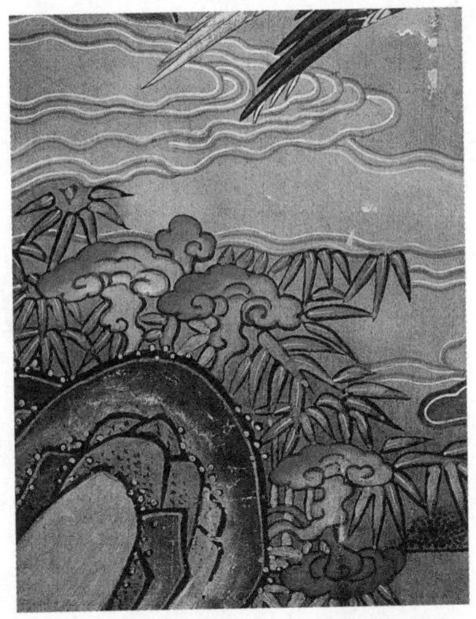

불로초 민화, 1970

금강산은 도교의 불로장생 사상의 상징인 불로초가 있는 산으로 여겨지고 있다.

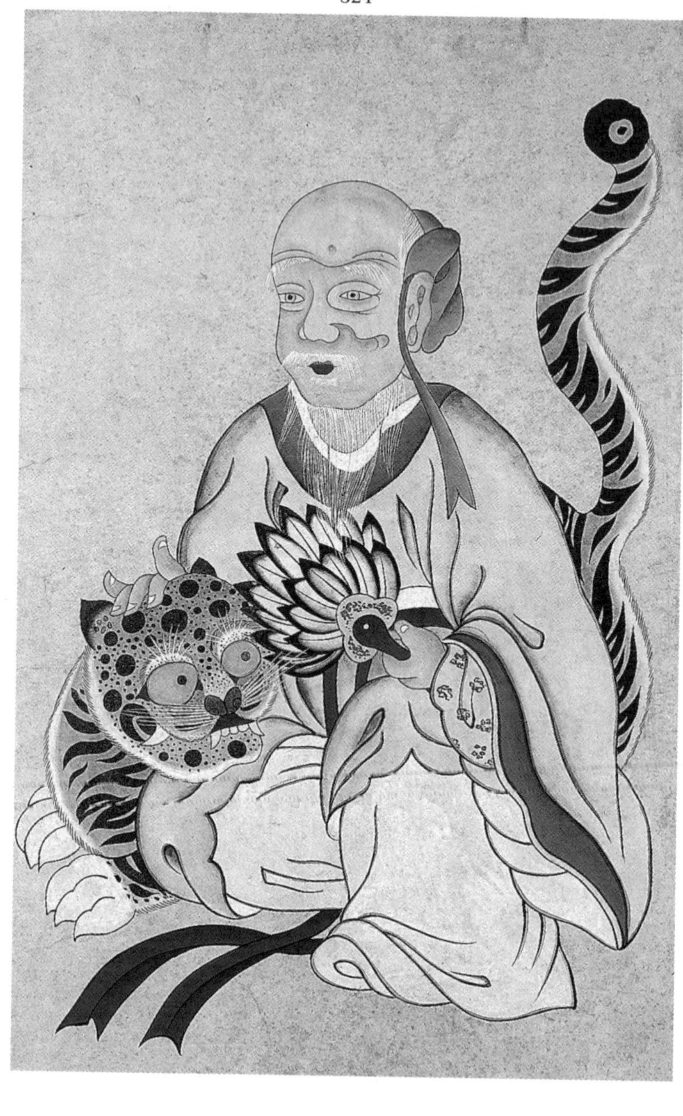

산신도

절마다 산신각에 산신과 호랑이를 그린 산신도를 모신다.

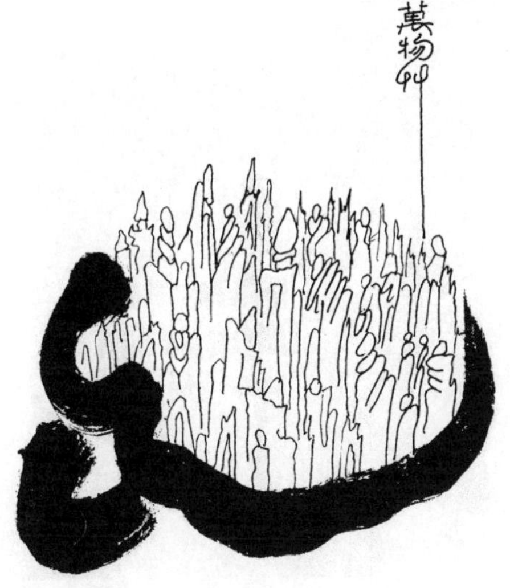

만물초, 1973

만물초란 창조신이 우주를 창조하기 전에
구상한 만물의 모형이라는 의미이다.

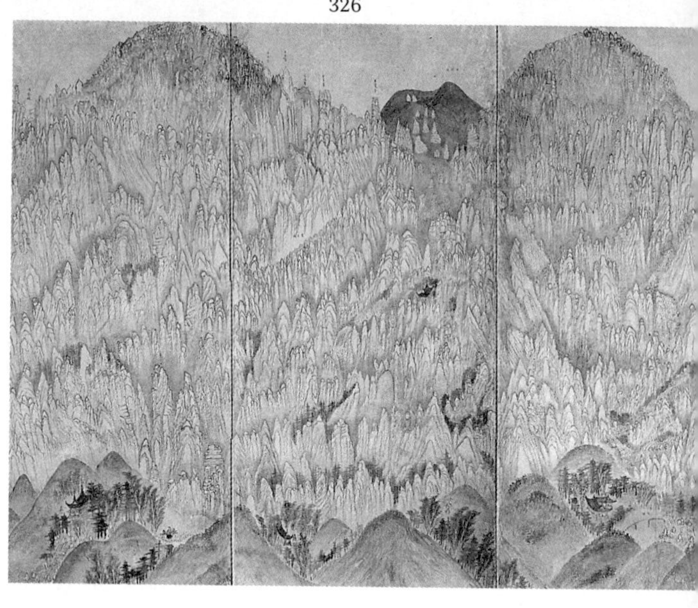

금강전도

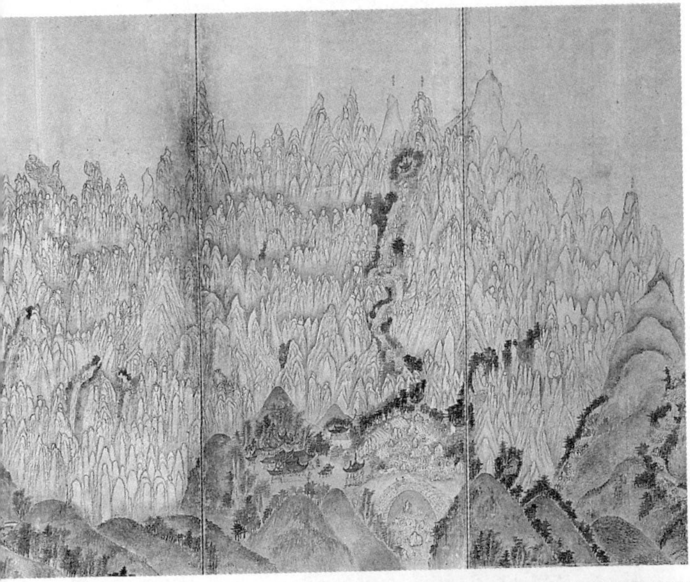

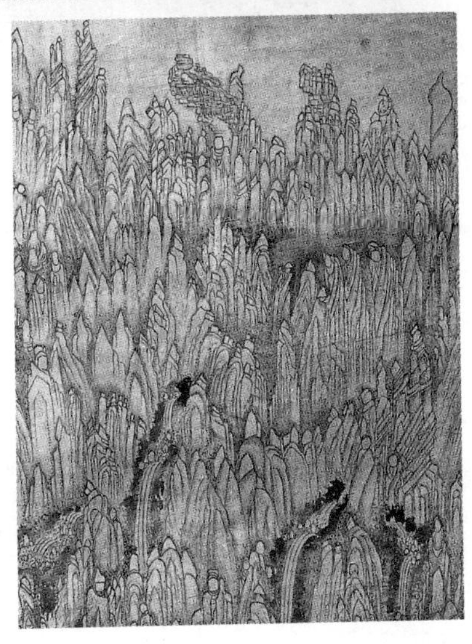

금강전도 상세부

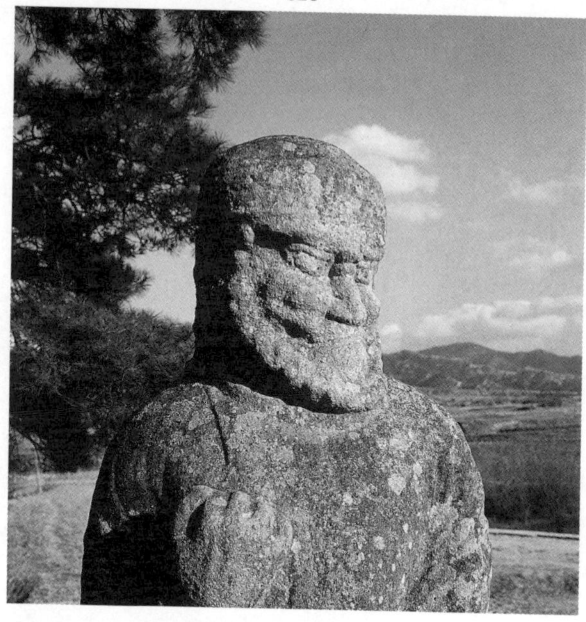

경주 원성왕릉의 무인상, 1961

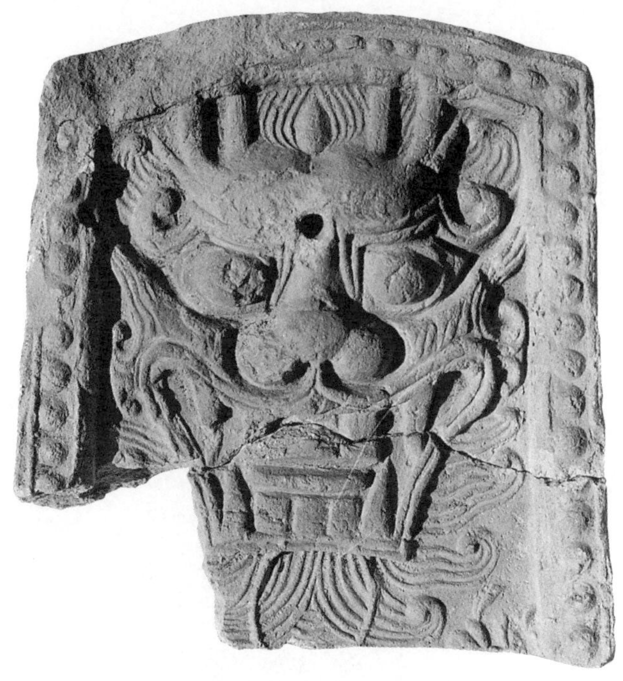

통일 신라 시대 도깨비 기와, 1964

사람의 얼굴을 하고 있는 이 도깨비 기와를 보면 볼수록 친밀감이 느껴진다.

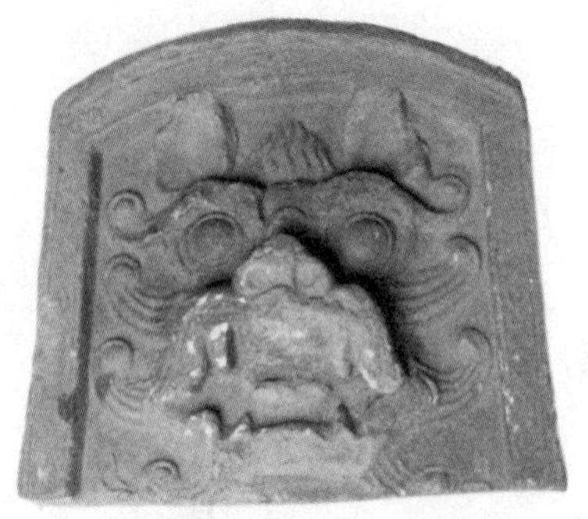

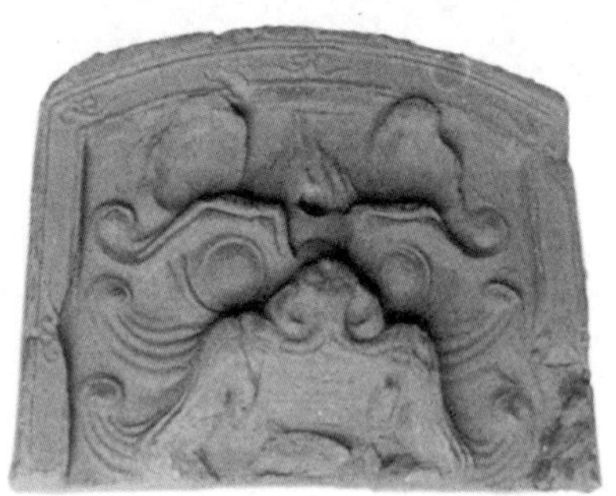

코주부 도깨비 와범

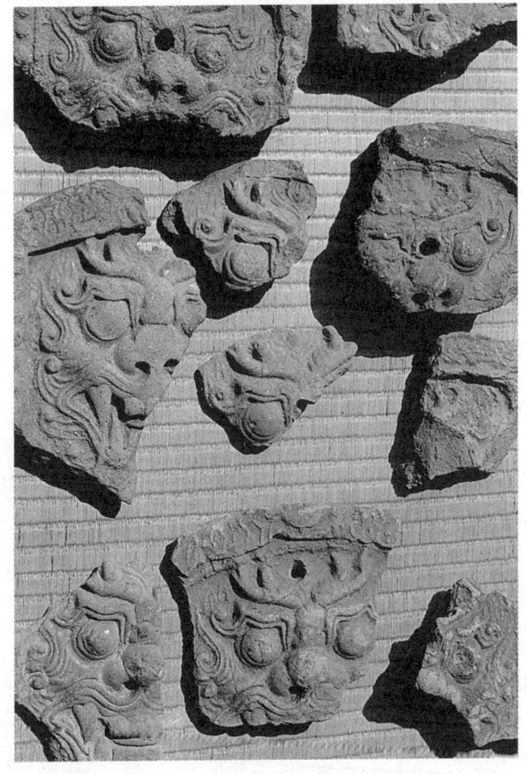

도깨비 기와 자료, 1964

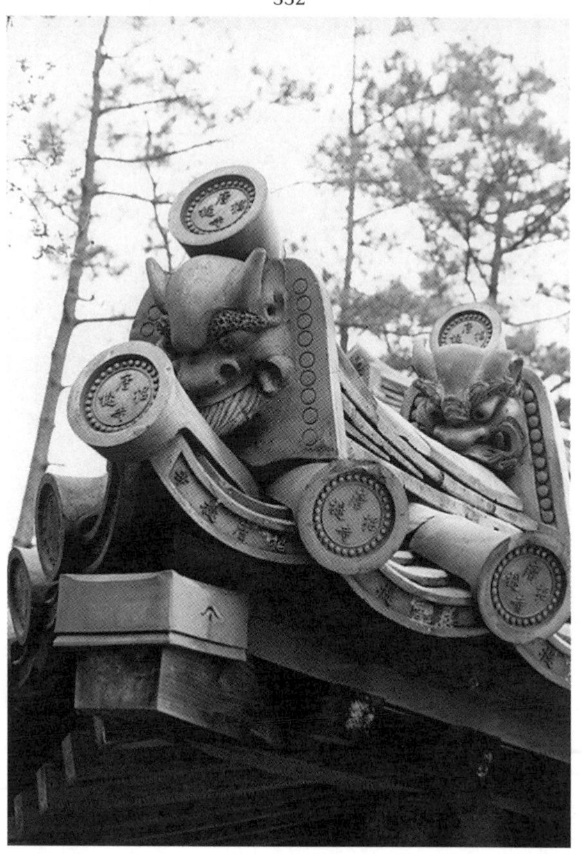

오니가와라

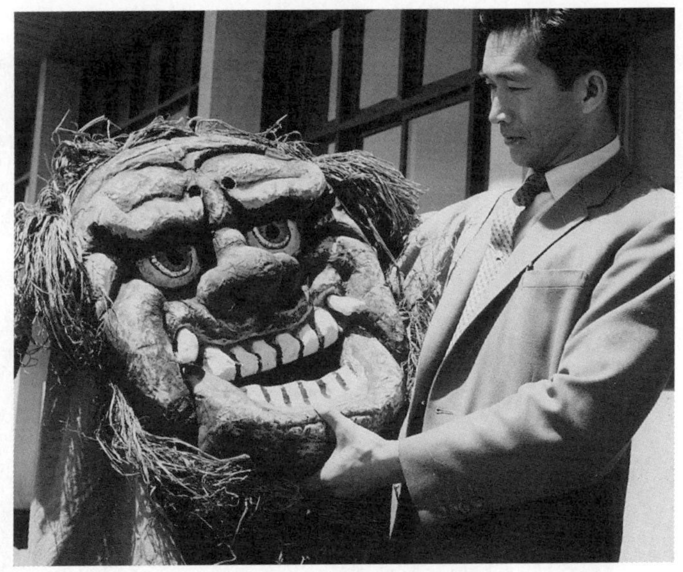

도깨비 가면, 1964

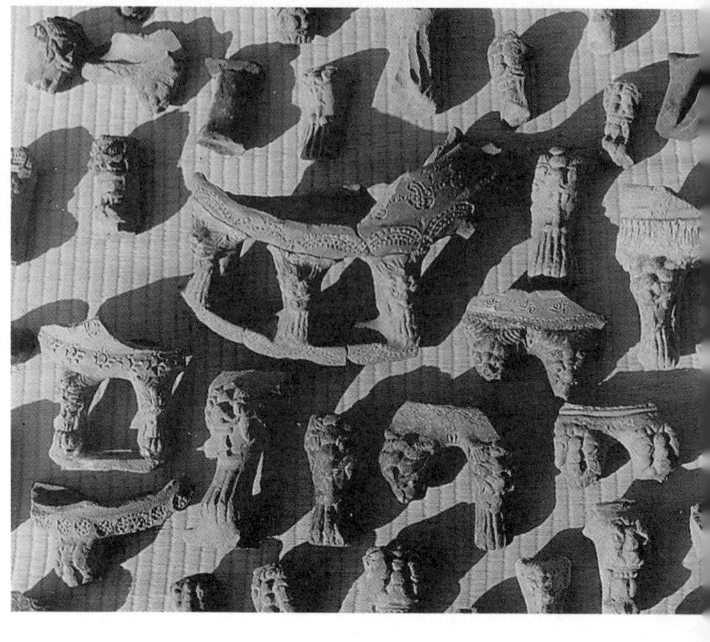

신라 시대 수각, 1965

335

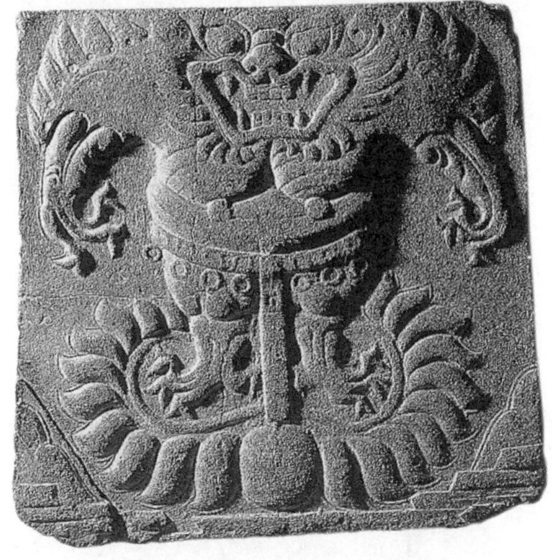

연꽃 도깨비 무늬 전돌,
백제 시대 6-7세기

부여 외리출토.

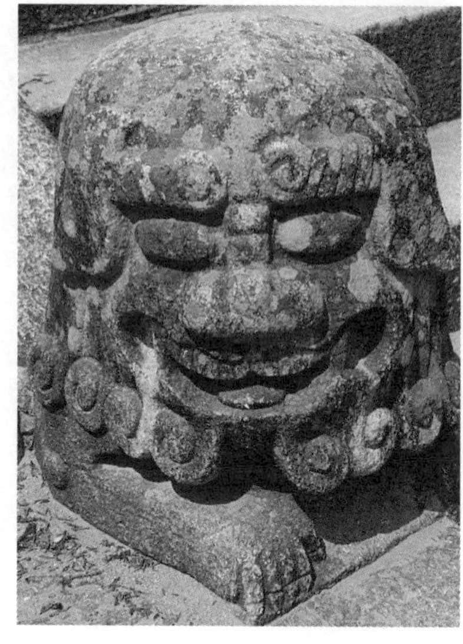

석계우석인 도깨비 석각, 1962

무섭기만 한 것이 아니라 눈물을
흘릴 수도 있는 돌 도깨비이다.

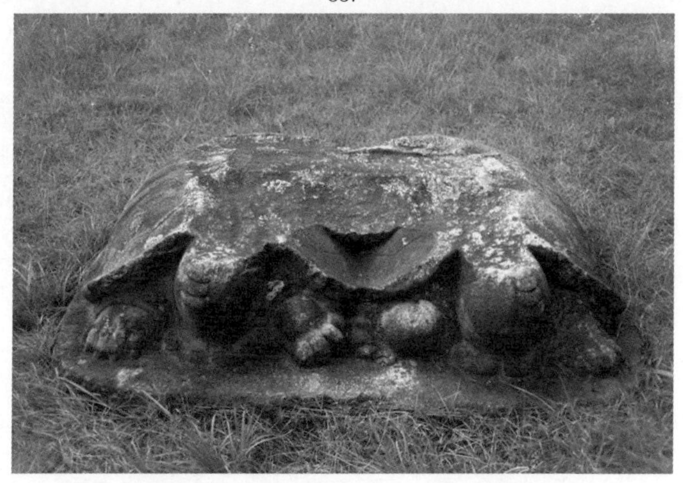

창림사지 쌍귀부

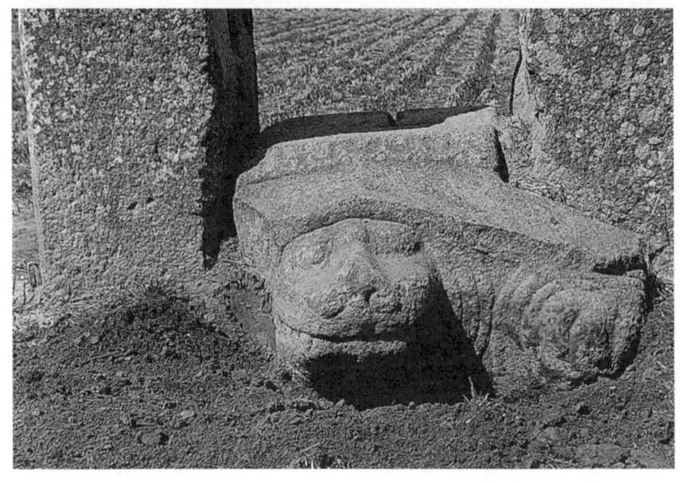

사천왕사지 귀부, 1966

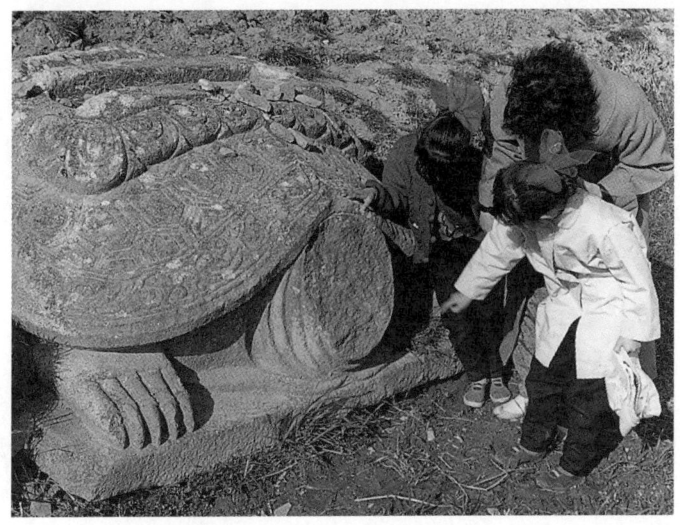

분황사지 당간초석, 1967

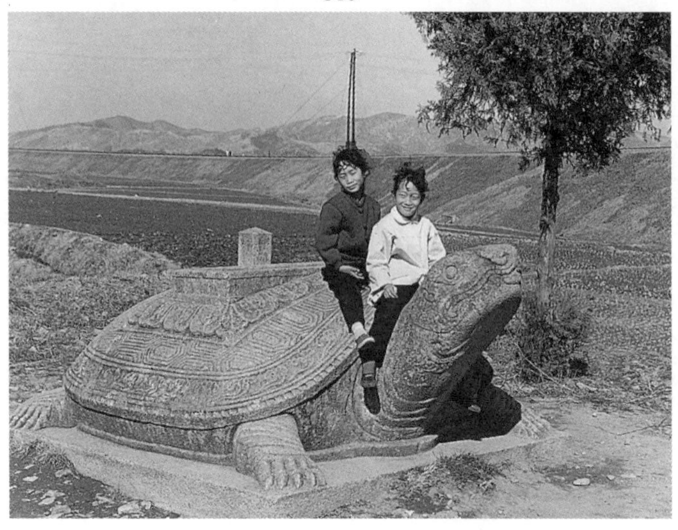

김인문묘 귀부, 1966

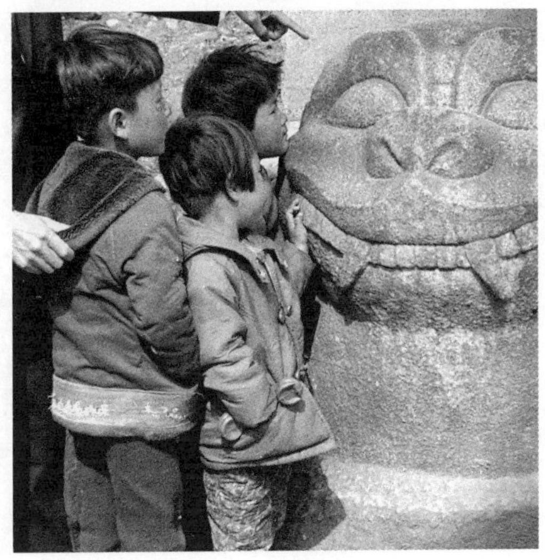

직지사 귀부, 1961

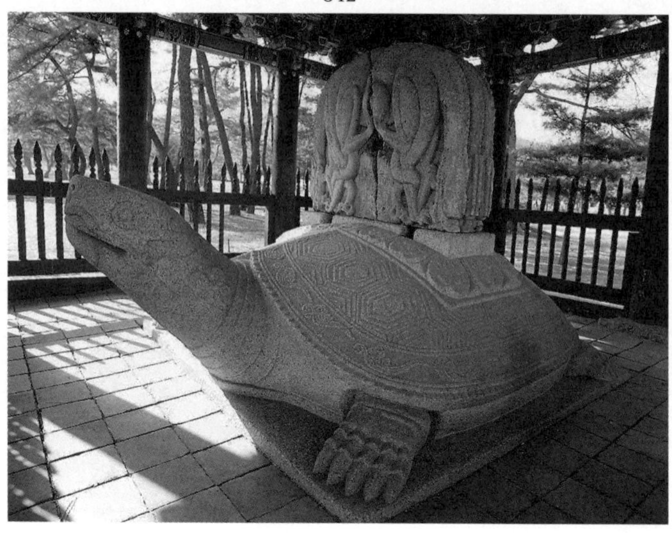

경주태종무열왕릉비

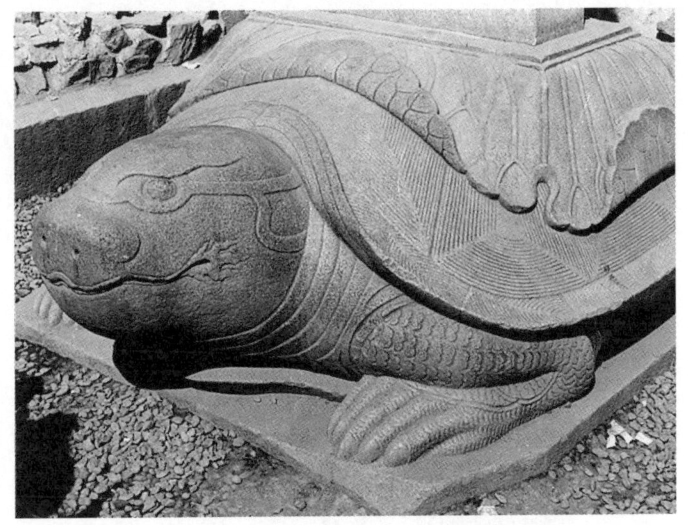

서울 원각사 귀부, 1961

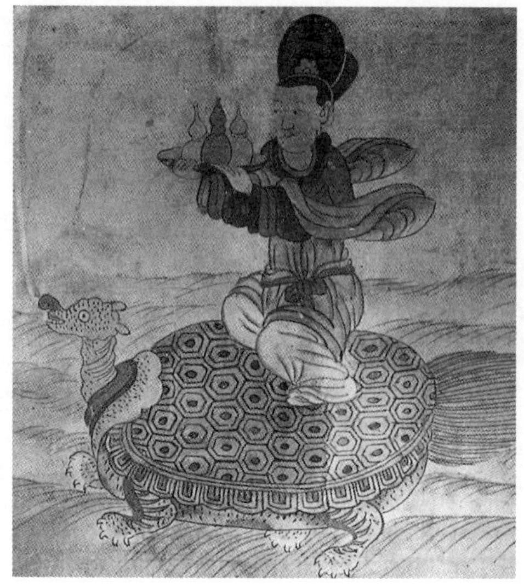

거북을 타고 다니는 신선　　조선 시대 민화.

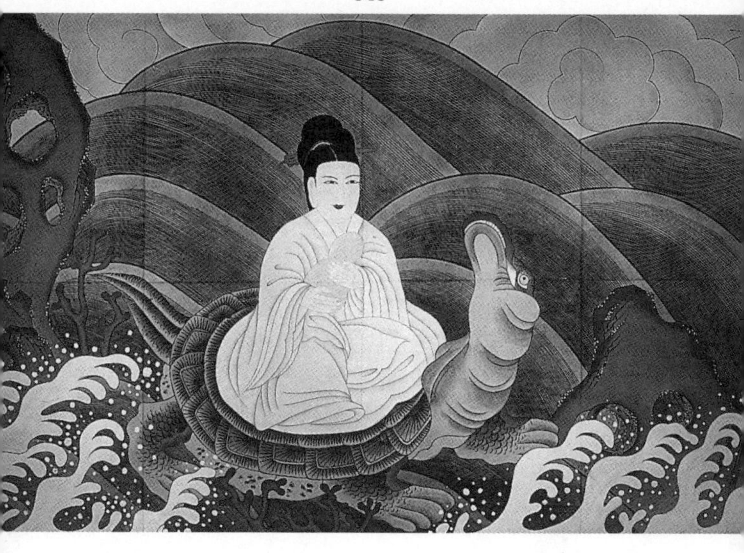

거북을 타고 있는 민화

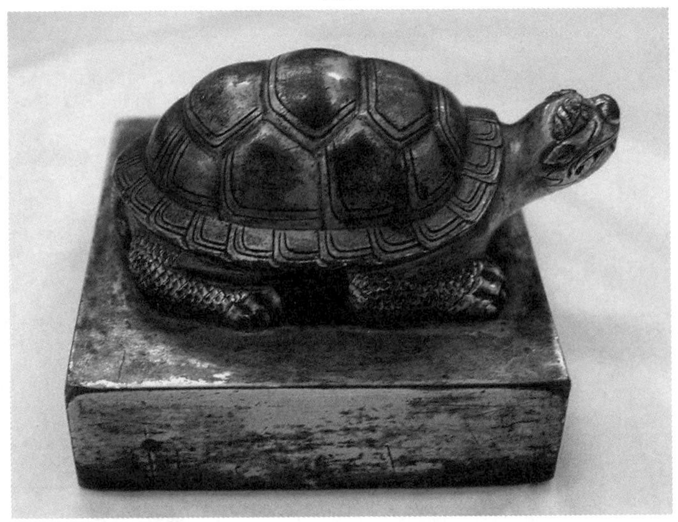

국새 유서지보

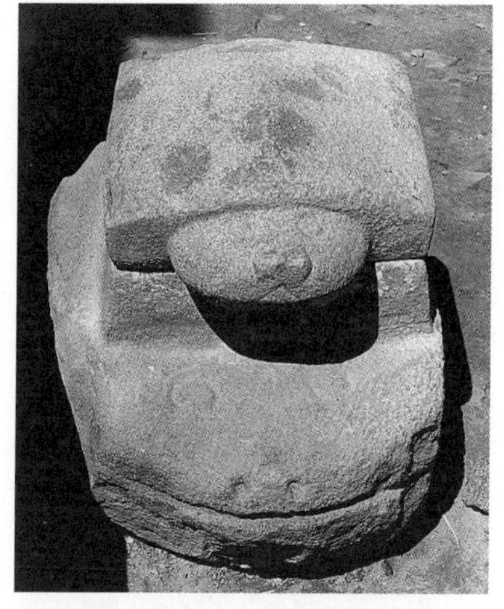

송림사 거북 사리함, 1965

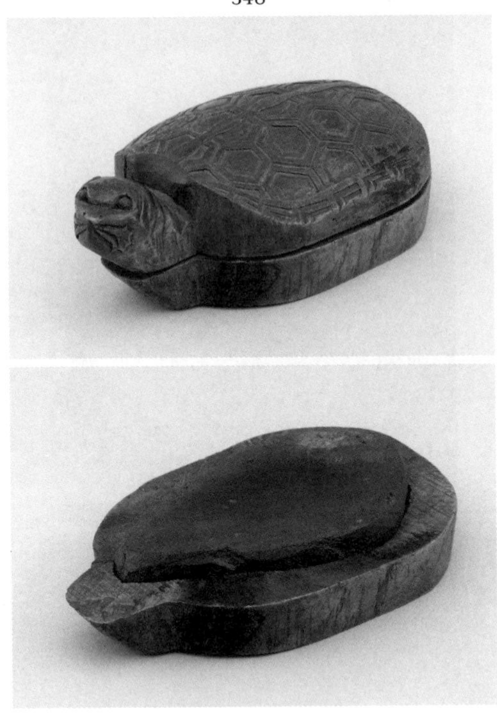

거북 벼루

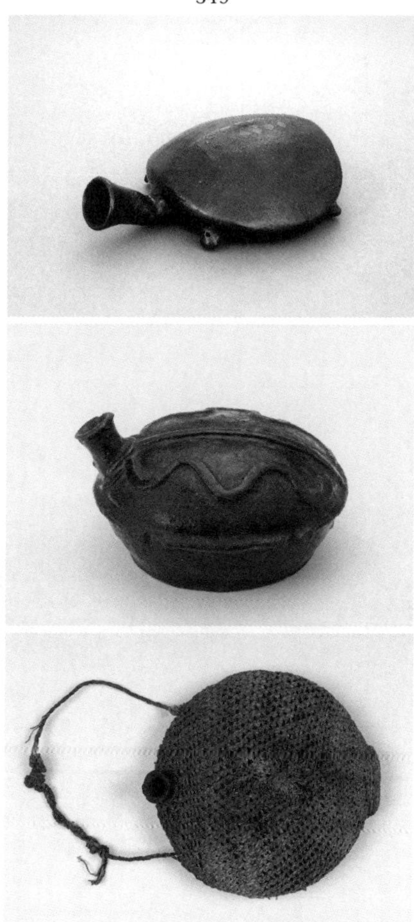

자라병

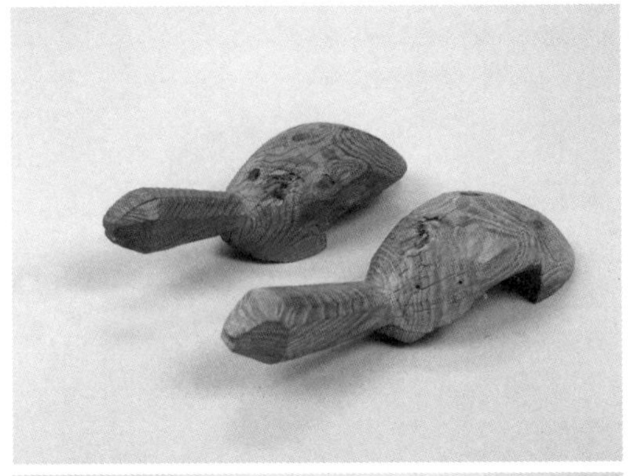

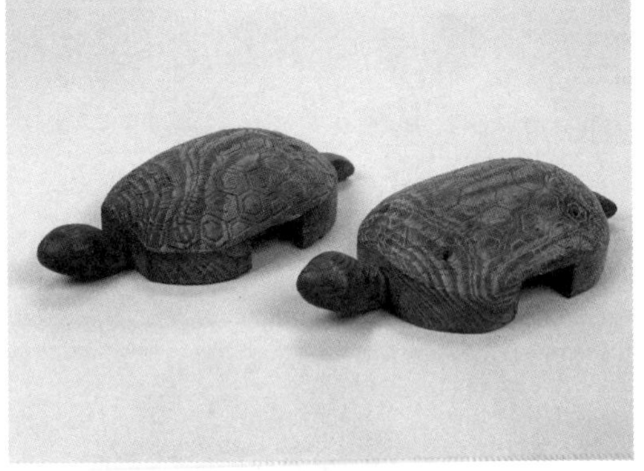

대문 빗장

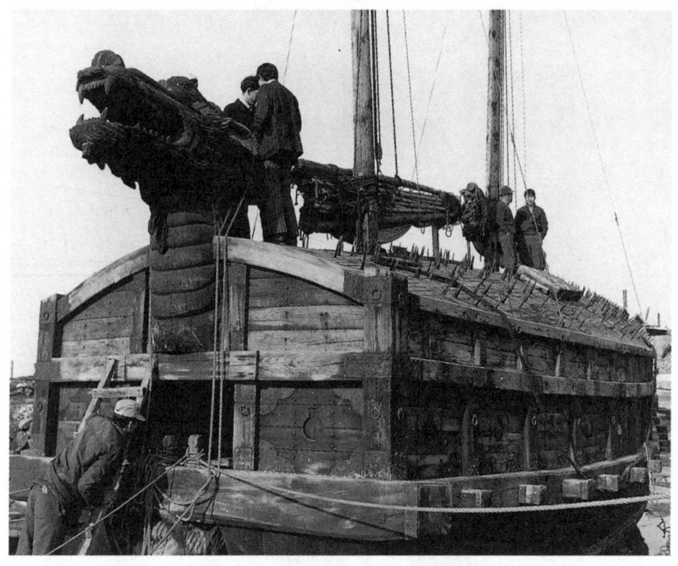

거북선 모형, 1972

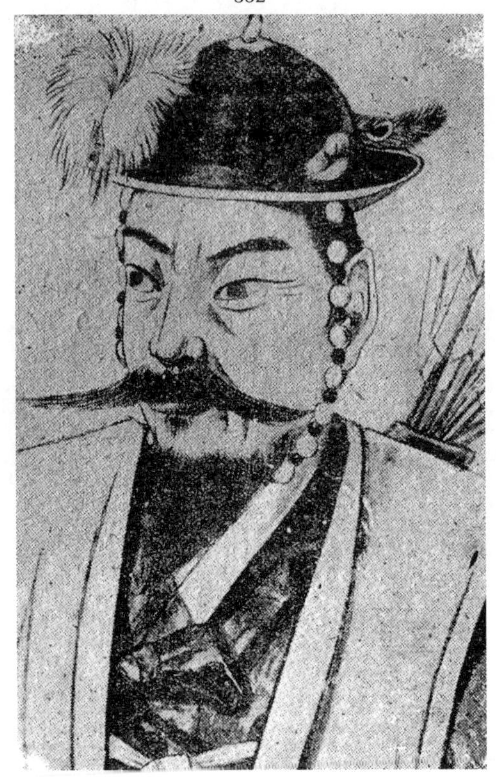

충무공 신상 판화, 1972

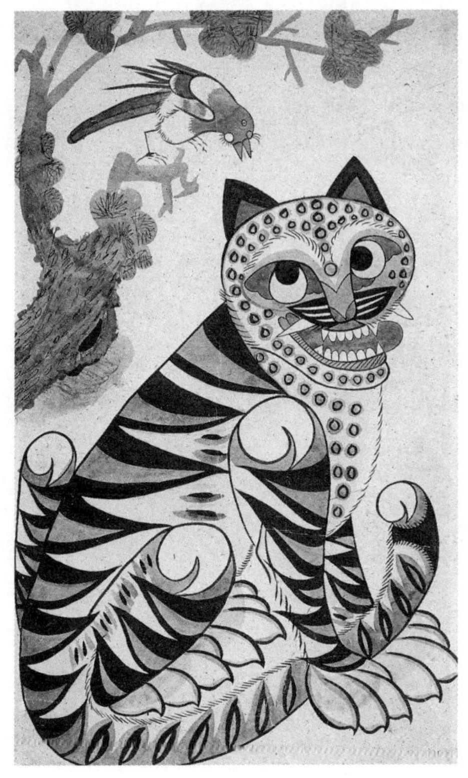

까치호랑이 민화, 1969

88 올림픽 마스코트 호돌이의 할아버지 격이다.

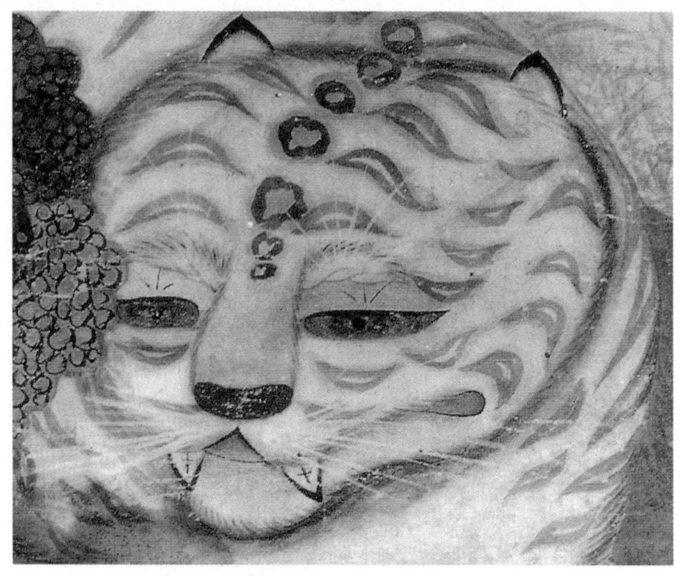

산신 호랑이, 1970

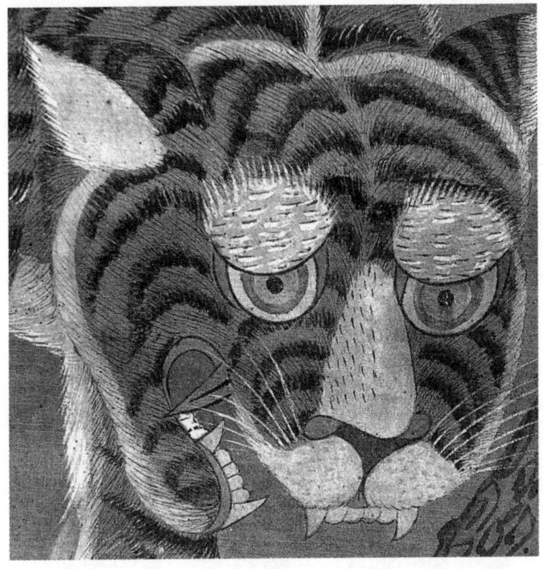

바보 호랑이, 1970

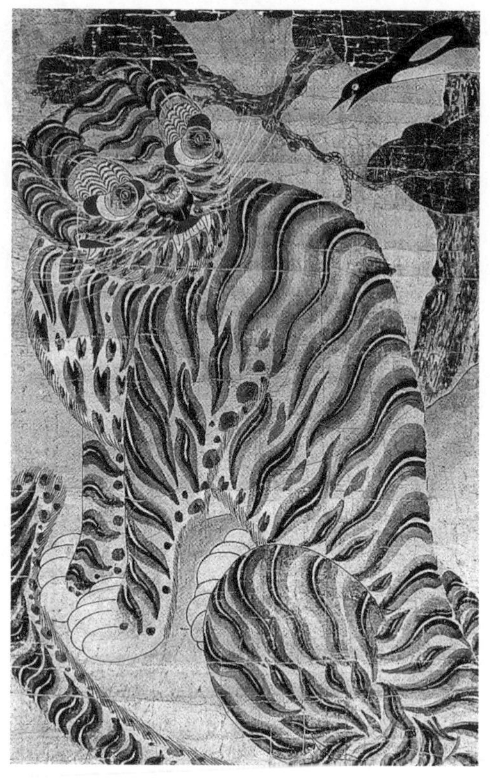

까치호랑이, 1967

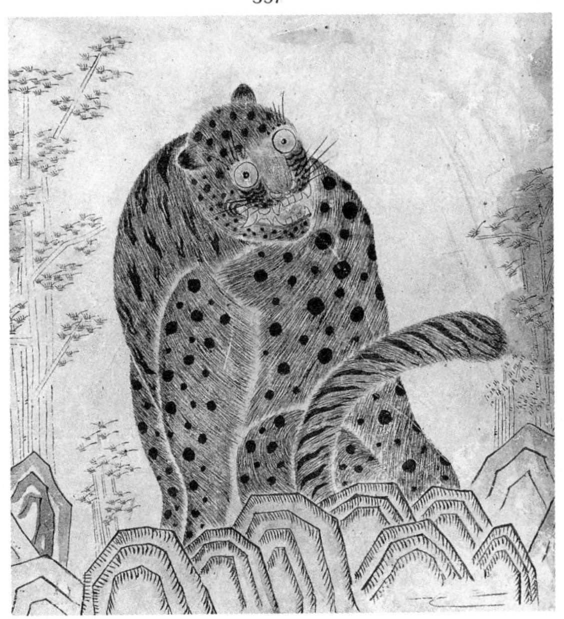

괴호도, 1970

범과 표범 사이에 태어난
스라소니를 그린 그림이다.

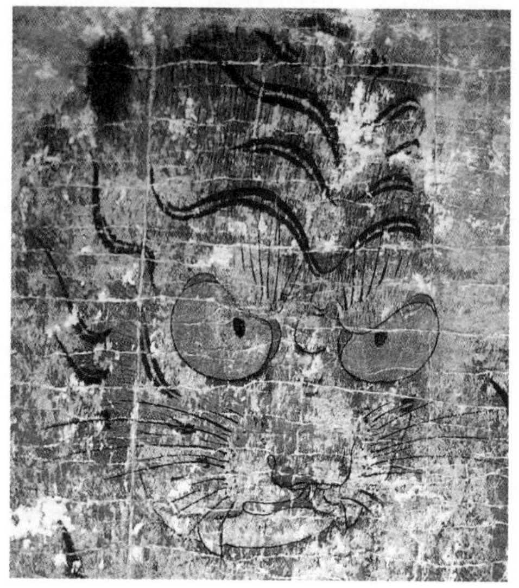

괴호도, 1970

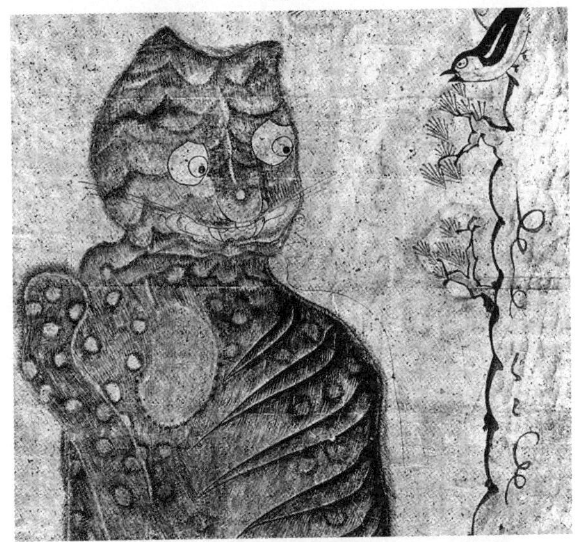

괴호도 민화, 1970

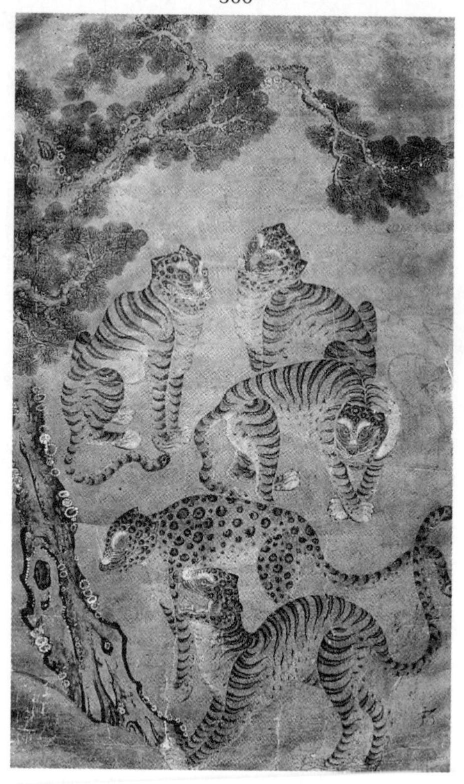

군호도

참호랑이 가족 중에 개호랑이 새끼가
한 마리 있다.

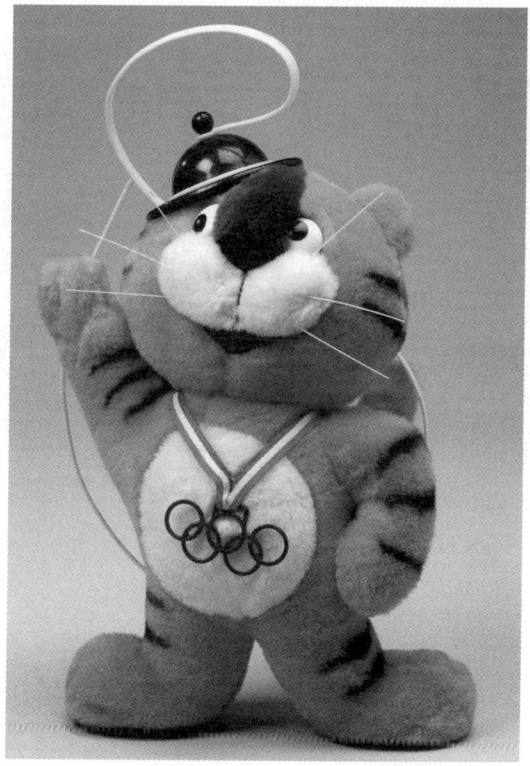

88 올림픽 마스코트 호돌이 인형

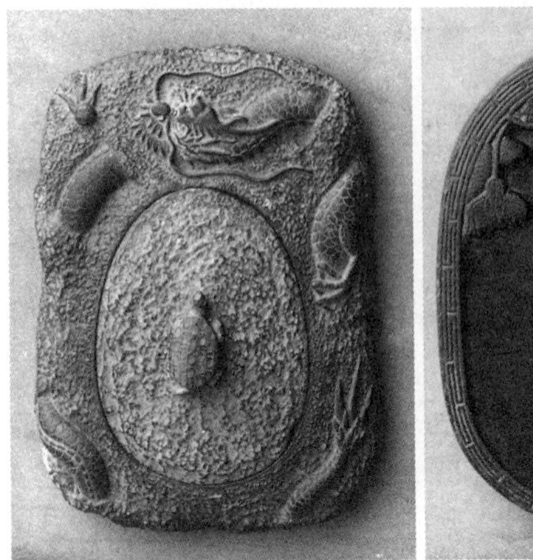

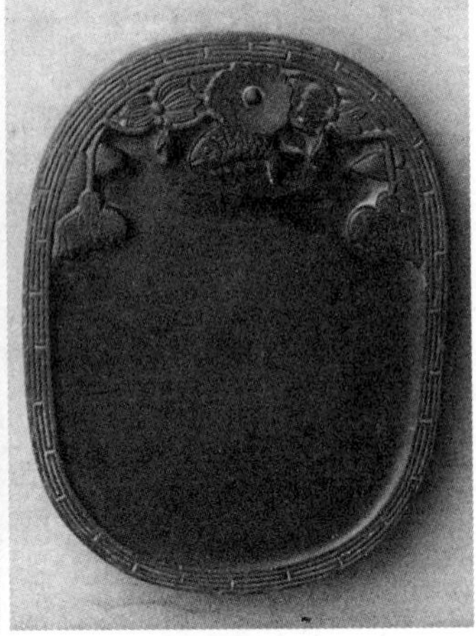

용구문 벼루, 1960

약리문 벼루, 1960

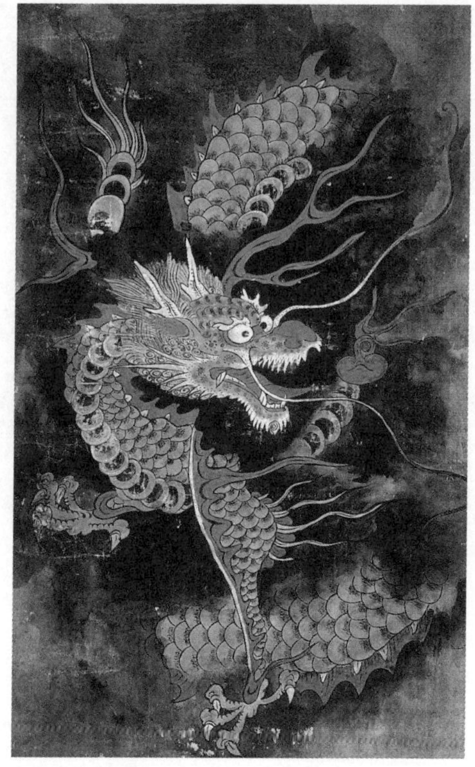

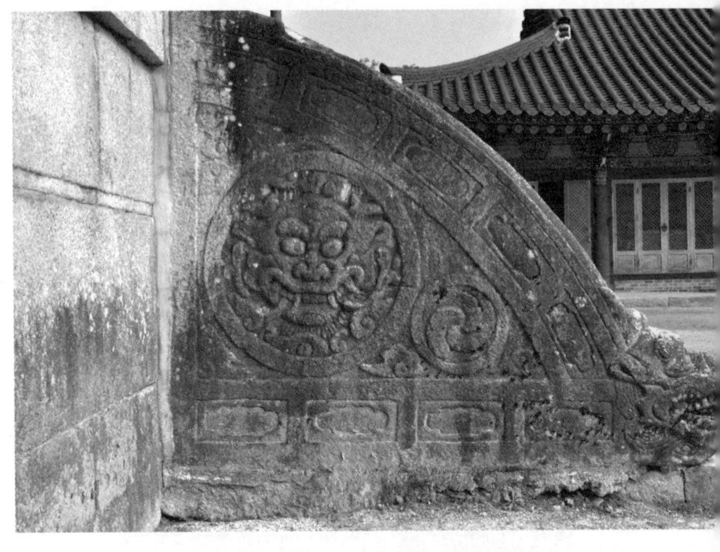

속초 신흥사 극락보전 소맷돌

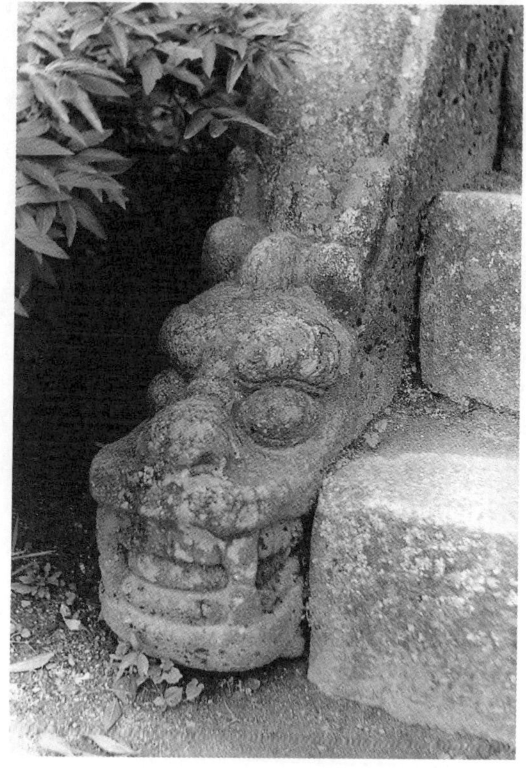

속초 신흥사 극락보전 석용, 1961

순하고 점잖게 생긴 용이다.

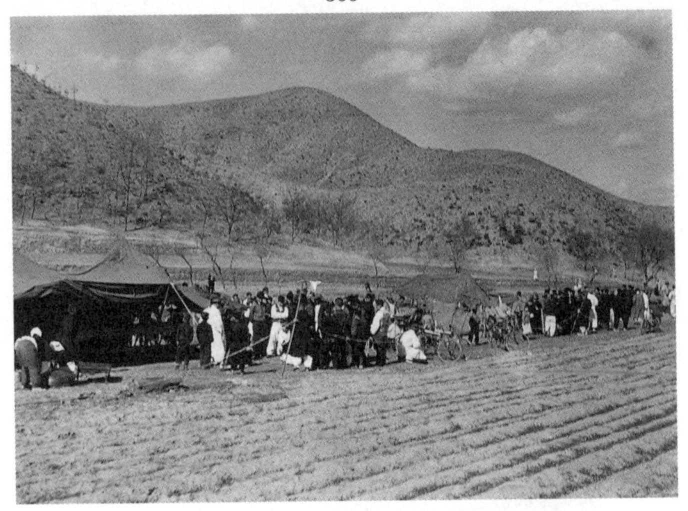

용 잡으러 모인 사람들, 1962년

충남 공주에서 용이 살고 있다는 못을 퍼내어 용을 잡겠다고 사람들이 모였다.

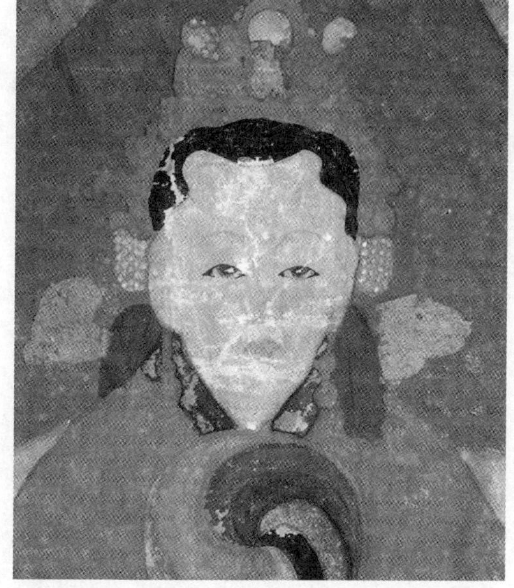

여신 용왕도, 1972

이 그림은 용왕님을 여신으로 나타냈다.

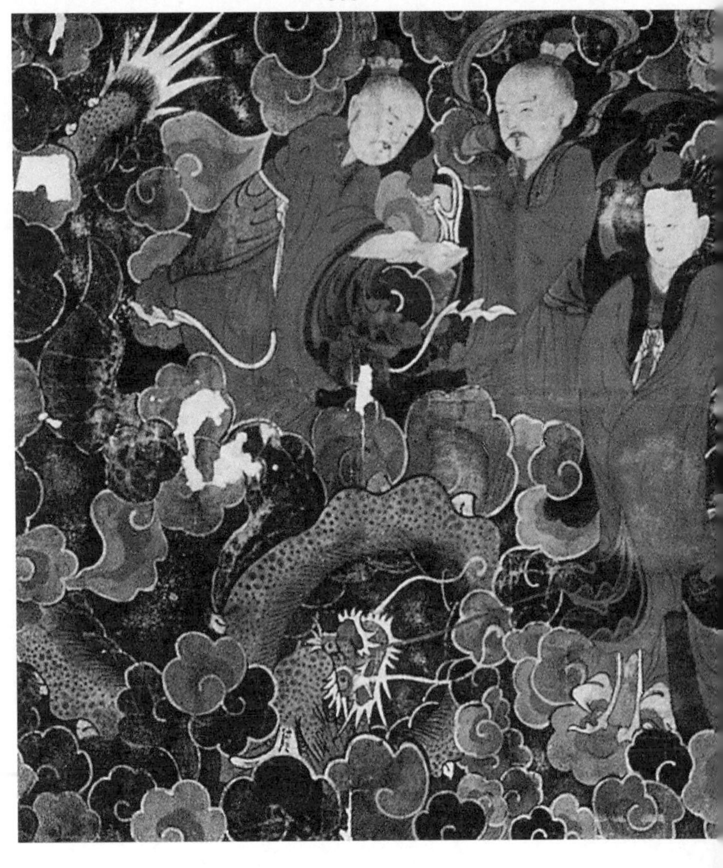

조룡도, 1969

옛적에 용꿈 같은 좋은 꿈을 꾸면
화공에게 찾아가 꿈 그림을 그리는
풍습이 있었다.

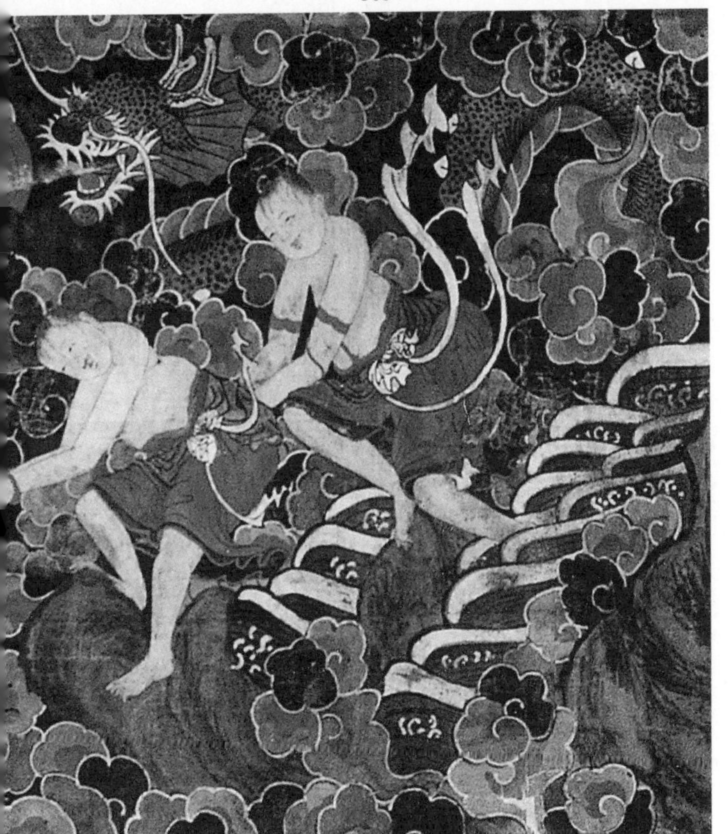

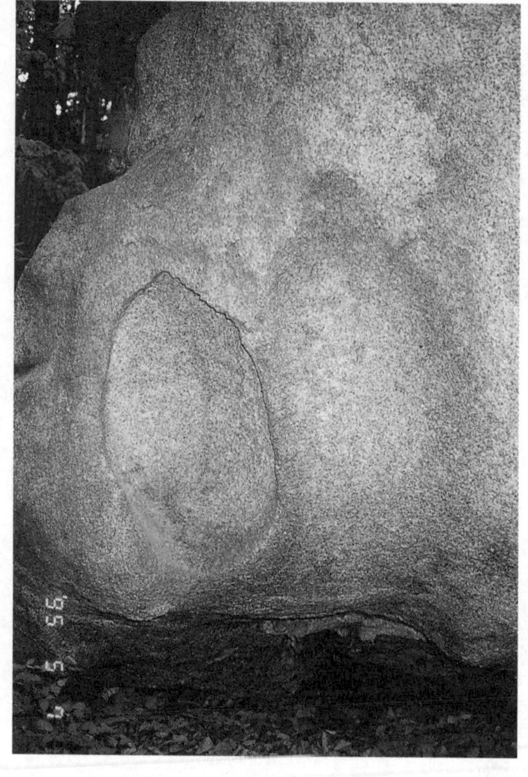

알터

우리 어머니들이 소원을 빌면서 둥그렇게 파놓은 바위구멍을 알터라 한다.

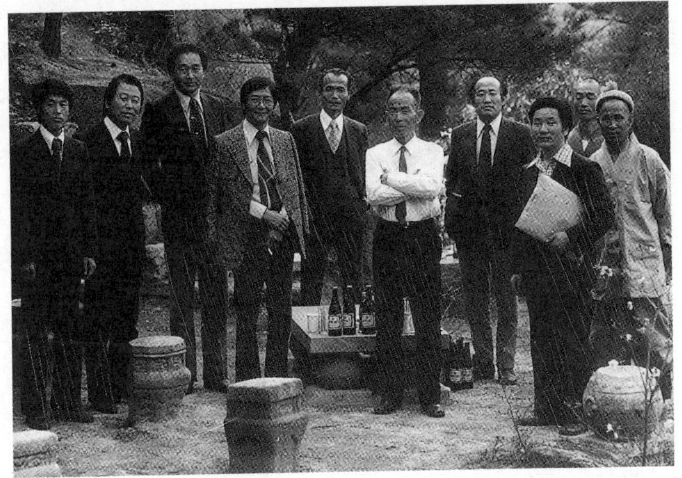

민중박물관협회, 1976

좌에서 세 번째가 저자.

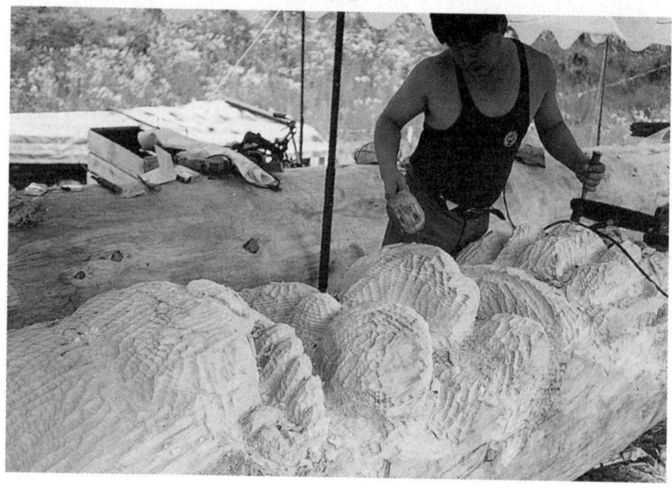

장승복원 운동, 1991

마을문화 복원 사업의 일환으로 시행된 운동이다.

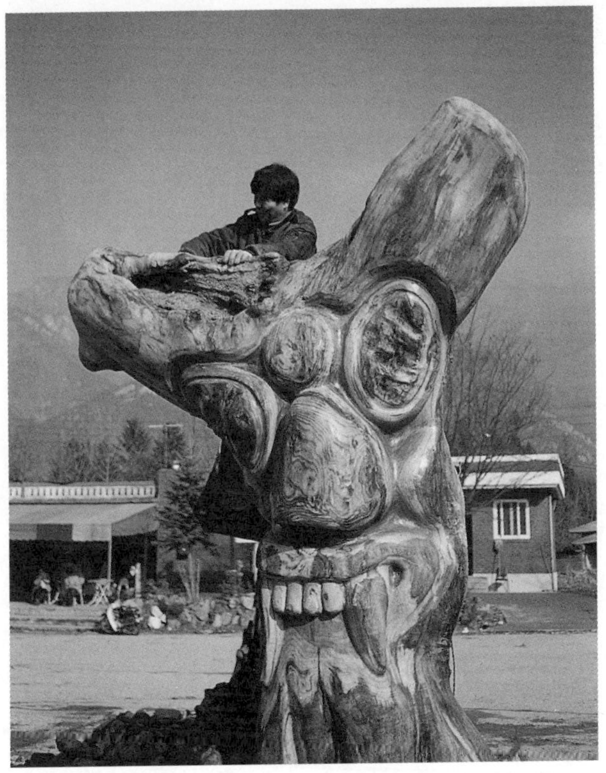

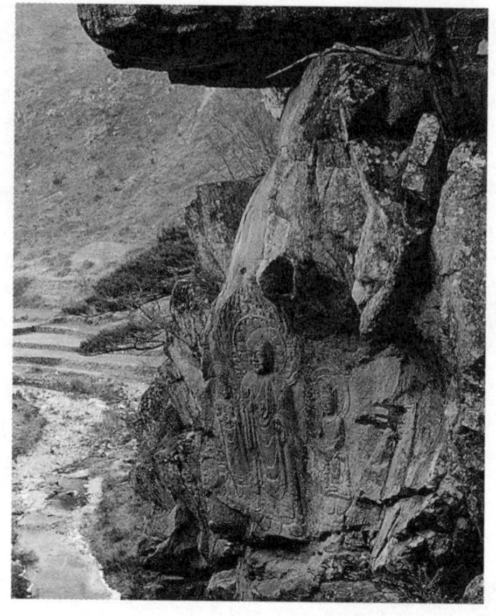

서산 마애삼존불, 1970

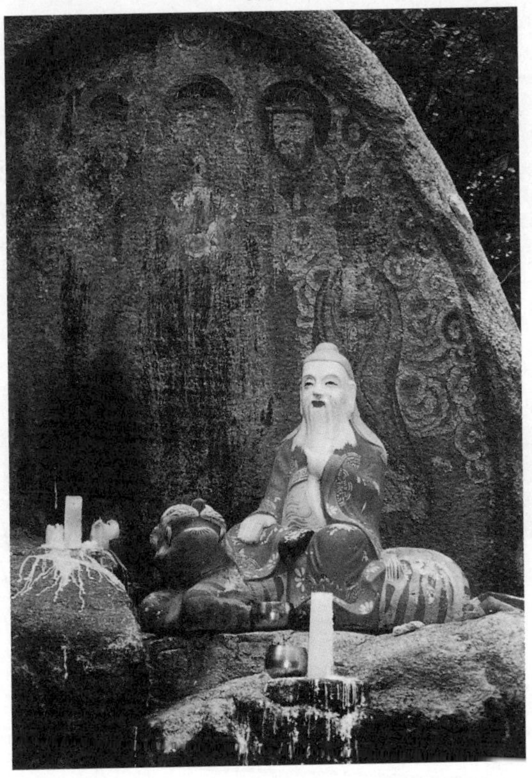

삼곡사 칠성마애신, 1995

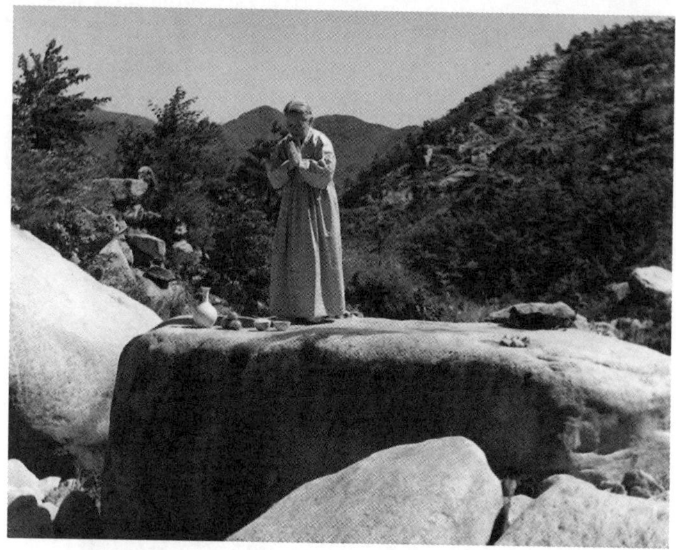

산 기도 드리는 한국의 어머니, 1970

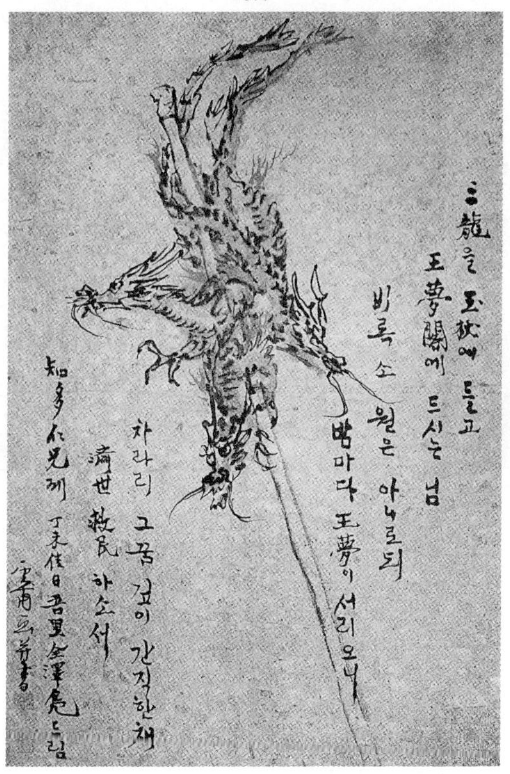

용꿈 그림, 1965

옥으로 만든 긴 막대로 세 마리 용을 낚는 꿈을 꾸고 받은 그림이다.

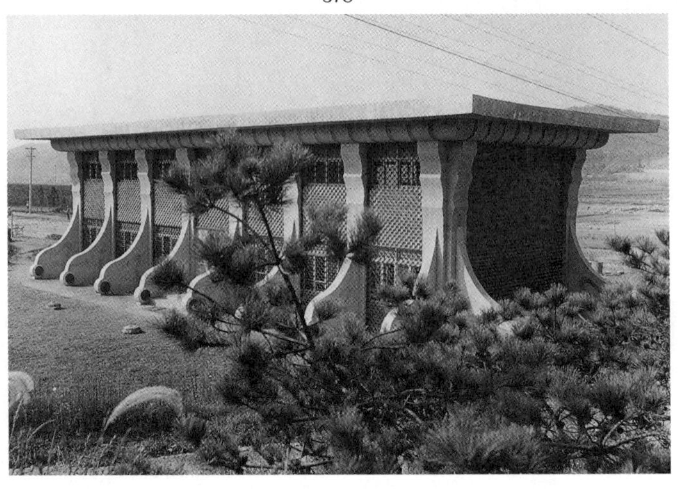

에밀레 하우스

서울 화곡동에 있던 초기의 에밀레박물관.
헐린 다음 지금은 아파트가 들어서 있다.

소장처별 도판 목록

조자용

「경주의 옹기굴」, 1971
「스미스소니언 옹기 연구팀」, 1971
조자용, 「주대화」, 연도 미상
「떠돌이 멍석쟁이」, 1971
「동지굿 장면」, 1984
작가 미상, 「약리도」, 연도 미상
작가 미상, 「수원 용주사 벽화」, 연도 미상
「사자형 목고대」, 연도 미상
「조선 시대 귀룡자」, 연도 미상
「범어사 일주문」, 연도 미상
「Y-T 조립구조」, 1963
「남매탑」, 1962
「동화사 비로암 삼층석탑」, 1962
「석굴암 조립식 돔 천장」, 1961
「신라식 옛기와 지붕 모습」, 1962
「삼국시대 수막새 기와」, 1963
「암막새 기와」, 1963
「수막새 기와」, 1962
「강원도 삼척의 통리 미인폭포」, 연도 미상
「부석사 무량수전」, 연도 미상
작가 미상, 「운룡도」, 연도 미상
작가 미상, 「책거리 민화 병풍」 부분, 1976
「시애틀 레니어산」, 연도 미상
「채희아 만신의 춤」, 1980
작가 미상, 「약리도」, 1976
「LA 민화전」, 1982
「성덕대왕신종」, 1956
작가 미상, 「산신령 탱화」, 1969
작가 미상, 「불로초 민화」, 1970
작가 미상, 「산신도」, 연도 미상
조자용, 「만물초」, 1973
작가 미상, 「금강전도」, 1973
「경주 원성왕릉의 무인상」, 1961
「통일 신라 시대 도깨비 기와」, 1964
「코주부 도깨비 와범」, 연도 미상
「도깨비 기와 자료」, 1964
「오니가와라」, 1964
「도깨비 가면」, 1964
「신라 시대 수각」, 1965
「연꽃 도깨비 무늬 전돌」, 연도 미상
「석계우석인 도깨비 석각」, 1962
「사천왕사지 귀부」, 1966
「분황사지 당간초석」, 1967
「김인문묘 귀부」, 1966
「직지사 귀부」, 1961
「서울 원각사 귀부」, 1961
작가 미상, 「거북을 타고 다니는 신선」, 연도 미상
작가 미상, 「거북을 타고 있는 민화」, 연도 미상
「송림사 거북 사리함」, 1965
작가 미상, 「충무공 신상 판화」, 1972
작가 미상, 「까치호랑이 민화」, 1969
작가 미상, 「산신 호랑이」, 1970
작가 미상, 「바보 호랑이」, 1970
작가 미상, 「까치호랑이」, 1967
작가 미상, 「괴호도」 두 점, 1970
작가 미상, 「괴호도 민화」, 1970
작가 미상, 「군호도」, 연도 미상
「용구문 벼루」 「약리문 벼루」, 1960
작가 미상, 「용 민화」, 연도 미상
「신흥사 극락보전 석용」, 1961

「용 잡으러 모인 사람들」, 1962년
작가 미상, 「여신 용왕도」, 1972
작가 미상, 「조룡도」, 1969
작가 미상, 「알터」, 연도 미상
「민중박물관협회」, 1976
「장승복원 운동」, 1991
유재봉, 「한국적 도깨비 장승의 부활」, 연도 미상
작가 미상, 「심곡사 칠성마애신」, 1995
김기창, 「용꿈 그림」, 1965

국립중앙박물관
「주형토기」
「산수문전」

국립민속박물관
「거북 벼루」
「자라병」
「대문 빗장」
「88 올림픽 마스코트 호돌이 인형」

국가문화유산포털
「경주 불국사 다보탑」
「장하리 삼층석탑」
「정림사지 오층석탑」
「구례 화엄사 사사자 삼층석탑」
「대동사지석조여래좌상」
「창림사지 쌍귀부」
「경주태종무열왕릉비」
「국새 유서지보」
「속초 신흥사 극락보전 소맷돌」

개인
구본창, 「한적한 고가의 기생」
김영복, 「기생 치마」
김죽희, 「서산 마애삼존불」
미국평화봉사단, 「산 기도 드리는 한국의 어머니」
안장현, 「경주 남산 상신암 마애석가여래대불좌상」
안장현, 「대흥사 북미르암 마애여래좌상」
이경모, 「에밀레 하우스」
이원식, 「거북선」
칼 스트롬, 「까치부처님」

본문 출처

우리 민중의 멋

18 * 조자용, 한국의 멋을 찾아서, «샘터» 5월호, 1971

29 ** 조자용, 한국인의 멋, 1972

30 *** 조자용, «민학», 민학회, 1973

33 **** 조자용, 한국의 멋을 찾아서, «샘터» 9월호, 1971

우리 민예미술의 멋

54 * 조자용, «UNESCO Revue de coree»

우리 건축미술의 멋

66 * 조자용, 한국의 멋을 찾아서, «샘터» 8월호, 1971

서양인이 반한 우리의 멋

81 * 조자용, «춤» 6월호, 1977

전통을 찾아서

114 * 조자용, «신상» 9월호, 1971

117 ** 조자용, 한국의 멋을 찾아서, «샘터» 11월호, 1971

도깨비

149 * 조자용, «신동아», 1965

150 ** 임동권, 『한국의 민담』, 서문당, 1996

호랑이

173 * 조자용, 『Korean Tiger』, 1970

189 ** 조자용, 『Humour of the Korean Tiger』, 에밀레 미술관, 1970
조자용, 『Spirit of the Korean Tiger』, 에밀레 미술관, 1971

191 *** 조자용, 올림픽 경기장 개장 기념, 1984

▫ 이 저작물에 실린 도판 중 국립중앙박물관, 국립민속박물관, 국립고궁박물관, 문화재청 국가문화유산포털 출처의 도판들은 공공누리 제1유형으로 출처 표시를 한 후 사용하였습니다. 해당 도판들은 문화재청 국가문화유산포털 및 각 박물관 홈페이지에서 무료로 다운받을 수 있습니다.

▫ 이 책에 실린 도판은 저작권자, 소장자에게 연락해 사용 허가를 받고 기재하였습니다. 다만 몇몇 도판의 경우 연락이 닿지 않아 저작권 소유자를 찾아낼 수 없었습니다. 이후 저작권자가 관련 도판에 대해 알려주시면 다음 쇄에 반영하도록 하겠습니다.